ALEX THOMAS

PIETÀ

STEINERNER TOD

ALEX THOMAS

PIETÀ

STEINERNER TOD

THRILLER

GMEINER

Personen und Handlung sind frei erfunden.
Ähnlichkeiten mit lebenden oder toten Personen
sind rein zufällig und nicht beabsichtigt.

Immer informiert

Spannung pur – mit unserem Newsletter informieren wir Sie
regelmäßig über Wissenswertes aus unserer Bücherwelt.

Gefällt mir!

Facebook: @Gmeiner.Verlag
Instagram: @gmeinerverlag
Twitter: @GmeinerVerlag

MIX
Papier | Fördert gute Waldnutzung
FSC® C083411

Besuchen Sie uns im Internet:
www.gmeiner-verlag.de

Im Ehnried 5, 88605 Meßkirch
Telefon 07575/2095-0
info@gmeiner-verlag.de

1. Auflage 2023

Herstellung: Mirjam Hecht
Umschlaggestaltung: U.O.R.G. Lutz Eberle, Stuttgart
unter Verwendung eines Fotos von: © giko / istockphoto.com
Druck: CPI books GmbH, Leck
Printed in Germany
ISBN 978-3-8392-0500-6

Für Arthur

Der Schwache hat ein Schicksal,
der Starke eine Bestimmung.
(Emmas Tagebuch)

1

Sie saß unter dem Brandenburger Tor, unter der Quadriga, dem Streitwagen mit dem Vierergespann, auf dem die geflügelte Siegesgöttin Victoria den Frieden in die Stadt brachte, und musterte die anwachsende Menschenmenge. Die Leute filmten und fotografierten sie.

Und sie tuschelten.

Und das Tuscheln wurde lauter.

Ist das Blut?

Ist sie verletzt?

Ist er tot?

Bei jeder dieser Bemerkungen zuckte sie innerlich zusammen, jedes Wort traf sie, doch nach außen hin blieb sie ungerührt. Man hätte glühende Zigaretten auf ihrer Haut ausdrücken können, und sie hätte sich nicht geregt. Wie erstarrt saß sie da, inhalierte den Geruch von Blut und blickte auf die besudelte, nackte Gestalt in ihren Armen.

Und wieder drang das Gemurmel der Leute zu ihr durch.

Was ist hier passiert?

Was hat sie vor?

Woher kommt all das Blut?

Seht doch, wie sie dasitzt …

Seht doch, wie er daliegt …

Ein tragisches Liebespaar …

… wie die Pietà von Michelangelo!

Die Pietà.

Sie erinnerte sich. Sie hatte mal ein Abbild der Skulptur im Kunstunterricht gesehen. Eine junge Maria, die den Leichnam ihres erwachsenen Sohnes Jesus auf dem Schoß hielt.

Sie senkte den Blick und musterte das mit Farbe beschmierte Gesicht des vermeintlichen Jesus, den sie in ihren Armen hielt. Sollte dieses Gesicht je Güte, Mitgefühl oder Verstehen zum Ausdruck gebracht haben, so war davon nichts mehr zu sehen. Ein schwaches Lächeln huschte über ihre Lippen, zumindest glaubte sie das. Sie selbst war ja auch nicht gerade eine Maria. Anmut, Trauer, Wehmut, Weisheit, Unschuld … All das ging ihr gründlich ab. Doch einige der Schaulustigen wollten genau das in ihr sehen.

Die gaffende, fotografierende Menge teilte sich plötzlich und bildete ein Spalier, durch das zwei Typen in Polizeiuniform auf sie zueilten, gefolgt von Sanitätern, einem Notarzt oder was auch immer.

»Warten Sie«, hielt der Vordere der Polizisten den Arzt und die Sanitäter zurück. »Sie könnte bewaffnet sein!«

Bewaffnet? Dass sie nicht lachte!

Als klar war, dass sie nur den Leichnam hielt, durfte der Arzt zu ihr. Am liebsten hätte sie geschrien: *Verschwindet! Ich brauche euch nicht. Ihr seid längst zu spät!* Doch sie blieb stumm. Stumm wie der dichte Schnee, der aus dem Himmel fiel und alles wie ein Leichentuch zudeckte. Stumm wie der Tote auf ihrem Schoß.

Der Teufel mischt die Karten,
und wir spielen.
(Emmas Tagebuch)

2

Morgens zu einer halbwegs vernünftigen Zeit aus dem Bett zu kommen, war der schwierigste Teil des Tages, der zweitschwierigste – nach einer ersten Tasse Kaffee –, heiß zu duschen und sich danach zu rasieren, ohne sich dabei mit der Klinge die Kehle durchzuschneiden. Es kam auf die Vorbereitung für die Rasur an. Die richtige Haltung des Pinsels und des Messers. Manchmal bereitete Magnus Böhm schon das Aufschäumen des Rasierschaums große Mühe. Als Rechtshänder kümmerte er sich immer zuerst um die linke Wange. Das Rasiermesser war scharf wie ein Skalpell. Nach dem ersten Durchgang wusch er das Gesicht mit heißem Wasser, trug erneut Schaum auf und wiederholte den Vorgang an Wangen, Oberlippe, Kinn und Hals. Es war immer das gleiche Ritual. Zuerst in Richtung des Haarwuchses, dann gegen den Strich. Zum Schluss wusch er das Gesicht mit kaltem Wasser und trocknete es ab. Das schloss die Poren und bereitete die Haut für das Aftershave vor. So hatte sein Vater es ihn gelehrt. Danach reinigte er das Rasiergerät. Messer, Pinsel und Schale. In drei, vier Tagen würde die ganze Prozedur von vorne beginnen.

Stünde an diesem Morgen nicht der Termin für die Routineuntersuchung beim Arzt an, hätte er sich nicht rasiert. Herzprobleme. Angina pectoris. Die üblichen Tests. Das Abhören des Brustraums, das Fühlen des Pulses, das Messen des Blutdrucks und die Blutabnahme. Dazu ein Ruhe- und ein Belastungs-Elektrokardiogramm. Wie sehr er das Fahrradergometer und das Laufband verabscheute. Obwohl er nicht zugenommen hatte, machte er keine gute Figur darauf, wirkte wie ein alter, torkelnder Bär, den man vorzeitig aus dem Winterschlaf geholt hatte. In den letzten Wochen hatte er sich allerdings mehr bewegt, hatte seine alte Karre stehen lassen und war zu Fuß zum Einkaufen gegangen. Auch, um die Zeit totzuschlagen, um mal wieder etwas anderes als die eigenen vier Wände zu sehen. Entfernte er sich zu weit von seiner Wohnung, nutzte er den öffentlichen Nahverkehr für den Heimweg. Die Chancen standen daher gut, dass er dieses Mal auf dem Laufband nicht wie ein Walross schnaufen würde.

Der Arzt würde ihm die üblichen Fragen stellen, allen voran die zu möglichen Risikofaktoren. Böhm hatte das Rauchen nach dem körperlichen Zusammenbruch vor einem Jahr aufgegeben, und ja, er ernährte sich inzwischen bewusster. Hier und da verirrte sich ein Apfel oder ein Salat in seinen Einkaufskorb. An seinem täglichen Glas Rotwein und dem Scotch hielt er jedoch fest. Die brauchte er. Genauso wie seine Bücher. Wie sollte er sonst nachts in den Schlaf finden?

Nach einem kargen Frühstück – eine Scheibe Toast mit Butter und Magerkäse, dazu einen weiteren Kaffee – streifte er den Mantel über, den er schon in seiner Funktion als Polizeihauptkommissar getragen hatte, ein praktisches beiges Allwetterding, das laut seiner 75-jährigen Nachbarin längst auf den Müll gehörte.

Böhm setzte die schwarze Baseballkappe auf, die er sich nach der Entlassung aus der Klinik zugelegt hatte, betrachtete sich im Flurspiegel und schüttelte den Kopf. Auch wenn er mit dem grauen Haar, den Ringen unter den Augen und den tiefen Falten um den Mund nicht mehr ganz taufrisch aussah, so war der Mantel noch voll okay. Außerdem würde er ihn in den nächsten vier Wochen gar nicht benötigen. Sobald er vom Routinecheck heimkam, würde er den großen schwarzen Koffer vom Schrank holen und seine Hawaiihemden einpacken. Er konnte es kaum erwarten, den angekündigten Minusgraden des Berliner Winters zu entfliehen und Eis und Schnee gegen angenehmes Sommerfeeling einzutauschen. Die kleinen geschützten Buchten Fuerteventuras erwarteten ihn. Natürlich würde er nicht Surfen oder Wasserskifahren. Das war nicht sein Stil. Aber still und ruhig am Strand liegen und aufs Meer hinausschauen, mit einem wohlschmeckenden Cocktail und einem guten Buch in der Hand. Das war schon eher nach seinem Geschmack. Hm, irgendwie klang das doch nach einem gemütlichen Walross. Er zuckte mit den Schultern.

Sein Blick fiel auf die Ablage der Garderobe, wo das Weihnachtsgeschenk der alten Ilse Knoob lag, in blaues Papier mit vielen Kringeln und goldenen Sternchen gewickelt, drum herum ein rotes Geschenkband mit Schleife. Es war noch nicht mal Weihnachten, trotzdem hatte sie ihm das Päckchen mit den Worten *Falls ich Heiligabend nicht mehr erlebe!* in die Hand gedrückt. Da Weihnachten keinerlei Bedeutung für Böhm hatte, entfernte er Band und Papier und hielt einen Abreißkalender in der Hand. *Skorpion* stand drauf. Und *Jahreskalender*. Was sollte er denn damit anfangen?

Dann erinnerte er sich, wie die Knoob ihn vor etlichen Wochen am Briefkasten mit einer Geburtstagskarte in der Hand erwischt und ihm gratuliert hatte.

»Na, *das* erklärt vieles! Sie sind also Sternzeichen *Skorpion!*«

Er hatte keinen Schimmer, was sie damit gemeint haben könnte, aber jetzt hielt er dieses seltsame Blattwerk mit Sprüchen in der Hand.

Horoskop für jeden Tag.

Was für ein Quark!

Trotzdem schlug er den Kalender auf und stieß auf ein kurzes Abschlusshoroskop zum alten Jahr.

Eine Begebenheit aus Ihrer Vergangenheit bringt Sie wieder in Kontakt mit einer großen Organisation. Rasche Resultate sind gefragt. Sie könnten Ihr Alter spüren. Die gute Nachricht: Ein jüngerer Mensch überrascht Sie.

Er runzelte die Stirn. Was sollte denn das?

Also noch mehr Blödsinn ging nun wirklich nicht!

Aber als er in seinen alten Skoda stieg und den Motor startete, beschäftigte ihn der dämliche Kalendertext noch immer.

Nonsens!

Alles, was er jetzt tun musste, war, das Gespräch mit Dr. Sommerfeld und das dämliche Laufband hinter sich zu bringen. Und dann ging es auf nach Fuerteventura!

3

Als hätte Annetta Niedlich eine Wette darauf abgeschlossen, verwandelte sich der Graupelschauer in Schnee. Sie hatte Unter den Linden in Rekordzeit erreicht, trotzdem fühlte es sich an, als wäre sie viel zu spät dran. Noch eine Viertelstunde zuvor hatte sie im Fitnesscenter mit ihrem Schlingentraining gekämpft, die Füße in elastischen von der Decke herabhängenden roten Bändern, den Rücken kerzengerade, den Nacken lang und die Unterarme auf dem Boden wie beim Planking. Eine Übung, die vor allem ihrem Bauch galt, der durch den Verzehr diverser Schokoriegel in den letzten Monaten mehr Speck angesetzt hatte, als ihr lieb war.

Annetta stellte den Wagen am Rande des Pariser Platzes ab. Der rasselnde Motor spuckte noch einmal nach, bevor er Ruhe gab. Schon von ihrer Parkposition aus sah sie die neugierige Menschenmenge durch die Frontscheibe. Sie öffnete die Fahrertür und der eisige Wind schlug ihr wie der Kälteschwall aus einer Tiefkühltruhe entgegen. Sie hatte keine Zeit mehr gehabt, sich umzuziehen. In Hallenturnschuhen, Damenleggings und Top griff sie auf die schmale Rückbank ihres betagten Gefährts und zog den roten Parka hervor, den ihr Bruder vor Wochen im Wagen hatte liegen lassen. Jetzt war sie dankbar für Eriks künstlerische Zerstreutheit. Ohne den Parka hätte sie sich den Hintern und Gott weiß was abgefroren.

Wie sie Erik kannte, hatte er sich in London längst eine neue Jacke organisiert. Ihr älterer Bruder war eine Art Allroundkünstler, besonders, was das Überleben anging. Erik besaß keine eigene Wohnung, kam stets bei guten Freunden unter. Drei Jahre zuvor war er mit gerade mal 500 Euro in der Tasche ein halbes Jahr lang von der Ost- zur Westküste der USA gereist und zurückgekehrt, als hätte er einen unbekannten reichen Onkel beerbt. Mit Kellnern und kleineren Schauspielrollen habe er sich über Wasser gehalten. Dann war Erik letztes Jahr nach London gezogen, natürlich wieder zu guten Freunden. Vor zwei Monaten hatte er ein Stipendium an der Royal Central School of Speech and Drama bekommen. Annetta hatte die School sofort gegoogelt, um sicherzugehen, dass ihr Bruder keinem Betrug aufsaß, und als ihr klar wurde, dass an der School Hollywoodgrößen wie Laurence Olivier, *Der Marathon-Mann*, oder Judi Dench, M in *James Bond*, studiert hatten, war ihr das erste Mal gedämmert, dass am künstlerischen Talent ihres Bruders vielleicht doch mehr dran war.

Annetta zog den Reißverschluss des Parkas bis zum Hals hoch, steckte ihren Polizeiausweis ein und straffte die elastischen Schnüre am Kragen und um die Oberschenkel so eng, dass kaum Wind in die viel zu große Jacke fuhr. Die Kälte kroch allerdings in ihre Sportschuhe und die dünnen, wie eine zweite Haut anliegenden Leggings. Aber Annetta würde das aushalten. Sie war frisch gebackene Kriminalkommissarin und mächtig stolz darauf.

Sie näherte sich der Menschenmenge. Die uniformierten Kollegen hatten die Schaulustigen bereits ein Stück weit vom Tatort zurückgedrängt. Mit gezücktem Ausweis zwängte sie sich zwischen den Schaulustigen und den Kriminalreportern hindurch. Sie hatte nicht den Hauch einer Ahnung, was sie erwartete, hätte aber glatt kotzen können, als sie am Absperrband ausgerechnet auf Toni Vörg, ihren ehemaligen Ausbildungskollegen, stieß.

Vörg – spitzes Kinn, Hakennase, kurz geschorenes platinblondes Haar – war einer dieser Idioten, die glaubten, die Welt gehöre ihnen und keinem sonst. Dabei verplemperte er jede Menge Zeit auf alkoholträchtigen Partys, weshalb er seine theoretische Prüfung zum Kommissar vermasselt hatte, während Annetta als eine der Besten bestanden hatte und im Anschluss eine Stelle bei der Kripo angetreten war. Ein Dorn im Auge des missgünstigen Vörg. Auf der Abschlussparty hatte er Annetta als langweilige Streberin runtergemacht und ihren Nachnamen verunglimpft. Sie hätte den Vorfall als Mobbing melden können, hätte dann aber als Petze dagestanden. Auch jetzt begegnete Vörg ihr mit dieser dreisten Überheblichkeit, obwohl er in seiner Uniform aussah, als hätte er die letzte Nacht unter irgendeiner Brücke gepennt. Er gebärdete sich, als bewachte er die Goldreserven von Fort Knox und hätte das Sagen. Und natürlich hob er für Annetta nicht einmal das Absperrband an, damit sie bequemer darunter hindurchschlüpfen konnte. Stattdessen grinste er sie selbstgefällig an.

»Bist spät dran, Streberin. Mach dich auf was gefasst!«

Sollte diese bescheuerte Ansage sie etwa einschüchtern?

Auf die Schnelle fiel ihr keine passende Antwort ein, also

sagte ihr Blick *Fick dich ins Knie!* Ansonsten biss sie die Zähne zusammen und ignorierte ihn, um sich davon abzuhalten, ihm in aller Öffentlichkeit in die Eier zu treten. Zügig hielt sie auf das Tatortschutzzelt zu, Vörgs herablassendes Grinsen im Rücken. Polizisten, die ihren Job ernst nahmen, gehörten für ihn nun mal zu einer niederen Lebensform. Damit konnte Annetta aber gut leben, denn eines Tages würde er schon sehen, wohin ihn diese Denkart führte. Andererseits traute sie ihm nicht zu, solcherart Zusammenhänge zu kapieren.

Die wetterbeständige Abdeckung des Tatortzelts schützte vor der Neugier der gaffenden Menge und bewahrte die Integrität des Tatorts. Sonne, Regen, Wind und Schnee konnten Beweismitteln ganz schön zusetzen. Das Zelt erinnerte sie mehr an ein von Polizisten umzingeltes Basislager irgendwelcher Aktivisten als an den Ort eines Verbrechens.

Annetta stellte sich bei einer pummeligen Polizistin vor, die sie zu einem überdachten Bereich vor dem Zelt führte, wo die Technikerausrüstung bereitstand. Dort schlüpfte Annetta in einen weißen Papieroverall und Plastikschuhe. Mit dem Parka darunter sah sie nun aus wie ein schlotternder Fesselballon.

Die Polizistin begleitete Annetta zum Zelt und öffnete ihr den Zugang. Drinnen war es immerhin windstill. Tragbare LED-Scheinwerfer leuchteten auch den letzten Winkel aus. Zwei Gestalten in Schutzanzügen mit Kapuzen und Masken kauerten am Boden und untersuchten einen nackten Leichnam. Vom Hals bis zu den Füßen überzog den Körper eine Schicht, eine Mischung aus Blut und Bronze. Es wirkte, als arbeiteten sie an einer archäologischen Ausgrabung. Eine dritte Gestalt in Schutzkleidung beobachtete die Prozedur. Alle kehrten Annetta den Rücken zu.

Der Leichnam hing in einer grotesken Haltung auf einer Plastikbank, Arme und Beine so angewinkelt, als hätte das Opfer halb liegend, halb sitzend darauf Platz nehmen wollen.

Vermutlich hatte schon die Totenstarre eingesetzt. Oder der Körper war durch die Scheißkälte steif gefroren.

Annetta rückte ihre Brille – Modell sportlich lässig – zurecht und räusperte sich. Die stehende Person wandte sich zu ihr um, während die anderen weiterarbeiteten und Plastiktüten über die Arme und Füße des Toten stülpten, um mögliches Beweismaterial unter den Nägeln oder auf den Hautflächen zu sichern.

»Ah, Kommissarin Niedlich. Auch schon da.«

Annetta spürte, wie ihr das Blut ins Gesicht schoss. Weniger, weil der Mann, der da vor ihr stand, *der* Dr. Ralf Lewandowski war, sondern weil sein Blick ihr verriet, dass er sich aus seinen Vorlesungen an sie erinnerte.

Lewandowski war einer der besten Spuren-Kommissare Deutschlands. Eine Legende des Präsidiums. Annetta bewunderte sein Können. Abgesehen von den Polizisten draußen vor dem Zelt musste er der erste Ermittler vor Ort gewesen sein. Er hatte dafür gesorgt, dass die Zugangswege und spurenrelevanten Areale um den Leichnam herum gesichert und untersucht worden waren. Ein Tatort wurde immer im Uhrzeigersinn abgesucht und die Leiche von den Haarspitzen bis zu den Fußnägeln überprüft, bevor sie für die Gerichtsmedizin freigegeben wurde. Aber Lewandowski war nicht nur der analytisch denkende Typ. Neben seiner Berufserfahrung besaß er eine Wahrnehmungsfähigkeit, die an übernatürlichen Instinkt grenzte. Nie ließ er sich von einer scheinbar sicheren Spurenlage hinters Licht führen. Das hatte er unter anderem in einem Fall bewiesen, in dem vermeintliche Fußabdrücke als Schlüssel zur Lösung beigetragen hatten. Der Verbrecher hatte sich seine Socken über die Hände gestreift, um keine Fingerabdrücke zu hinterlassen.

»Ich bin direkt vom Training hergekommen«, erklärte Annetta. Sie ärgerte sich, dass ihre Antwort wie eine Entschuldigung klang. Fast fühlte sie sich wie bei der mündlichen Abschlussprüfung.

Lewandowskis klare blaue Augen musterten sie.

»Dann haben Sie die im Internet kursierenden Videos noch gar nicht gesehen?«, stellte er fest.

Videos? Da hielt man sich an seinem freien Tag mal für ein paar Minuten von den sozialen Medien fern und schon stand man da wie der Trottel vom Dienst.

»Sorry, nein. Ich bin nach dem Aufstehen sofort ins Gym gefahren.« Schon wieder eine Entschuldigung.

Lewandowski schaute sie an, als wäre er noch nie einem Menschen begegnet, der auch mal ohne das Internet auskam.

»Was ist passiert?«, fragte sie.

Der Forensiker gab einen undefinierbaren Seufzer von sich und wandte sich dem Tatort zu. »Was immer passiert, wenn man uns ruft. Das hier ist allerdings nur die Hälfte vom Lied.« Er griff nach seinem Smartphone, berührte ein paar Buttons und zeigte ihr das Display.

Annetta hielt den Atem an. Sie hatte schon so einiges während ihrer Ausbildung gesehen, aber das toppte alles. Was sich auf dem Bildschirm abspielte, wirkte ebenso ästhetisch wie krank. Eine in Bronze getauchte Frau mit schneeweißem Haar hielt einen Mann in ihren Armen, beide nackt, beide farb- und blutbesudelt, beide leichenblass geschminkt. Ein Bild wie aus einem Gothic-Video, unwirklich wie ein Drogentrip.

»Das Spektakel wurde heute früh von einer Touristengruppe gemeldet, die den Sonnenaufgang über der Quadriga fotografieren wollte«, fuhr Lewandowski fort. »Wie sich herausstellte, war allerdings nur der Mann wirklich tot.«

»Und wo ist die Frau?«, fragte Annetta. Sie hatte keinen Krankenwagen gesehen.

»In der Charité. Stark unterkühlt.« Er deutete auf den männlichen Leichnam. »Wir sind hier fast fertig. Kriminaldirektor Monsen hat sich das Ganze vorhin höchstpersönlich angesehen. Sie haben ihn nur knapp verpasst.«

Kurt Monsen? Der Kriminaldirektor begab sich so gut wie nie an einen Tatort. Sie war heilfroh, dem bulligen, herrischen Mann nicht begegnet zu sein. Toni Vörg hatte natürlich auch ihm einen Spitznamen verpasst. Von ihren Jungkollegen, deren Blödheit der Vörgs in nichts nachstand, wurde der Direktor Charles Monsen genannt. Was für ein Brüller!

»Monsen lässt Ihnen ausrichten, dass Magnus Böhm den Fall übernehmen wird. Sie werden Böhm bei der Aufklärung assistieren.«

Annetta runzelte die Stirn. »Verzeihen Sie, aber ist Magnus Böhm nicht wegen eines Herzleidens aus dem Dienst geschieden?«

Lewandowski nickte. »Monsen hat ihn aus Gründen reaktiviert. Aber das wird Böhm Ihnen noch selbst erklären. Ich schicke Ihnen seine Handynummer.«

Annetta schaute auf Lewandowskis Nachricht auf ihrem Smartphone und speicherte die Nummer ab, was mit ihren von der Kälte steif gewordenen Fingern ziemlich schwerfällig vonstattenging.

Der Spuren-Kommissar beobachtete sie, betrachtete ihre Frostnase und erlaubte sich ein Lächeln.

»Warten Sie noch mit dem Anruf. Böhm ist ohnehin bei seinem ärztlichen Vierteljahres-Check. Das gibt Ihnen Gelegenheit, nach Hause zu fahren und sich etwas Wärmeres anzuziehen.«

*

20 Minuten später, der Hauptberufsverkehr war inzwischen vorbei und das Schneegestöber hatte noch einmal ordentlich zugelegt, erreichte Annetta ihr Wohnhaus. Geschwind eilte

sie die Treppe zum vierten Stockwerk hinauf. Vor der Wohnungstür schüttelte sie den Schnee von Eriks Parka. Zweimal fiel ihr beim Versuch, die Tür aufzuschließen, der Schlüssel aus der klammen Hand.

Annetta hatte das Apartment vor einigen Monaten von einer Kollegin übernommen, die sich der Liebe wegen nach Frankfurt hatte versetzen lassen. Die Zweizimmerwohnung bot alles, was Annetta brauchte. Einen Raum zum Schlafen mit Bett und Schrank, und ein geräumiges Wohnzimmer zum Entspannen, in dem sich in der einen Hälfte eine kleine Couch, ein alter Holztisch mit schwarzer Granitplatte und ein Fernseher befanden, und in der anderen Hälfte eine Hantelbank samt Hantelset, zwei Profi-Fitnessmatten und eine Ruderbank. Annetta fand nicht immer Zeit, ins Gym zu gehen, war sich aber dessen bewusst, dass eine gute körperliche Verfassung in ihrem Job überlebenswichtig sein konnte. Außerdem wohnte in einem gesunden Körper ein gesunder Geist.

Auch die Aussicht der Wohnung war okay. Nach vorne der Blick auf eine passable Altbaufassade mit grauen Klinkersteinen, nach hinten ein alter Kastanienbaum mit einem kleinen Spielplatz, auf dem sich eine Handvoll Kinder austobte. Damit kam Annetta gut zurecht. Ebenso mit dem zurückgezogen lebenden Rentnerehepaar auf der gleichen Etage, aus dessen Wohnung hin und wieder als Geräuschkulisse *Vivaldi*, die *Rolling Stones*, die *Pet Shop Boys* oder der Staubsauger dröhnten.

Annettas Kollegin und Vormieterin hatte ihr geraten, das Türschloss austauschen zu lassen, falls ihr Ex irgendwann mal auf die Idee kam, in der Wohnung vorbeizuschauen. Der hatte nämlich noch einen Schlüssel, und man wusste ja nie. Bislang war Annetta nicht dazu gekommen, sich um das Schlüsselproblem zu kümmern, doch sollte es besagtem Ex trotz des neuen Klingelschilds einfallen, ungefragt ihre vier Wände zu betreten, dann gnade ihm Gott.

Sie ließ die Sporttasche auf den Flurboden fallen und hängte den Parka über einen der Plastikbügel, die sie nebst dem meisten Mobiliar von ihrer Kollegin übernommen hatte. Auf dem Weg ins Bad stopfte sie einen Schokoladen-Donut vom Vortag in sich hinein, schnappte sich frische Klamotten und ging unter die Dusche.

Unter dem heißen Wasserstrahl schien ihr Gehirn langsam aufzutauen, und ihr wurde bewusst, was eine Zusammenarbeit mit Kriminalhauptkommissar Magnus Böhm bedeuten mochte. Böhm war zwar seit über einem Jahr in Pension, doch es hing ihm noch immer ein wenig schmeichelhafter Ruf an. Wo Lewandowski berühmt war, war Böhm berüchtigt.

Soweit Annetta wusste, hatte nie jemand aus freien Stücken mit ihm zusammengearbeitet. Der Hauptkommissar war ein mürrischer Eigenbrötler und hielt nicht viel von Regeln. Ganz zu schweigen von Teamarbeit. Es hieß, selbst Monsen sehe ihn am liebsten von hinten. Außerdem trinke Böhm ganz gerne mal einen über den Durst. Nun ja, das hatte sich mit seinem Herzproblem vermutlich erledigt. Von diesen weniger vorteilhaften Wesenszügen abgesehen war Böhm als alter Fuchs bekannt, mit einer Aufklärungsquote, die ordentlich über dem Durchschnitt lag. Annetta bezweifelte allerdings, dass dies der Hauptgrund für Böhms Wiedereinsetzung war. Es gab andere Ermittler, die sich der Sache hätten annehmen können. Männer und Frauen, die als zivile Kriminalbeamte etwas auf dem Kasten hatten und keine Mühen scheuten, der Gerechtigkeit zu ihrem Recht zu verhelfen. In aller Bescheidenheit dachte Annetta dabei auch an sich.

Während sie sich unter der Dusche den Kopf nach dem Slogan *Schönes Haar ist dir gegeben* einschäumte, kam sie zu dem Schluss, dass es mit dem Fall selbst zu tun haben musste, dass es irgendeine Verbindung zwischen Böhm und dem Verbrechen gab. Wie auch immer die aussehen mochte.

Als Annetta eine Viertelstunde später ihr Handy aus der Sporttasche zog, zeigte das Display zwei verpasste Anrufe und eine Sprachnachricht an.

Alle von Magnus Böhm.

Mist!

Sie machte sich auf einen harschen Ton auf der Mailbox gefasst.

»Böhm hier. Falls es Ihnen heute noch beliebt, ans Telefon zu gehen, kommen Sie nach Moabit. Ich bin auf dem Weg in die Gerichtsmedizin.«

Falls es Ihnen heute noch beliebt … Was war denn das für ein verschrobener Anschiss?

Nichtsdestotrotz legte Annetta zwei Gänge zu.

4

Geräuschvoll schlug Böhm die Fahrertür zu. Er konnte es noch immer nicht fassen, dass er, anstatt mit seinen Reisekoffern auf dem Weg zum Flughafen zu sein, in dünnen Lederschuhen durch zentimeterhohen Schnee Richtung Gerichtsmedizin stapfte. Wie verblödet musste man sein, sich für einen Fall in den Polizeidienst zurückbeordern zu lassen, der einen seit Jahren nichts mehr anging?

Vor sich hin murrend bahnte er sich den Weg durch die

nervige weiße Pracht. Eis und Schnee brauchte kein Mensch! Hätte die Schlechtwetterfront nicht noch ein paar Tage warten können?

Er schlug den Mantelkragen hoch und zog die Baseballkappe tiefer ins Gesicht. Noch ein paar Meter, dann würde er den kleinen Tierpark mit seinen Hecken, Stauden und Bäumen erreichen, eine Anlage entlang der Turmstraße, die relativ windgeschützt lag. Klar, er hätte auch direkt auf dem Parkplatz des Instituts halten können, doch die Parkscheinprozedur wollte er sich dann doch lieber ersparen. Außerdem taten ihm die paar Meter Fußweg gut. Sein Gesundheitszustand hatte sich zwar nicht verschlechtert, doch seine Kondition war nach wie vor nicht gerade der Hit, wie Dr. Antonius Sommerfeld ihm schon beim letzten Termin erklärt hatte.

An der Fußgängerampel zum kleinen Tierpark blieb er stehen und wartete darauf, dass es Grün wurde.

Dr. Sommerfeld ... Böhm musste bei dem Namen immer an die späten Siebziger und die BRAVO-Hefte seiner älteren Schwester denken. Dabei erinnerte Sommerfeld mit seinen traurigen Augen, der Pudelfrisur und den markanten Eckzähnen eher an einen des Lebens überdrüssigen Hippie-Vampir als an einen Teenager-Berater in Sexualfragen. Vor einem Vierteljahr hatte Böhm im Warteraum durch die Unterhaltung zweier älterer Herren mitbekommen, dass es für Sommerfelds Schwermut einen triftigen Grund gab. Vor sieben Jahren war dessen Tochter Melanie während einer Alaska-Reise spurlos verschwunden, samt Boyfriend. Sogar das FBI hatte nach den beiden jungen Leuten gesucht, die nie in dem Motel nahe der kanadischen Grenze eingetroffen waren, in dem Melanie eine Übernachtung gebucht hatte. Nur Melanies Handy war ein paar Tage später von einem kleinen Jungen aus der Mülltonne eines Campingplatzes gefischt worden. Aber auch das und die Bilder der Videoüberwachung hatten nichts zur Klärung des Falls beitragen können. Böhm wünschte, er wäre nie Zeuge der geflüsterten Unterhaltung geworden, denn nun würde er Sommerfelds Traurigkeit nie wieder unbefangen begegnen können. Und so war es natürlich auch bei der Besprechung der heutigen Untersuchungsergebnisse gewesen.

»Wie ich Ihnen schon sagte, Magnus, wohldosierter Sport wäre neben der medikamentösen Behandlung ein ausgezeichnetes Mittel, um Ihren Herzmuskel zu stärken und die Durchblutung zu fördern.«

»Ich bin noch auf der Suche nach einem geeigneten Sport. Ich gehe viel zu Fuß.« Fauler konnte eine Ausrede kaum sein.

»Hm, Gehen können Sie schon mal gut in Ihren Alltag integrieren. Was ist mit Radfahren und Schwimmen?«

»Bringt das denn was?«

Sommerfeld hatte den Kopf schief gelegt, als spräche er zu einem störrischen Kind. »Moderater Sport versorgt Ihren Körper mit mehr Sauerstoff, senkt den Blutdruck, wirkt entzündungshemmend …«

»Hm …«

»… es würde das Fortschreiten Ihrer Herzkrankheit verlangsamen. Sie schleppen 15 Kilo zu viel mit sich herum. Muss ich Sie an den Butterberg erinnern?«

Nein, natürlich nicht. 60 Stück von dem Zeug waren ein beeindruckender Anblick und nicht so einfach aus dem Gedächtnis zu tilgen.

»Wie moderat darf mein Training denn sein? Ich will's nicht gleich übertreiben.«

»Na ja, kommen Sie ruhig ins Schwitzen. Solange Sie sich dabei problemlos mit einem Trainingspartner unterhalten können, ist alles im grünen Bereich.«

Trainingspartner? Böhm hatte es schon mit seinen Arbeitskollegen kaum ausgehalten. Aber das wusste Sommerfeld ja nicht. »Dann werde ich mich mal nach einem geeigneten Fitnesscenter umschauen …«

Bei diesen Worten war ein seltenes Lächeln über Sommerfelds Gesicht gehuscht. Eine Sekunde darauf hatte Böhm ein halbes Dutzend Fitness-Broschüren in der Hand gehalten. Mit Slogans wie *Hier wirst du fit für den Sommer!* oder *Wir haben einen tollen Ausblick* oder *Für alle, die sich nicht entscheiden wollen!* Eines der Fitnessstudios lag unweit der Gerichtsmedizin, zu der er gerade unterwegs war. Eine wütende Autohupe schreckte ihn aus den Gedanken. Stand er tatsächlich in nassen Lederschuhen mitten auf der Straße, obwohl die Fußgängerampel längst wieder auf Rot gesprungen war? Wurde er etwa senil? Entschuldigend tippte er an seine Baseballkappe und hüpfte los wie ein tattriges Känguru, dem die Sonne zu lange aufs Hirn geschienen hatte.

Beim Weitergehen schaute er sich die Gegend etwas genauer an. Es war schon eine Weile her, seit er das letzte Mal hier gewesen war. Früher war Moabit richtig gefährlich gewesen, inzwischen jedoch waren weite Bereiche saniert worden. Jüngere Leute mit gutem Einkommen zogen her, verdrängten die alten Bewohner, die hier einmal günstig hatten leben können. Ähnliches beobachtete Böhm auch in Pankow, wo er vor Ewigkeiten in eine Altbauwohnung gezogen war.

Auf halber Strecke durch den Park warf er sich eine Nitro-Kapsel ein. Die Kälte machte seinem Herzen zu schaffen und er hatte keine Lust, in Gegenwart von Patricia einen Schwächeanfall zu erleiden. Auch wenn er sich vor ihr gerne unkaputtbar gab, so hatte der Stress von über 30 Jahren Polizeiarbeit seine Gesundheit ruiniert. Er seufzte, wobei seinem Mund eine große Atemwolke in die Frostkälte entwich. Wie hatte er Fuerteventura nur so schnell aus dem Blick verlieren können? Aber Monsen hatte geradezu verzweifelt geklungen.

Böhm hatte nach dem Routinecheck gerade in der Umkleidekabine gestanden, mit einem Bein in der Hose, als sein Handy klingelte.

»Hallo Magnus. Wie läuft's bei Ihnen? Ich hoffe, Sie haben sich gut erholt.«

Gut erholt? Das hing davon ab, ob Monsens Frage auf Böhms Kopf oder Herz zielte, denn nach seinem letzten Kriminalfall hatte er auch ein Weilchen in der ambulanten Psychiatrie zugebracht, nachdem er neun Wochen lang Tag und Nacht in einem Fall von Kindsmord ermittelt hatte. In einem heruntergekommenen Einfamilienhaus am Rande der Stadt hatte er den Zuhälter und Mörder schließlich gestellt. Und der Scheißkerl hatte glatt die Stirn besessen, ihn an seinem perversen Kinderpornounternehmen beteiligen zu wollen, wenn Böhm ihn laufen ließ. Daraufhin hatte Böhm kurz seine Contenance verloren und dem Typen, der ihm nach der Absage mit einem Kampfmesser quer übers linke Ohr gefahren war, mit einem kräftigen Tritt das Knie zertrümmert und in die Weichteile getreten. Das Schwein hatte geschrien wie am Spieß. Am liebsten hätte Böhm ihm den Schwanz aus dem Schritt gerissen, immerhin würde der Typ nie wieder richtig gehen können. Als dann das gerufene Einsatzteam eintraf, hatte er einen beschissenen Herzanfall erlitten, den heftigsten, seit er mit diesem Ungemach zu tun hatte. Er war umgekippt, und so hatte er sein wohl gehütetes Handicap nicht mehr länger unter den Teppich kehren können. Monsen hatte alle Formalitäten für Böhms vorzeitigen Ruhestand eingeleitet. Und nun fragte sein Ex-Chef, ob er sich gut erholt hatte, als wäre er lediglich von einem längeren Strandurlaub zurückgekehrt?

»Solange ich an keinem Triathlon teilnehme, geht es mir gut«, hatte Böhm vorsichtig entgegnet. »Aber deswegen rufen Sie wohl kaum an.«

Monsen redete zum Glück nicht um den heißen Brei herum. »Wie es aussieht, ist Pietà wieder aktiv.«

Böhms angeschlagenes Herz setzte schmerzhaft zwei Schläge aus, und die Umkleidekabine fing an, sich wie ein Karussell voll übler Erinnerungen um ihn herum zu drehen. Geschundene Leiber, Schweiß, Blut, Wunden, so tief, dass man Schlangen darin hätte verstecken können …

»Hat Commissario Rossi Sie aus Rom angerufen?«, fragte er, nachdem der erste Schock überwunden war. Im Rahmen eines Polizeiaustauschs hatte er Pietà gemeinsam mit Rossi durch das nächtliche Rom gejagt, wo der Killer seine Menschenskulpturen auf den Plätzen vor dem Pantheon, der Spanischen Treppe und dem Trevi-Brunnen präsentiert hatte. Die Polizei auf den Fersen war der Mörder schließlich geflüchtet und in Frankreich untergetaucht. 14 Jahre war das nun her.

»Nein. Rossi ist in Pension. Aber wie es aussieht, ist der Täter in Berlin. Einige Touristen durften seine Kunstfertigkeit heute früh bewundern.«

Böhm hatte seinen Ohren kaum getraut. Das Ganze klang einfach zu absurd. Nach all den Jahren sollte Pietà wieder aktiv sein? Und das ausgerechnet hier?

»Vielleicht handelt es sich um einen Nachahmungstäter.«

»Das ist durchaus drin«, bestätigte Monsen. »Um sicherzugehen, brauche ich aber …«

Böhm war heiß und kalt geworden. »Nein. Ich bin raus. Kommissarin Graf ist für diesen Fall wie geschaffen.«

»Das mag sein, Magnus, aber Graf und ihr Team bearbeiten die U8-Morde.«

Böhm hatte davon in der Zeitung gelesen. Irgendein Irrer schubste Obdachlose und Junkies auf die Gleise. »Was ist mit Bajetzky?«

»Clan-Kriminalität. Ich könnte Ihre Unterstützung wirklich brauchen. *Sie* kennen den Fall!«

Obwohl der alte Jagdtrieb in ihm erwachte, zögerte Böhm. Diese Arbeit war hart, verdammt hart, und sie war wie ein Fluch, wie eine alte Sucht, die einen selbst nach Jahren der Abstinenz nicht losließ. Und Böhm wusste nur zu genau, welche Auswirkungen diese Sucht auf seine Seele und seinen Körper haben würde. Auch Monsen wusste dies, trotzdem hatte er ihn nicht von der Angel gelassen.

Böhm hatte schließlich ein paar Dinge klargestellt. »In welcher Funktion?« Falls tatsächlich Pietà wieder am Werk war, kam eine rein beratende Position für ihn nicht infrage. Ganz oder gar nicht, wenn er sich um den Fall kümmern sollte.

Monsen hatte eine gefühlte Minute lang keinen Ton herausgebracht. »Sie wollen die Leitung des Falls?«

»Wenn ich nicht ganz vorne mit dabei bin, verzichte ich.«

Wieder verging eine scheinbare Ewigkeit, ehe der Kriminaldirektor sagte: »Ich werde mich um die Formalitäten kümmern.«

»Vollständige Wiedereinsetzung«, hatte Böhm beharrt und geglaubt, Monsens Zähneknirschen durch die Leitung zu hören, denn das bedeutete auch Dienstausweis und Pistole.

»Also gut. Ich werde alles in die Wege leiten. Aber Sie ermitteln nicht allein.«

Jetzt war es an Böhm gewesen, mit den Zähnen zu knirschen. Monsen wusste ganz genau, dass er keine Anfänger und Assistenten bei der Ermittlungsarbeit tolerierte. Wenn ihm niemand reinquatschte und er nicht alles zigmal erklären musste, arbeitete er dreimal so effizient. Außerdem schonte das seine Nerven, und nur so blieb er im kriminalistischen Flow. Ebenso wenig brauchte er einen karrieregeilen Aufpasser als Schatten, der den Direktor über jeden seiner Ermittlungsschritte auf dem Laufenden hielt. Doch Monsen ließ sich nicht erweichen und hatte schon einen Partner für Böhm im Sinn.

Partner, hallte es in Böhms Schädel nach. Er blickte zum Himmel auf, aus dem endloser Schnee fiel. Ein einziges dichtes Grau in Grau. Von Sonne keine Spur.

Er bog in einen Seitenweg, der zur Turmstraße führte. Im Schneegestöber tauchte ein älteres Ehepaar auf, das bei dem Wetter vermutlich lieber zu Hause geblieben wäre, hätte es seine beiden wohlgenährten, im Schnee versinkenden Dackel nicht Gassi führen müssen. Überholt wurde das Paar von einem Jogger in bunter 70er-Jahre-Jacke, für den weder der Schnee noch die Hunde ein Hindernis darstellten. Die meisten Leute benutzten den Park nur als Abkürzung. Eine Horde Jugendlicher drückte sich mit ihren Handys um eine Bank herum, nahe einem hohen Busch, der wie ein Hügel aus Zuckerwatte wirkte. Sosehr sich Teile von Moabit auch zum Vorteil verändert hatten, der Park blieb ein Problem. Vor allem zu später Stunde wurde er zu einem Treffpunkt von Drogendealern. Diebstahl und Körperverletzung waren keine Seltenheit. Von der Polizei wurde der Park zwar nicht mehr als kriminalitätsbelastet eingestuft, doch für die Anwohner sah die Realität anders aus. Nach Einbruch der Dunkelheit machten sie lieber einen großen Bogen um ihn.

Auf der anderen Seite der Turmstraße, zwischen kahlen, schneebedeckten Baumkronen, lugte die rote Steinfassade des ursprünglichen Moabiter Krankenhauses hervor. Obwohl das alte Backsteinhaus keinen einzigen runden Turm besaß, hatte es Böhm immer an das alte Hauptquartier von Scotland Yard erinnert. Im 19. Jahrhundert war das Krankenhaus als Seuchenstation geplant gewesen, hatte sich dann aber zu einem der wichtigsten Krankenhäuser Berlins entwickelt. Nachdem es nach der Jahrtausendwende vorübergehend geschlossen worden war, beherbergte es nun einen Teil der Rechtsmedizin der Charité, eine Rehaklinik, ein Altenheim und ein Behandlungszentrum für Folteropfer. Soweit

Böhm es mitbekommen hatte, stammten die Folteropfer aus über 60 Nationen.

Vorsichtig, um nicht auszurutschen, überquerte Böhm wie auf rohen Eiern den Straßenasphalt und hielt auf den Eingang des Leichenschauhauses mit dem pathologischen Institut zu.

5

Ein altvertrautes, unangenehmes Aroma empfing Böhm, als er die Flure der Rechtsmedizin betrat, der Geruch des Todes, dem kein Putzmittel beikam. Rund um die Uhr wurden Leichen seziert, deren Todesumstände unklar waren. Bei seinem letzten Besuch vor dem Ruhestand hatte Böhm die Toten mit ihren Pappkarten an den Füßen im Hauptkühlraum gezählt. In Viererreihen in Metallregalen übereinandergestapelt, waren es mehr als 50 gewesen. Statistisch gesehen wurde in Berlin alle drei Tage ein Mensch abgemurkst und landete dann hier. Böhm hatte sich nie an den Anblick und Geruch von Leichen gewöhnt, aber das wusste natürlich niemand. Für seine Kollegen war er der kühle, unerschütterliche Eigenbrötler, den nichts und niemand aus der Ruhe brachte. Nicht einmal Direktor Monsen.

Als er durch die Schwingtür in den Obduktionssaal trat, nahm der Geruch trotz der künstlichen Kälte zu.

»Nur der Tod stinkt wie der Tod«, hatte Patricia Celan einmal zu einem ihrer Assistenten gemeint, als dieser sich in das nächstgelegene Obduktionsbecken übergeben hatte, während sie einen vollen Magen in den Händen hielt. Böhm würde diesen Vorfall niemals vergessen. Einzig Patricias Gegenwart und sein Stolz hatten ihm die Kraft verliehen, nicht selbst zu kotzen.

Patricia stand halb mit dem Rücken zur Tür neben einer Leichenbahre, auf der ein mit grünem Tuch abgedeckter Körper lag, während ihr jetziger Assistent unter vollem Körpereinsatz vor sich hin summend einen der Obduktionstische schrubbte.

Böhm ließ seinen Blick durch die Halle schweifen. Nichts hatte sich verändert. Die gleichen weißen Kachelwände und LED-Lampen, die gleichen kalten Stahl- und Marmortische. Fünf an der Zahl. Auf jedem ein Tablett. Auf diesen lagen Messer, Scheren, Zangen und Pipetten säuberlich aufgereiht. Die Toten störten sich nicht mehr an dem brutal aussehenden Operationsbesteck.

Die Gerichtsmedizin verfügte über einen Computertomografen, der in bestimmten Fällen einen Blick ins Innere der Leichen ermöglichte. In einigen Jahren, so hatte Patricia erklärt, würden CT-Aufnahmen viele Obduktionen unnötig machen.

»Da brat mir doch mal einer einen Storch«, meinte die Rechtsmedizinerin, als sie Böhm auf sich zukommen sah. Sie nahm den Helm mit dem Spritzschutz ab, und Böhm konnte ihre kühlen, strahlenden Augen unter dem dunklen, kurzen Haar sehen. Patricia war Anfang 40, eine passionierte Motorradfahrerin und äußerst attraktiv. Wenn Böhm es sich so überlegte, hätte sie von ihrer undurchdringlichen Ausstrahlung her glatt eine Psychopathin sein können. »Hätte nicht gedacht, dich jemals hier wiederzusehen.«

Er spürte, wie sich innere Hitze seiner bemächtigte. Nicht aus körperlichem Verlangen, sondern aus Feigheit und Scham. Nachdem er und Patricia sich in den letzten Jahren seines Polizeijobs freundschaftlich nähergekommen waren, hatte die Gerichtsmedizinerin ihm das Du angeboten und ihn ein paar Monate später zum Essen eingeladen. Als Böhm dann im Restaurant klar geworden war, dass das gemeinsame Essen auf ein Date hinauslief, hatte er darauf reagiert, wie nur er darauf hätte reagieren können, nämlich saudämlich. Ungelenk hatte er Patricia einen Korb gegeben, davon gelabert, für eine Beziehung nicht der richtige Mann zu sein. Und sie hatte ihm an dem noblen Restauranttisch mit der Hummer-Zange in der Hand gegenübergesessen, als hätte sie ihn auseinandernehmen wollen wie ein Schalentier.

Böhm unterdrückte ein Seufzen. Vielleicht war das damals einfach nur schlechtes Timing gewesen. Letztendlich hatte die Herrin der Toten seinen Korb mit Fassung getragen. Die Zusammenarbeit hatte nicht darunter gelitten, aber mit den intensiven Gesprächen über Leben und Tod und den Scherzen war es von da an vorbei gewesen. Er vermisste ihren Galgenhumor. Und er bereute sein damaliges Verhalten. Was für ein unglaublicher Trottel er doch gewesen war! Es gab nicht viele Menschen, mit denen er sich gut verstand und mit denen er über seine Arbeit reden konnte. Abgesehen davon, dass er für diese außergewöhnliche Frau aufrichtige Gefühle empfand. In vielerlei Hinsicht war Patricia mit ihm seelenverwandt. Er jagte Mörder, sie obduzierte deren Opfer. Sie waren ein tolles Team gewesen.

Die Hitze in seinem Körper nahm noch einen Tick zu. Wahrscheinlich glühte sein Kopf gerade wie der eines Teenagers, den man mit einem schmutzigen Magazin in der Hand beim Onanieren erwischt hatte. Irgendwie gelang es ihm trotzdem, eine halbwegs vernünftige Antwort zustande zu bringen. Er wagte es jedoch nicht, ihren Namen in den Mund zu nehmen, aus Furcht, seine Stimme könnte bei der Artikulation brechen.

»Hallo. Bin selbst überrascht, hier zu sein. Hat Monsen mit dir gesprochen?«

»Hat er.« Sie nickte ungerührt, als wäre nie etwas Dramatisches zwischen ihnen vorgefallen. »Ich hab mir das Opfer gleich vorgenommen, nachdem es eingeliefert wurde. Freddie …«, sie deutete auf den jungen Mann mit dem roten Haar, der die letzten Blut- und Gewebereste von der Marmorplatte spülte und Böhm fröhlich zuwinkte, »hat ihn gerade zugemacht und zu den Kühlschüben gebracht. Du kannst ihn dir gleich ansehen. Die Proben sind bereits unterwegs zum Labor.«

Böhm grüßte den jungen Mann mit einem knappen Hallo und folgte Patricia zu den Kühlfächern. In mittlerer Höhe öffnete sie eine der Türen und zog eine Stahlbahre heraus. Die spielerische Kraft, die sie dabei an den Tag legte, beeindruckte ihn.

»Ich habe das Video auf VidTube gesehen«, fuhr sie fort. »Schrecklich! Wie geht es dem Mädchen?«

»Monsen sagt, sie ist bewusstlos. Ich bin hier, um nach Parallelen zu einem älteren Fall zu schauen.«

»Ein Serienmord?«

Er nickte, noch immer von ihrem Charisma eingeschüchtert. »Was kannst du mir über den Toten sagen?«

Sie öffnete den Leichensack. »Nun ja, er war das, was man ein Prachtexemplar von einem Mann nennt. Nicht mehr der Jüngste, aber sportlich. Gesunde Lebensweise. Sein Körper befand sich in einem Topzustand. Deshalb dürfte er bei der Folter ziemlich lange durchgehalten haben.«

Böhm musterte den Körper, der abgesehen davon, dass er geschunden und obduziert worden war, tatsächlich der eines

Athleten hätte sein können. Reste von Bronzefarbe hoben die Muskulatur hervor.

Patricia folgte seinem Blick. »Sein Sterben war grausam. Er wurde ausgepeitscht. Und wer immer ihm danach diese Kreuzigungsverletzungen zugefügt hat, hat sich damit Zeit gelassen.«

Böhm schaute sich die Wunden an Händen und Füßen genauer an. Sollte tatsächlich Pietà hinter diesem Mord stecken, dann waren große, rostige Nägel durch die Handflächen und die Fußwurzeln getrieben worden. Die Schmerzen, die das Opfer dabei erlitt, waren ungeheuerlich. Aus dem Gedächtnis heraus verglich er die Verletzungen mit denen der römischen Fälle. Damals hatten sich die Wunden nur oberflächlich geähnelt. Genauere Untersuchungen hatten ergeben, dass die Verletzungsmuster unterschiedlich waren. In einigen Fällen hatte die Ausführung geradezu dilettantisch gewirkt, so als hätte dem Täter das richtige Werkzeug, die Fertigkeit, die Kraft oder die Courage gefehlt. Dann wiederum hatte es den Anschein gehabt, als hätte der Mörder nur einen einzigen kräftigen Hammerschlag benötigt, um den Nagel durch den Knochen zu treiben und die Gliedmaßen zu positionieren. Die unterschiedlichen Muster waren für Böhm noch immer der verwirrendste Aspekt der Mordserie.

»Er wurde außerdem an ein grobes Holz mit Querbalken gefesselt«, fuhr Patricia fort. »Vielleicht ein Kreuz oder eine Holz-Palette. Er ist nackt gefoltert worden. Ich habe Holzsplitter in seinem blutverkrusteten Rücken, seinen Armen und seinem Gesäß gefunden.«

»Ist er an der Summe all dieser Verletzungen gestorben?«

»Ich würde sagen, sein Kreislauf hat am Ende versagt und er ist erstickt. Ohne die Laborergebnisse kann ich allerdings nur Vermutungen anstellen. Mal schauen, was die Blutuntersuchung und sein Adrenalinspiegel sagen.«

»Sein Adrenalinspiegel?« Dunkel erinnerte er sich da an etwas.

Patricia zuckte mit den Achseln. »Die Konzentration dürfte hundert bis tausend Mal höher sein als bei alltäglichen Stresssituationen. Vielleicht hat man ihm Drogen verabreicht, damit er die Quälerei länger ertrug. Sieht das nach deinem Serienkiller aus?«

Böhm nickte. »Die Fälle sind zwar viele Jahre her, aber es gibt jede Menge Übereinstimmungen.«

Er erinnerte sich, dass die männlichen Opfer Pietàs allesamt ziemlich üble, selbstherrliche Arschlöcher gewesen waren. Die Chancen standen also gut, dass der durchtrainierte Tote auf der Bahre ein Doppelleben geführt hatte, von dem niemand in seinem Umfeld auch nur den geringsten Schimmer hatte. Hoffentlich wurde seine Identität bald geklärt.

Patricia runzelte die Stirn, als ginge sie in Gedanken sämtliche Obduktionen durch, an denen sie je beteiligt gewesen war. »Von diesen Morden habe ich nie gehört.«

»Sie ereigneten sich in Rom. Vor deiner Zeit.«

»Ah ja«, meinte sie, als gäbe es gar keine Zeit vor ihrer Zeit. »Da fällt mir ein, wenn du hier fertig bist, hätte ich noch etwas für dich.«

Da Böhm hier nichts mehr tun konnte und ihm gewiss nicht der Sinn danach stand, mit dem Toten Händchen zu halten, erklärte er die Inaugenscheinnahme für beendet. Patricia schob die Bahre so beiläufig in die Box zurück, als handelte es sich um ein Gemüsefach beim Großhandel. Dann führte sie ihn zügig zu ihrem Büro.

Auf dem vorderen Schreibtisch lag die hochwertige Spiegelreflexkamera, mit der sie ihre Obduktionen von den Assistenten dokumentieren ließ, aber sie griff nicht nach dem Apparat, sondern nahm am Computer Platz, dessen Bildschirmschoner eine lustige Unterwasserwelt wie die aus dem Kinderfilm

Findet Nemo zeigte. Als Patricia die Tastatur gerade berührte, vernahm Böhm hinter sich ein Räuspern.

»Kriminalhauptkommissar Magnus Böhm?«

Eine weibliche Stimme, fest und klar, aber auch einen Hauch aufgeregt und leicht belegt. Er wandte den Kopf und wähnte sich sogleich im falschen Film. In der Tür stand eine junge Frau mit Hornbrille und geröteter Stupsnase, deren krauses Haar durch zwei Zöpfe mühsam gebändigt wurde. Ihr Körper versank in einem knallroten Anorak, aus dessen linker Tasche eine gelbe Wollmütze hervorquoll. Selbst umgekrempelt reichten die Ärmel über die Hände. Was zum Henker hatte dieses kaum der Schule entwachsene Wesen an einem Ort wie diesem verloren?

Die junge Frau blickte ihn aus großen Augen an.

»Guten Tag«, sagte sie. »Ich bin Kriminalkommissarin Annetta Niedlich. Ich soll Sie bei der Ermittlungsarbeit unterstützen.«

6

Emma Zabek fühlte sich wie ein alter, löchriger Kahn, der tief im Fluss versunken lag. Bleierne Müdigkeit steckte in jeder ihrer Körperzellen und peinigte sie bis aufs Mark. Selbst die Kraft, die Augenlider anzuheben, fehlte ihr, und so lag sie still da wie ein Leichnam, dem nichts anderes übrig blieb, als in sein verrottendes Inneres zu schauen, auf Erinnerungen aus den letzten Monaten, Wochen und Tagen, auf die Erinnerungen eines Lebens, auf das sie gut und gerne hätte verzichten können.

Emma erinnerte sich an die eisige Kälte, an das Blut an ihren Händen, an den Schnee, der in unzähligen dichten Flocken aus dem Himmel auf sie und Patrick fiel, daran, wie die Leute sie begafften, bevor man sie mit Martinshorn und Blaulicht fortbrachte. Sie hatte keine Ahnung, wie viel Zeit seither vergangen war. Ein paar Stunden? Tage?

Mit dem Erwachen ihres Bewusstseins tauchte auch *die Stimme* wieder auf. Die Stimme ihres Entführers, den sie nie zu Gesicht bekommen und der sie in einem Labyrinth finsterer Kellerlöcher gefangen gehalten hatte. Kellerlöcher, von denen ein jedes einen Namen trug. Die Kammer der Andacht und der Besinnung. Die Kammer der Leere. Die Kammer des Lichts. Die Finsterkammer. Emma hatte geglaubt, dass die Geräuschkammer die schlimmste von allen wäre, bis sie die Schmerzenskammer betreten hatte.

Die Stimme hatte sie nicht schlafen lassen, bis zur Erschöpfung wachgehalten und gezwungen, ihre Aufgabe zu erfüllen. Durch den Schlafentzug hatte Emma zunehmend die Kontrolle über sich verloren. Ihre Augen und ihr Gehirn schienen zu brennen und ihre Bewegungen waren immer konfuser geworden. Schließlich hatten die Kopfschmerzen und das Frieren und Zittern eingesetzt, das Auf und Ab ihrer Stimmungen, und sie war herumgetorkelt wie eine Besoffene. Doch sosehr sie auch um Schlaf gebettelt hatte, *die Stimme* hatte ihre Erschöpfung ausgekostet, wobei es ihr völlig egal gewesen war, dass Emma zunehmend schwach und nutzlos wurde. Irgendwann hatte Emma jedweden Sinn für die Zeit verloren, jedweden Sinn für das Gute und das Böse. Sie hatte nicht einmal mehr mitbekommen, wann Patrick zu atmen aufgehört hatte. Irgendwann war er einfach tot gewesen.

Plötzlich hörte Emma ein Rascheln, als hätte sich jemand leise neben ihr bewegt.

»Sie kommt zu sich«, sagte eine Frau wie aus großer Ferne.

Jemand berührte ihr Handgelenk und fühlte den Puls. Die Frau? Aber sie war doch so weit weg.

»Hallo. Können Sie mich hören?«

Emma hob die schweren Lider – und zuckte vor Schmerzen zusammen. Tageslicht fiel wie ein Schwarm stechender Nadeln über ihre Augen her. Alles, was sie in dem Sekundenbruchteil hatte ausmachen können, war eine von Lichtblitzen zerrissene Gestalt.

»Hallo«, wiederholte die Frauenstimme mit professioneller Freundlichkeit. »Ich bin Doktor Danuta Jablonski und das ist Schwester Helena. Sie sind in der Charité.«

Emma hörte die Worte, und obwohl es so klang, als wollte man ihr helfen, wünschte sie sich an einen anderen Ort. In einen stillen Wald, auf einen hohen Berg oder an eine ruhige, heiße Quelle auf Island. Ja, der Gedanke gefiel ihr, auch wenn sie all diese Orte nur aus dem Fernseher kannte.

»Wie fühlen Sie sich?«, fragte die Ärztin.

Emma entschied, die Augenlider wieder zu schließen und zu schweigen.

»Können Sie uns Ihren Namen nennen?«

Wenn Sie jetzt ihren Namen nannte, war es mit der Ruhe und dem Frieden vorbei.

»Sie brauchen keine Angst zu haben. Sie sind hier in Sicherheit«, erklärte Dr. Jablonski.

Es klang immer sonderbar, wenn Menschen von Sicherheit sprachen, die noch nie in wirklicher Unsicherheit gelebt hatten. Diese Ärztin war bestimmt noch nie verschleppt worden, hatte sich noch nie in einem finsteren Kellerloch Foltergeräusche anhören müssen.

»Erinnern Sie sich, was passiert ist?«

Emma rührte sich nicht, lag da wie gelähmt. Da die Ärztin jedoch nicht so bald nachgeben würde, schüttelte sie langsam den Kopf. Unter keinen Umständen würde sie über *die Stimme* reden.

»Wie heißen Sie?«

Dieses Mal war es die Krankenschwester, die fragte. Ihre Stimme hatte etwas Blechernes. Sie stellte sich Schwester Helena als eine Frau mit einem hageren, unfreundlichen Gesicht vor.

»Gut«, meinte die Ärztin nach einer Weile, in der Emma ganz still blieb. »Klären wir das später. Ruhen Sie sich erst einmal aus.«

Emma tat, als fiele sie erneut in tiefen Schlaf, aber dieses Vortäuschen hatte auch seinen Preis. Ein Teil ihres Bewusstseins kehrte zurück in die abscheuliche Finsternis der Geräuschkammer. Und dieses Mal war es anders.

Patricks Stöhnen hatte sich dem schrecklichen Chor hinzugesellt.

7

Böhm starrte noch immer verdutzt auf seine neue Assistentin. Alles an ihr irritierte ihn. Der Parka, in dem sie versank wie ein Äffchen in einem roten Aufblaskostüm, die altmodische Brille mit den leicht getönten Gläsern sowie die rechts und links wie Sprungfedern von ihrem Kopf abstehenden Zöpfe. So jung, wie sie aussah, konnte sie kaum durch das Auswahlverfahren der Polizeiakademie gekommen sein. Entweder hatte Kurt Monsen komplett den Verstand verloren oder aber er wollte ihn auf den Arm nehmen. Nachdem Böhm einen Moment lang still dagestanden und ungläubig geglotzt hatte, brachte er es immerhin fertig, Patricia Celan als Gerichtsmedizinerin vorzustellen, woraufhin Niedlich mit wippenden Zöpfen an den Computer herantrat, die unförmige Brille zurechtrückte, als stellte sie ein Zoom ein, und eine Frage nach der anderen abfeuerte.

Gibt es schon einen Tatverdächtigen? Wurde bei der Leiche etwas entdeckt? Wie lange dauern die Laboranalysen?

Ein amüsiertes, fast schon schadenfrohes Zucken huschte über Patricias Mundwinkel. Die Medizinerin wusste nur zu gut, was in Böhm vorging. Also ignorierte sie ihn und nahm sich eine Extraportion Zeit, um Niedlich in aller Ausführlichkeit zu berichten, was sie gerade erst Böhm zu dem Fall erklärt hatte, sprach von den Kreuzigungsverletzungen, dem groben Holzbalken, an den der Tote genagelt worden war, und dem Kreislaufversagen, das zum Tod geführt haben musste.

Böhm hielt es damit für erwiesen, dass Patricia tatsächlich eine sadistische Ader hatte, denn das alles war ziemlich starker Tobak für seine unerfahrene Kollegin. Wenigstens verschaffte Patricias Wiederholung ihm die Zeit, die Situation halbwegs zu verdauen, denn es stellte sich die Frage, was er nun mit seiner von Monsen aufgebrummten Assistentin anfangen sollte. Auf berufliche Erfahrung konnte er bei ihr ja nicht bauen. Und an körperliche Konfrontationen im Einsatz mochte er mit diesem Fliegengewicht an seiner Seite gar nicht erst denken.

Nachdem Patricia ihren Horrorvortrag beendet hatte, meinte Niedlich etwas bleich: »Das nenn ich aber mal krass.«

Krass? Böhm fielen da ganz andere Begriffe ein. Unmenschlich. Brutal. Bestialisch. Grausam. Aber ganz sicher nicht ein bescheuertes Wort wie *krass*.

Immerhin kippte Niedlich nicht um, sondern deutete auf den Computer. »Was ist mit den VidTube-Videos? Wurden die schon ausgewertet? Es sollen ja etliche im Netz sein. Vielleicht ist der Täter darauf zu sehen.«

Mannomann, jetzt mal halblang, die Kleine redete ja ohne Punkt und Komma.

»Ein Technikerteam geht die vielversprechendsten bereits durch«, erklärte Böhm. »Von den Schaulustigen dürfte nicht viel zu erwarten sein. Die haben sich auf die Opfer konzentriert.«

Niedlich drückte die große Brille zur Nasenwurzel hoch. »Seit letztem Jahr gibt es ein neues Video-Überwachungssystem für die Areale rund um das Brandenburger Tor.«

Eine neue Videoanlage? Das hatte Monsen mit keiner Silbe erwähnt. Als hätte Niedlich seine Gedanken gelesen, ergänzte sie: »Die Spezialkameras wurden anlässlich des Kirchentages und für weitere Großveranstaltungen installiert. Hochauflösend. Die Bilder werden direkt an die Leitstelle der Polizei übertragen.«

Böhms Augen wurden groß. »Live?«

»Sagte ich das nicht?« Niedlich straffte sich, als wollte sie es mit seiner Körpergröße und -masse aufnehmen, dabei war sie mehr als einen Kopf kleiner als er und wog vielleicht die Hälfte. »Die Bilder werden gespeichert. Wir können jetzt gleich hinfahren. Mein Wagen steht auf dem Parkplatz.«

Der Vorschlag klang wie ein Kommando.

Böhm hob die Hand. Übereifer tat selten gut, zumal die Internetwache diese Videos sicher längst untersuchte. Betont gelassen wandte er sich Patricia zu.

»Du wolltest mir noch etwas zeigen?«

Wie auf Knopfdruck ersetzte die Medizinerin das Schmunzeln in ihrem Gesicht durch ein professionelles Mienenspiel.

»Allerdings, mein Lieber.«

Böhm schluckte. Wenn Patricia dermaßen nett zu ihm war, sollte er wohl auf der Hut sein.

Sie berührte die Tastatur ihres Rechners, woraufhin ein Passwortfenster auf dem Computerdisplay auftauchte. Niedlich begriff sofort, dass Patricia ihren Zugangscode nicht vor Publikum eingeben würde, und wandte den Kopf ab. Böhm brauchte etwas länger, seufzte und starrte auf die unerquicklichen Anatomie-Poster an der gegenüberliegenden Wand.

Patricia öffnete den Ordner mit den Autopsie-Fotos. Die Bilder erschienen in Briefmarkengröße, was Böhm nur recht war. Auf eines klickte die Ärztin. Ein halb transparenter Plastikzylinder wurde sichtbar, der wie einer dieser Behälter aussah, in denen Böhms Mutter einst Gewürzpulver aufbewahrt hatte. In dem Plastikteil steckte allerdings irgendetwas anderes.

»Das da haben Freddie und ich im Anus des Toten entdeckt.«

Böhm beugte sich vor, in dem Versuch, seine Augen zu fokussieren. Er hatte seine Brille mal wieder im Auto liegen lassen. Niedlich tat es ihm gleich, schob ihre Brille vor und kroch fast in den Bildschirm hinein. Es hätte ihn nicht überrascht, wenn ihre Stupsnase einen Abdruck hinterlassen hätte.

»Was ist da drin?«, fragten Niedlich und er wie aus einem Mund.

Patricia lachte kurz auf und schüttelte den Kopf. Dann zoomte sie in die Abbildung, bis das Objekt den Bildschirm ausfüllte. Mehr konnte Böhm trotzdem nicht erkennen.

»Für mich sieht es wie ein zusammengerolltes Stück Papier aus«, meinte die Gerichtsmedizinerin. Niedlich stimmte zu.

Böhm zog die Augenbrauen zusammen. »Hast du denn nicht reingeschaut?«

»Für wen hältst du mich? Eine blutige Anfängerin? Das Ding ging gleich zur weiteren Beweissicherung in Lewandowskis Labor. Deiner Reaktion nach hat es so einen Plastikzylinder bei deinem römischen Fall nicht gegeben, oder?«

Böhm bemerkte, wie Niedlich bei den Worten *deinem römischen Fall* die Ohren spitzte.

Patricia hatte recht. In Rom waren keine Plastikteile aus den Hinterteilen der Opfer geborgen worden. Unwillkürlich dachte Böhm an das weibliche Opfer, das in der Charité lag. Ob die Ärzte bei ihr einen Zylinder entdeckt hatten? Die Frau war als Überlebende überhaupt der springende Punkt.

»Hier kommen wir erst mal nicht weiter«, stellte Niedlich mit leicht belegter Stimme fest. »Wir sollten zur Leitstelle fahren.«

Aha. Dem Unterton nach fühlte sich das kleine bezopfte Wesen in den Räumlichkeiten der Gerichtsmedizin nicht mehr länger wohl. Nun, Böhm konnte es ihr nicht verdenken. Wer tat das schon außer Patricia und ihr Freddie?

Für ihn hatten die Videos aber keine Priorität. Damit befasste sich bereits das Team der Leitstelle. »Zur Charité?«, schlug er stattdessen vor.

Niedlich schaute ihn durch die getönten Brillengläser an, als hätte er eine Vollmeise. Was konnte wichtiger sein als die Aufzeichnungen der Videoüberwachung? Und überhaupt, war die Überlebende denn schon vernehmungsfähig?

Böhm bedankte sich bei Patricia, die ihn auf dem Laufenden halten würde, und dirigierte Niedlich zu den Fahrstühlen. »Wo haben Sie noch mal geparkt?« Seine Assistentin durfte sich nun als Chauffeurin beweisen, denn er hasste das Autofahren in der Stadt.

Niedlichs Wagen stand auf dem engen Parkplatz hinter der Klinik. Ein gut vermummter Hausmeister schob eine Schneefräse über die Gehwege. Böhm hatte den Eindruck, dass die Temperatur erneut gefallen war. Egal, gleich saßen sie ja in

Niedlichs gut beheiztem Wagen. Doch Pippi Langstrumpf hielt auf einen abgelegenen, halb überdachten Bereich zu und blieb doch glatt vor einem VW Käfer stehen, der aussah, als hätte sie ihn wie Frankensteins Monster aus diversen Teilen zusammengebaut und danach eine gehörige Portion Starkstrom durch ihn hindurchgejagt. Die fetten Reifen mit ihrem starken Profil wollten so gar nicht zu dem klapprigen Gefährt passen. Na ja, wenigstens waren sie winterfest. Warum konnte Niedlich nicht den komfortablen SUV auf dem Nachbarparkplatz fahren? Oder wenigstens den Hybridwagen auf der anderen Seite? Der hatte bestimmt eine Klimaanlage.

Niedlich öffnete die Fahrertür und dann die Fronthaube, um einen Handfeger herauszunehmen, mit dem sie erst einmal das Dach und die geteilte Heckscheibe vom Schnee befreite.

Als Böhms massiger Leib sich auf dem Beifahrersitz niederließ, sackte die Karre auf seiner Seite wie ein schwammiges Weißbrot zusammen.

»Ist nur die Sitzfederung«, meinte Niedlich. »Bitte anschnallen.«

Immerhin waren die Gurte neu, was es Böhm jedoch kein bisschen leichter machte, das Gurtschloss zu finden. Und kaum, dass er die Schlosszunge mit einem vernehmbaren Klick ins Gurtschloss einführte, drückte Niedlich auch schon aufs Gas und der greise Käfer machte nach zwei Stotterern einen Satz, als hätte er einen Raketenantrieb.

»Mein Bruder hat im letzten Herbst den Motor ausgetauscht. Das ist der schnellste und umweltfreundlichste Käfer ganz Berlins.« Als sie Böhms Miene sah, fügte sie hinzu: »Nächstes Jahr kommen die Sitze dran.«

Zehn Sekunden später bereute Böhm es endgültig, in den klapprigen Kugelporsche eingestiegen zu sein.

*

Annetta lenkte Turbi schwungvoll in die Turmstraße und bretterte dann Richtung Osten zur Charité Campus Mitte. Ein Teil ihres Geistes befand sich noch immer in den Kellern der Gerichtsmedizin und schmeckte auf der Zunge den Geruch der Leichen und der Desinfektionsmittel.

Sie hatte sich erschrocken, als Magnus Böhm sich in dem Kellerbüro zu ihr umgedreht hatte. Das zerfurchte Gesicht, der finstere Blick, die Narbe über der linken Wange bis zum Ohr … Der Typ sah wirklich brutal aus, wie ein abgewrackter Pirat. Es fehlte nur noch die Augenklappe. Und ganz sicher konnte Böhm Schreibtischhengste, Weicheier, Zweifler, Zögerliche, aber vor allem Anfänger wie Annetta nicht ausstehen. Deswegen hatte sie die Flucht nach vorne angetreten. Angriff war die beste Verteidigung. Mit ihrem Wissen über die neue Videoüberwachungsanlage hatte sie hoffentlich gepunktet.

Böhm hatte allerdings ziemlich perplex geglotzt, als sie vor Turbi stehen geblieben war, einem Gefährt, das gut und gerne so alt war wie er selbst. Damit hatte er im Leben nicht gerechnet. Das hatte Annetta deutlich in seinen Augen gesehen, als sie den Schnee von der Heckscheibe gefegt und ihm das mit der Sitzfederung erklärt hatte.

Ein Oldtimer für einen Oldtimer! Innerlich grinste sie.

Und nun saß Böhm still und konzentriert auf dem Beifahrersitz, während sie Turbi durch den verschneiten Stadtverkehr lenkte. Ob er sich wegen ihrer Fahrkünste sorgte? Ach was. Als Kriminalhauptkommissar dachte er sicher über den Fall nach, was sonst! Annetta würde ihn in Ruhe nachdenken lassen und ganz beiläufig mit ihrem zügigen Fahrstil beeindrucken.

Noch ein Pluspunkt!

8

Mit ihrer 300-jährigen Geschichte war die Charité Berlins ältestes Krankenhaus und eine der größten Universitätskliniken Europas. Patricia hatte Böhm einmal erklärt, dass es kein Krankheitsbild gebe, das hier nicht behandelt werden konnte. Außerdem habe die Charité einige Nobelpreisträger hervorgebracht. Da Böhm einmal eine Dokumentation über die Uniklinik gesehen hatte, war ihm der Name Robert Koch in Zusammenhang mit Tuberkulose ein Begriff gewesen und er hatte sich in Patricias Gegenwart nicht ganz so unwissend gefühlt. Außerdem war er wegen einer Schuss- und einer Stichverletzung und nicht zuletzt wegen seines Herzleidens dort behandelt worden. Insgesamt war das Klinikum über vier Standorte verteilt. Das einzige überlebende Opfer Pietàs war hier in den besten Händen.

Niedlich parkte ihre Klapperkiste im Parkhaus nahe den Aufzügen, und obwohl die ersten 30 Minuten Parken kostenlos waren, löste sie ein Ticket für eine Stunde.

»Macht weniger Stress«, meinte sie.

Böhm ging nach der rasanten Fahrt wie auf rohen Eiern. Niedlich fuhr keinen meditativen Zen-Stil. Rasant hatte sie sich trotz der Schneemassen in den Verkehrsstrom eingefädelt, um sich dann wie bei der *Formel 1* durch zahlreiche Gas- und Bremsmanöver vorzuarbeiten. Böhm hatte im Geiste so oft mitgebremst, dass er schon geglaubt hatte, den Fußraum durchzutreten. Nun stand er etwas duselig vor der Dame an der Klinik-Information und zeigte seinen provisorischen Ausweis vor, den diese wenig überzeugt musterte.

»Wären Sie so gut«, bat er Niedlich, die nur zu gerne mit ihrem Ausweis einsprang und ihr Anliegen erklärte. Die Klinikmitarbeiterin hörte gleichmütig zu, als hätte sie es tagtäglich mit emsigen Polizistinnen wie Niedlich zu tun. Oder mit Kriminalbeamten, die Opfer und Täter in Krankenzimmern aufsuchten.

Sie folgten dem markierten Weg, den die Frau ihnen beschrieben hatte. Böhm mochte Krankenhäuser ebenso wenig wie Leichenhallen. Und natürlich war an diesem späten Vormittag auch noch besonders viel los. Menschen in Rollstühlen, mit Infusionsständern, Krücken und Rollatoren verstopften die Flure, Klinikpersonal eilte aus irgendwelchen Zimmern oder stürmte hinein, während Besucher mit Blumen, Pralinen und sonst was Böhm im Weg standen. Besonders eng wurde es, als auch noch ein Krankenhausbett in den Aufzug geschoben wurde. Als er und Niedlich die Station endlich betraten, erwartete sie dort eine Schwester Helena, die in ihrem Kittel aussah wie ein weiß-blauer Pinguin.

Die Schwester führte sie durch einen langen Flur bis zu einem Krankenzimmer mit verglaster Wand. Die untere Hälfte verdeckte ein Streifenmuster. Im ersten Moment glaubte Böhm, das Zimmer sei leer, da der Körper der Patientin sich kaum unter der Bettdecke abzeichnete, doch dann bemerkte er ein kleines, schmales Gesicht. Bleich, hager und unglaublich jung, fast wie ein Kind. Die Frau schien tief und fest zu schlafen. Am Hals entdeckte er einen roten Fleck. Ein Bluterguss?

»Doktor Jablonski ist gleich hier«, erklärte Schwester Helena.

»Kann ich mit der Zeugin reden?«, fragte er.

Die Krankenschwester schüttelte den Kopf.

»Doktor Jablonski hat bereits versucht, mit ihr zu sprechen, aber sie hat nur kurz die Augen geöffnet und ist gleich wieder eingeschlafen. Kein Wunder nach allem, was sie durchgemacht haben muss.«

Niedlich spähte auf Zehenspitzen balancierend ins Zimmer. »Wie sieht es mit ihren Verletzungen aus?«

»Sie war gefährlich unterkühlt. Aber das haben wir im Griff. Den Rest wird Ihnen die Frau Doktor erklären.«

Wie auf ein Stichwort fuhr am Ende des Gangs die automatische Glastür auf und eine Gestalt in elegantem weißem Kittel kam auf sie zu. Dr. Jablonski war eine beeindruckende Erscheinung in mittleren Jahren. Groß, kurvig, hellblond und mit sonnengebräuntem Gesicht, als käme sie geradewegs aus Fuerteventura zurück, wo sie eben noch eine Piña colada geschlürft hatte. Sie reichte den Kommissaren die Hand. Schwester Helena zog sich zurück, nachdem sie der Ärztin Bericht erstattet hatte.

»Ich kann Ihnen nicht sagen, wann Sie mit der Patientin sprechen können. Mag sein, dass sie gleich aufwacht, möglicherweise schläft sie aber auch noch den ganzen Tag durch.«

»Durch den Zeitverlust können wichtige Hinweise verloren gehen«, erklärte Böhm.

»Das tut mir leid, Herr Kommissar. Aber Ihre Zeugin ist meine Patientin. Ich werde Sie informieren, sobald sie für eine Befragung bereit ist.«

Die Antwort, mit der Böhm gerechnet hatte. »Können Sie uns sonst noch etwas über die Patientin sagen?«

Dr. Jablonski zögerte, wohl weil das Opfer minderjährig war. Böhm hoffte, sie nicht darauf hinweisen zu müssen, dass Gefahr im Verzug war und deshalb andere Bestimmungen galten. Er verstand natürlich, dass die ärztliche Schweigepflicht meist Sinn ergab, aber manchmal empfand er die Ermittlungssituation in solchen Fällen als frustrierend. Da war es fast besser, das Opfer war tot, denn die Gerichtsmedizin machte es den Ermittlern selten so schwer.

Jablonski bat Böhm und Niedlich in ein kleines Büro. In einem Regal standen diverse medizinische Fachbücher, alles ältere Schinken, die im Computerzeitalter wohl nur noch einen dekorativen Zweck erfüllten. Ohne einen Platz anzubieten, kam Jablonski zur Sache.

»Die Patientin ist höchstens 16 oder 17 Jahre alt. Nach der ersten Untersuchung und dem Entfernen der Farbe wurden einige Narben sichtbar. Beim CT sind wir auf eine Reihe älterer Verletzungen gestoßen. Schwere Knochenbrüche und innere Vernarbungen, die höchstwahrscheinlich von einem schweren Unfall herrühren. Sie wurde definitiv mehrmals operiert. Wir gleichen die Verletzungen mit unseren Datenbanken ab. Mit etwas Glück war sie hier in Behandlung.«

Das war ein erster Hoffnungsschimmer. Manchmal konnten solche Verletzungen bei einer Identifikation ebenso hilfreich sein wie ein Fingerabdruck. Böhm fragte nach weiteren Blessuren.

Die Ärztin verschränkte die Arme vor dem Leib, als fühlte sie sich unwohl. »Möglicherweise wurde sie vergewaltigt.«

Vergewaltigt? Das sah Pietà nicht ähnlich. Ebenso wenig hatte er in Rom Plastikzylinder in den Hintern seiner Opfer zurückgelassen.

»Haben Sie vielleicht einen Plastikzylinder im Unterleib der Patientin gefunden?«, fragte er.

»Einen Plastikzylinder?«

»Sie müssen wissen, es gibt zwei Opfer. Die Gerichtsmedizinerin fand im Anus des ermordeten Mannes einen Plastikbehälter. Falls auch einer bei dem Mädchen gefunden worden wäre, könnte der … nun ja, könnte der beim Einführen vielleicht eine Verletzung verursacht haben, die nach einer Vergewaltigung aussieht.«

Die Ärztin schüttelte den Kopf. »Nein. Definitiv kein Plastikzylinder. Aber wir haben Sperma in der Vagina gefunden. Sie hatte in der letzten Nacht Sex. Womöglich unter Drogeneinfluss. Aber das kann ich erst genauer sagen, wenn mir die Laboranalyse vorliegt.«

»Dann haben wir ihn«, entfuhr es Niedlich.

Böhm blieb ruhig und sprach es vor der Ärztin nicht aus, aber da war immer noch das männliche Opfer. Pietà konnte beide in einem billigen Hotel oder auf einem abgeschiedenen Parkplatz beim Sex überrascht haben. So war es bei einem der italienischen Fälle gewesen.

Er bedankte sich bei Jablonski und wollte ihr schon seine Visitenkarte überreichen, als ihm einfiel, dass er ja nur über den provisorischen Ausweis verfügte. Niedlich zog eine ihrer Karten aus dem Parka, ein Kartonstück, das Böhm an ein grünes Duftbäumchen erinnerte, schrieb seinen Namen und seine Handynummer darauf und reichte es der Ärztin. »Bitte sehr.«

Dr. Jablonski nickte, ließ die Karte in ihrem makellos weißen Kittel verschwinden und war auch schon auf dem Weg zu ihrem nächsten Patienten.

»So viel dazu. Und was jetzt?« Niedlich schaute ihn an, als hätte sie einen Vorschlag.

»Zur Leitstelle.«

Niedlich strahlte.

9

Auf dem Weg zum Klinikausgang machte Niedlich zu Böhms Verdruss an einem Getränke- und Snackautomaten halt, um sich einen Kaffee, einen Schokoriegel und eine Tüte Chips zu ziehen.

»Sie wollen mich nicht mit niedrigem Blutzuckerspiegel erleben. Ich hatte noch kein Frühstück«, erklärte sie ungefragt und hielt ihm die Tüte hin. »Wollen Sie auch was?«

Böhm winkte ab, entschied sich dann aber für einen Kaffee, an dem er sich prompt die Zunge verbrannte.

Als sie endlich zu Niedlichs klapprigem Kugelporsche zurückgekehrt waren, liefen bereits die zweiten 30 Minuten der Parkuhr. Böhm quetschte sich auf den Beifahrersitz, der erneut ächzte, als bitte er um Gnade.

»Dann mal los!«, meinte Niedlich.

Trotz des neuen Motors brauchte sie drei Startversuche, doch kaum war die Kiste auf der Straße, drückte Niedlich auf die Tube, als wäre der Leibhaftige hinter ihnen her. Das träge Hin und Her der Scheibenwischer machte Böhm schläfrig, weswegen er seine Aufmerksamkeit auf die Straßen und Gehwege richtete, wo Passanten sich gegen den Wind stemmten und Mitarbeiter der Stadtreinigung mit den Schneemassen kämpften. Am Flughafen würde es sicher zu Verspätungen und Flugausfällen kommen. Seine geplante Reise nach Fuerteventura hatte offenbar von Anfang an unter keinem guten Stern gestanden.

Niedlich beugte sich vor, um besser durch die Windschutzscheibe sehen zu können, und rückte ihre Brille zurecht. Das mit dem Griff zur Brille schien ein nervöser Tick zu sein. Böhm hätte sie lieber mit beiden Händen am Steuer. Schließlich räusperte sie sich vernehmlich, was eine Leistung war, denn der Motor schnurrte nicht gerade leise wie ein Kätzchen.

»Ich hab noch keines der Videos gesehen. Sie etwa?«

»Nein«, brummte er. Ein Fahrradkurier schlängelte sich wie beim Ski-Slalom zwischen den Autos hindurch und an ihnen vorbei.

»Inzwischen hat die halbe Welt die Videos gesehen.«

Er seufzte. »Der Fluch des Internets.«

Für Böhm glichen Plattformen wie VidTube der berühmt berüchtigten Büchse der Pandora mit all ihren Übeln. Solche Plattformen waren ein gefundenes Fressen für Hetzer, Voyeure und Sammler von Abscheulichem. Es war schier unmöglich, ein einmal viral gegangenes Video wieder aus dem Verkehr zu ziehen, schlimmer als der Kampf gegen die Hydra, dem schlangenartigen Monster aus der griechischen Mythologie, dem zwei Köpfe nachwuchsen, schlug man einen Kopf ab. Ganz gleich, wie sehr man sich auch bemühte, man hatte keine Chance.

Niedlich schaltete das Radio ein und wählte einen Sender mit aktueller Popmusik und halbstündlichen Nachrichten. Der Wetterbericht verkündete noch mehr Schnee aus Russland und Skandinavien. Na prächtig! Böhm hasste bereits Temperaturen unter zehn Grad. Überdies hielten seine frisch besohlten Lederschuhe, ein Paar von dreien des gleichen Modells, das er vor gut acht Jahren in einem Laden in seinem Wohngebiet gekauft hatte, bestenfalls Übergangswetter stand. Er schielte auf Niedlichs Schuhwerk. Soweit er das beurteilen konnte, handelte es sich um ein ordentliches Paar Lederstiefel mit Schnürverschluss, wasserabweisendem Obermaterial und dicker, rutschhemmender Laufsohle. So ein winterfestes Modell hatte er auch mal besessen, natürlich in der Männerversion. Er nahm sich vor, später noch in einem Schuhgeschäft vorbeizuschauen, auch wenn ihn der Gedanke daran nervte.

Ein großer gelber Lastwagen fädelte sich vorsichtig aus einer Seitenstraße ein, was Böhm an den Umzugswagen erinnerte, der heute früh vor seinem Wohnhaus gestanden hatte. Im offenen Laderaum hatte er zwei Kinderroller gesehen. Wie es aussah, war es mit der Ruhe auf seinem Stockwerk vorbei. Tobende, kreischende, polternde Nachbarskinder! Sein schlimmster Albtraum!

Diesen unerquicklichen Gedanken im Kopf, bohrte sich Niedlichs Stimme wie eine Bahnhofsansage in sein Ohr.

»Sie hatten schon mal mit dem Killer zu tun …«

Frohgemut bretterte sie trotz der schlechten Sicht bei Gelb über eine Kreuzung. Böhms Müdigkeit verflog im Nu.

»Würden Sie bitte auf die Straße achten!«

»Klar doch.« Sie schien sich nicht wirklich um seine Bitte zu scheren, blickte zu ihm hinüber und wiederholte ihre Frage.

»Vor 14 Jahren«, brummte er.

»Wow! So lange? Ich habe vorher nie von dem Fall gehört.«

»Nun ja, wie alt waren Sie damals? Zehn, elf?«

»Elf, und ich war ein riesengroßer Rihanna-Fan!«

Ri-was?

Böhm hatte keine Ahnung, wer oder was das sein sollte. »Ich schätze, Sie haben als Elfjährige nicht die italienischen Nachrichten verfolgt.«

Einem SUV ausweichend schüttelte Niedlich den Kopf. »Und wie kamen Sie dazu?«

»Ich arbeitete damals in Italien. Im Rahmen eines Polizeiaustauschprogramms.«

Es war Böhms erstes und einziges Austauschjahr gewesen. Und als hätte ein Hypnotiseur fingerschnippend ein Schleusentor geöffnet, flutete die Vergangenheit auch schon auf ihn ein und überlagerte das Jetzt. Niedlichs dröhnender Kugelporsche löste sich in Luft auf, das heftige Schneetreiben verwandelte sich in einen feinen Niederschlag und der eisige Wintertag in eine kalte, regnerische Nacht mitten auf der Piazza Navona in Rom.

Das feuchte Kopfsteinpflaster glänzte speckig. Dunkle, zugige Gassen führten von der Piazza und ihren altehrwürdigen Bauwerken in alle Richtungen fort. Abgesehen von den Carabinieri, der Gendarmerie Italiens, und dem Team der Kriminaltechniker, war keine Menschenseele unterwegs. Commissario Federico Rossi, ein kleiner, drahtiger, zynischer Mann mit Schnurrbart, stand vor dem Brunnen mit dem riesigen Obelisken und den vier aus weißem Marmor gehauenen nackten Männerskulpturen, die seit der Mitte des 17. Jahrhunderts je einen der damals bekannten Kontinente und deren größte Flüsse repräsentierten. Die Donau, den Ganges, den Nil und den Río de la Plata. So viel hatte Böhm nach einem Vierteljahr Aufenthalt in Rom aufgeschnappt. Hinter dem Brunnen ragte die unheimliche Fassade der Sant'Agnese in Agone mit ihrer Kuppel und den beiden Turmaufsätzen in den dunklen Himmel. Die Wohnhäuser drum herum schienen mit Tausenden von neugierigen Augenpaaren gespickt.

»Santa Madonna«, vernahm Böhm Rossis gedämpfte Stimme, als dieser näher an den Brunnenrand trat.

Der Commissario, der schon viele Tatorte begutachtet hatte, wirkte ebenso betroffen wie verblüfft. Mit bleichem Gesicht beugte er sich vor. Die Piazza war weiträumig abgesperrt. Ein Kriminaltechniker schoss Fotos. Zwei weitere Männer, der Gerichtsmediziner und einer der Techniker, standen in hohen Gummistiefeln und Schutzanzügen bis über die Knie im bräunlich roten Wasser des Brunnens. Weitere Lichtstrahler wurden aufgestellt, um mehr Details zu offenbaren. Der Mediziner ging halb in die Hocke, sodass sein Gesäß fast ins Wasser eintauchte, und begutachtete ein wie in Milch und Honig gegossenes Figurenpaar. Das Paar passte so ganz und gar nicht zum restlichen Skulpturenensemble.

Ohne sich zu Rossi umzudrehen, bemerkte der Gerichtsmediziner: »Erinnern Sie die beiden nicht an etwas, Commissario?«

Rossi runzelte die Stirn und betrachtete die Toten genauer. Schließlich nickte er stumm, was der Mediziner, der ihm den Rücken zukehrte, nicht sehen konnte.

Da Böhm nur Bahnhof verstand, näherte auch er sich dem Brunnenrand – und schluckte.

Auf einem weißen, aus dem Blutwasser ragenden Sockel, der in den Brunnen gehievt worden war, saß eine anmutige Frau, die eine liegende Gestalt in den Armen hielt. War das etwa ein Mann? Goldfarbener und brauner Schleim bedeckte die Leiber und Blut tropfte von den Händen und Füßen des Liegenden ins Wasser. Die schwarz schimmernden Augen der Frau starrten Böhm an, als verhöhnten sie ihn. Auch etwas Erotisierendes lag in dem Blick. Böhm verstand jedoch noch immer nicht, auf was der Gerichtsmediziner hinauswollte.

Er wandte sich an Rossi. »Was meint der Dottore?«

»Die Pietà im Vatikan«, sagte Rossi, als erklärte dies alles.

Böhm, der sich mehr für das antike als das religiöse Rom interessierte, konnte mit dem Begriff nichts anfangen, ja, er wusste nicht einmal, wie man das Wort schrieb. Piättah? Was sollte das sein? Ein Gemälde? Eine Skulptur? Ein Sinnbild für die Liebe? Für Bestrafung? Ging es um eine der sieben Todsünden? Das tote Paar auf dem Sockel hatte etwas Anzügliches, und die katholische Kirche hatte ja so ihre Probleme mit der körperlichen Liebe. Rossi hatte Böhm dann in einem Vatikan-Bildband gezeigt, was es mit dieser ominösen Pietà auf sich hatte.

Fünf weitere dieser widerwärtigen Doppelmorde hatten nicht lange auf sich warten lassen. Neun Wochen später hatte ein Skulpturenpaar den Brunnen am Fuß der Spanischen Treppe geziert. Zwei Monate darauf hatte ein Obdachloser, der in der Nacht Schutz vor einem Unwetter unter dem Vordach des 2.000 Jahre alten Pantheons suchte, entdeckt, dass das Wasser im dortigen Brunnen blutgetränkt war. Weitere Leichenpaare wurden im östlichen Forum Romanum, auf dem Palatin und in den Kellergewölben des Kolosseums gefunden.

Schon damals hatte Pietà mit den Ermittlungsbehörden gespielt.

»Aber dann sind Sie dem Kerl auf die Spur gekommen«, meinte Niedlich, als könnte sie dem Ende der Geschichte noch ein Happy End geben.

»Mehr oder weniger«, knurrte Böhm.

In seiner Erinnerung jagte er durch die sommerheißen, labyrinthischen Gassen eines der ältesten Stadtteile Roms. Rund um die Cafés, Restaurants und Pizzerien Trasteveres tummelten sich Touristen, verzehrten Pasta und Pizzen an Tischen mit karierten Decken, während Böhm eine Gestalt verfolgte, die kaum mehr als ein Schatten im grellen Sonnenlicht war, ein Geist, der ohne jeden Widerstand durch die Menschenmassen glitt. Böhm hingegen rempelte einen Passanten nach dem anderen an, als wäre er einer der Stürmer in einem verdammten Rugbyspiel.

»Er setzte sich nach Frankreich ab. Wir verloren seine Spur in Montpellier.«

Wenig damenhaft pfiff Niedlich durch die Zähne. »Und jetzt ist er hier.«

»Vielleicht. Das soll ich für Monsen herausfinden. Einiges stimmt mit den alten Fällen überein, anderes nicht.«

»Falls es sich um diesen Pietà handelt … denken Sie, es hat mit Ihnen zu tun?«

»Mit mir?«

»Na ja, Rom, Montpellier und jetzt Berlin. Er könnte sich an Sie erinnern.«

Böhm speicherte den Gedanken in der Schublade für Motive in seinem Gehirn ab.

Niedlich überholte einen Kleinbus und fragte weiter. »Worin liegen eigentlich diese Unterschiede zwischen den Fällen?«

»Der damalige Täter war kein Vergewaltiger. Und er hat keine Plastikbehälter hinterlassen.« Bei den letzten Worten kniff Böhm unwillkürlich die Pobacken zusammen.

Niedlich runzelte die Stirn. »Es soll ja vorkommen, dass Täter ihren Modus Operandi mit der Zeit verfeinern.«

Das Schneegestöber legte zu, wurde zu einem weißen, dichten Vorhang, durch den der Kommissar gerade noch die Lichter der nächsten Wagen erkennen konnte. Zu Böhms Erleichterung nahm Niedlich endlich den Fuß vom Gaspedal.

»Erzählen Sie mir mehr von der Spur, die Sie und Rossi damals verfolgten.«

Böhm zuckte mit den Achseln. Möglicherweise besaß dieses Junggemüse neben schierer Neugierde Ermittlertalent. Sie stellte jedenfalls gute Fragen.

»Commissario Rossi erhielt einen Hinweis, der uns zu einer angesehenen Kunstgalerie in Trastevere führte. Zwei Kunsthändler stellten dort die Werke aufstrebender zeitgenössischer Künstler aus Europa aus. Bilder und Skulpturen. Einer der Künstler hatte ein ausgesprochenes Faible für Michelangelos Pietà-Motiv. Der geschundene Gottessohn in den Armen der Mutter Maria. Wie sich herausstellte, klebte an einer der Skulpturen das Blut eines Opfers.«

»Ein mordender Künstler … Fand die Polizei seine Fingerabdrücke?«

Böhm schüttelte den Kopf. »Fingerabdrücke hatten wir reichlich. Von den Galeristen, den Kunden … Die meisten konnten wir nicht zuordnen. Außerdem ist, wer immer diese Skulpturen angefertigt hatte, nie persönlich in der Galerie erschienen. Alles lief online oder über Mittelsmänner.«

Niedlich legte die Stirn in Falten. »Hm. Aber er lebte und mordete in Rom.«

»Es erschien uns unwahrscheinlich, dass er eigens für seine Morde aus einer anderen Region oder dem Ausland anreiste. So ein Doppelmord braucht Ortskenntnis und Planung, und Planung braucht Zeit.«

»Was ist mit den Opfern? Konnten Sie die identifizieren?«

»Vier der fünf Männer. Alles wohlhabende, angesehene Bürger. Allesamt keine Chorknaben. Von den Frauen konnten wir nur zwei identifizieren. Eine arbeitete seit vielen Jahren als Prostituierte, die andere war eine Studentin der Kunstgeschichte, die sich nebenher über einen Escort-Service Geld dazuverdiente.«

»Aha.«

»Die Galerie in Rom war auch nicht die einzige, die seine Kunstwerke anbot …«

»Da käme dann wohl Montpellier ins Spiel.«

Böhm bedachte seine halsbrecherische Chauffeurin mit einem überraschten Seitenblick. Etliche seiner früheren Kolleginnen und Kollegen hätten nicht so schnell geschaltet.

»Hat Pietà in Montpellier gemordet?«, fragte Niedlich.

»Die französische Polizei hat zumindest in keinem ähnlichen Fall ermittelt.«

»Hm. 14 Jahre ist das her …« Erneut schob Niedlich die Brille bis zur Nasenwurzel hoch. »Schwer vorstellbar, dass er seitdem nicht aktiv war.«

Böhm nickte.

Und Niedlich seufzte. »Dann werden wir jetzt wohl eine ganze Menge Kunstgalerien abklappern.«

Ein leises Lächeln stahl sich in Böhms Gesicht. Das war doch mal eine hervorragende Aufgabe für seine Assistentin, die es sicher kaum erwarten konnte, sich in die Feldarbeit zu stürzen. Seine Euphorie hielt jedoch nicht lange an. Auf der engen Beifahrerseite schliefen seine Beine allmählich ein. Ganz zu schweigen von der unmöglichen Wärme in dem kleinen Innenraum.

Er drehte die Handkurbel, um das Fenster einen Spaltbreit zu öffnen, doch die Kurbel bewegte sich ohne Widerstand und die Scheibe blieb, wo sie war.

Der Hass ist der Vater
aller Liebe.
(Pietà)

10

Arvid Sartorius machte es sich an einem der hinteren Tische im Lesesaal der Berliner Staatsbibliothek bequem. Nicht dass er es nötig gehabt hätte, mit einem öffentlichen Computer ins Internet zu gehen, aber er genoss die Atmosphäre des weitläufigen Raums, die Farben Weiß, Beige, Orange und den Blick auf den Treppengang mit der ringsum laufenden Büchergalerie. Hier fühlte er sich, als öffnete sich in seinem Bewusstsein ein Portal in eine höhere Welt. Außerdem erinnerte ihn der Lesesaal an seine Jugend, an die Zeit, als er noch mit seinen Eltern durch halb Europa gereist war. Von Kunstgalerie zu Kunstgalerie. Von Museum zu Museum. Schon damals waren Bibliotheken, Galerien und Museen sein sehnlichster Rückzugsort gewesen, egal ob von klassischer oder moderner Architektur. Die Liebe zur Architektur war auch das Einzige, was er mit seinem Vater geteilt hatte, einem renommierten, aber vor allem toten Kunsthändler.

Sartorius hatte nicht viel mit seinen Eltern gemein gehabt. Sowohl sein Vater als auch seine Mutter waren ihm sein Leben lang fremd gewesen. Zwei ruhelose, egozentrische, skrupellose Geister, denen es gelungen war, menschliche Gestalt anzunehmen. Doch hatten beide, jeder auf seine Art, die Kunst verehrt. Sartorius' Mutter war eine anerkannte Künstlerin gewesen, und sein Vater hatte sich in Rom und später in Berlin als Direktor einer großen Galerie einen Namen gemacht. Vom Wissen des Vaters, von dessen Erfahrung und seinen internationalen Kontakten, hatte Sartorius während seines Betriebswirtschaftsstudiums und der Weiterbildung *Management im Kunstmarkt* profitiert.

»Theorie ist in unserem Gewerbe nichts wert ohne entsprechende Kontakte«, hatte sein Vater, ein Deutscher, nüchtern erklärt. Und so hatte Sartorius Praktika beim Auktionshaus *Sotheby's* absolviert und eine Teilzeitstelle in einer renommierten Londoner Galerie angenommen. Nachdem er einige junge, erfolgreiche Künstler an Land gezogen und mit der Zeit bewiesen hatte, dass er nicht nur ein Händchen als Talentscout, sondern auch als Geschäftsmann hatte, war er nach Rom zurückgekehrt und hatte sich als freier Künstler niedergelassen, bis ihm das Klima dort aufgrund seiner nächtlichen Nebentätigkeit einen Tick zu heiß geworden war. Vor zwölf Jahren hatte er sich schließlich in Berlin als Galerist selbstständig gemacht. Die globale Finanzkrise, die kurz darauf auch dem Kunstmarkt zu schaffen gemacht hatte, war nahezu spurlos an seinem Geschäft vorübergegangen. Von Jahr zu Jahr hatte er mehr Umsatz mit seinen Künstlern und deren zeitgenössischen Kunstobjekten gemacht. Auch das Marktpotenzial von Performancekünstlern hatte seine *Galerie Nullstunde* als eine der ersten in klingende Münze umzuwandeln gewusst.

Eigentlich handelte er mit jeder Form von Kunst, auch wenn er gegen die bildende Kunst gewisse Ressentiments hegte, was letzten Endes am Verhältnis zu seiner italienischen Mutter lag. Inbrünstig hatte sie Michelangelo und Rodin verehrt, die für sie der Inbegriff von Sinnlichkeit und Begierde waren. Rodins Skulpturen hatten für seine Mutter die Urkraft von Sex verkörpert, während sie bei Michelangelo vor allem die spirituelle Erotik fasziniert hatte. Skulpturen wie die des *David*, des *sterbenden Sklaven* oder der *römischen Pietà* hatten deshalb auch als hochwertige Museums-Repliken die Vitrinen von Sartorius' Elternhaus geziert. Der Wahn seiner Mutter war am Ende so weit gegangen, dass sie sich eine Pietà mit ihrem eigenen Antlitz hatte anfertigen lassen. Ausgerechnet sie. Eine manipulative, gewissenlose Frau ohne jeden Respekt vor der wahren Liebe. Eine Ehebrecherin und Mörderin in der Rolle der Magd des Herrn, der Mutter Gottes. Das war an Dreistigkeit nicht zu überbieten.

Tief in Sartorius regte sich die alte Rage und drohte, sein klares Denken zu sabotieren, dabei lag diese Vergangenheit eine halbe Ewigkeit zurück. Im Hier und Jetzt hatte er wahrlich genug zu tun. Sein eigenes aktuelles Kunstwerk wurde gerade in der Öffentlichkeit diskutiert. Ein Mahnmal für den Hass. Denn letztendlich war es nicht die Liebe, die den Menschen aus der Verwirrung und der Abscheu herausführte, sondern die Sehnsucht nach Leiden und Schmerz. Aber nur wenige Auserwählte würden diese Botschaft in seinem Werk erkennen.

Sartorius' Blick glitt über die jungen Menschen an den Tischen im Lesesaal. Die Plätze waren begehrt, stets gut besetzt. Sartorius war ein guter Beobachter. Selten brauchte er mehr als zwei, drei Gesten oder Worte, um zu wissen, wessen Geistes Kind ein Mensch war. Das Wesen eines Menschen einzuschätzen, war seine Passion. Eine Gabe, die ihm seine Mutter vererbt und die ihm schon mehrmals das Leben gerettet hatte.

Andere hatte sie das Leben gekostet.

Unauffällig musterte Sartorius einen Studenten, der etwas abseits saß. Zweites, vielleicht drittes Semester. Alles andere als ein trendiger Hipster, gehörte er zu jenen Persönlichkeiten, die leicht übersehen und unterschätzt wurden. Etwas an der Haltung und in den Augen des jungen Mannes verriet ihm, dass dieser nicht manipulierbar war, dass er ganz genau wusste, was er wollte und was er tat. Dieser Student würde noch etliche Fortschritte in den nächsten Jahren machen, Vertrauen gewinnen und andere inspirieren. Davon war Sartorius überzeugt.

Am übernächsten Tisch saß das genaue Gegenteil. Ein Prahlhans und Ritalin-Junkie auf dem absteigenden Ast, der seine Finger und seine Augen nicht ruhig halten konnte. Das Ritalin wirkte längst nicht mehr zu seinem Vorteil. Seine Augen waren der Spiegel eines unzufriedenen und ausgebrannten Inneren. Aber das kümmerte Sartorius nicht, denn er hatte ohnehin keine Verwendung für diese Art von Geschöpf.

Als er auf seinen Computerbildschirm sah, fiel sein Blick auf die Datumsanzeige. War es tatsächlich schon drei Monate her, seit er die kleine Emma Zabek in diesen heiligen Hallen entdeckt hatte?

Eine besondere Seele war sie gewesen. Weiß wie Schnee. Rot wie Blut. Schwarz wie die Nacht. Ein Geist, der versuchte, der eigenen Dunkelheit zu entfliehen, und sich dabei in immer tiefere Schwärze verstrickte. Emma hatte sich in ihrer Fliegerjacke aus Kunstleder und den Blue Jeans cool gegeben, doch Sartorius hatte ihre Scheu, Unsicherheit und Ehrfurcht wahrgenommen und erkannt, dass dieses Mädchen in seinem ganzen kleinen, beschissenen Leben noch niemals zuvor an einem Ort wie diesem gewesen war. Alles Wissen der Menschheit war hier versammelt. So wie Emma sich an diesem Tag im Lesesaal gefühlt hatte, so mussten sich in früheren Epochen die einfachen und ungebildeten Menschen beim Betreten von Herrschaftshäusern oder Kathedralen gefühlt haben. Für sie war das, was sie sahen, der Vorhof zum Paradies.

Und Sartorius war an Emma noch etwas anderes aufgefallen. Hinter der Unsicherheit hatte er eine finstere Kraft erspäht, was ihn an die alte Formel erinnerte, dass der härteste Stahl im heißesten Feuer geschmiedet wurde. Dieses Mädchen war schon früh erwachsen geworden. Vielleicht war sie deshalb kein rein gefühlsgetriebenes Wesen, sondern eine Suchende von beträchtlicher Intelligenz. Ein ungeschliffener Rohdiamant. Ihre leidenschaftliche Sinnsuche hatte sie direkt zu ihm geführt.

Nachdem er die Erinnerung einen Moment lang genossen hatte, öffnete er den Webbrowser und rief die Nachrichten auf. Drei regionale und eine überregionale Zeitung hatten sich mit seinem Kunstwerk befasst. Dazu kam eine Polizeimeldung. Keine Fotos.

Nun, damit hatte Sartorius gerechnet. Dafür hatten all diese handyfixierten Gaffer umso mehr Bilder und Videos in den sozialen Medien verbreitet.

Er las die Schlagzeilen und Meldungen. Nicht gerade einfallsreich:

Mordfall am Brandenburger Tor.

Touristen entdecken Leichenpaar auf dem Pariser Platz.

Ermordetes Paar am Brandenburger Tor abgelegt.

Leichenfund unter der Quadriga.

Toter am Brandenburger Tor …

Er stutzte.

Toter am Brandenburger Tor?

Er klickte den Titel an und las den Text.

Auf dem Pariser Platz vor dem Brandenburger Tor sind ein toter Mann und eine verletzte Frau gefunden worden. Touristen haben das als Living Dolls verkleidete Paar am frühen Morgen entdeckt. Ob es sich um Mord handelt, ist zurzeit unklar. Eine Obduktion wurde veranlasst. Die Frau befindet sich in einer Klinik. Über ihren Zustand teilte die Polizei bislang nichts mit.

Er las den Text ein zweites und ein drittes Mal, um sicherzugehen, dass ihm sein Gehirn keinen Streich spielte, denn was er da las, war unmöglich. Er hatte sorgfältig darauf geachtet, dass alles nach Plan verlief. Wenn Patrick tot war, musste auch Emma tot sein.

Doch die Meldung blieb die gleiche. Sein Gehirn spielte ihm keinen Streich.

Emma lebte!

11

Die Einsatzleitzentrale der Polizei war ein großer, zweckmäßiger Stahlbetonbau, wie sie in ganz Deutschland auch für Kaufhäuser, Großunternehmen oder staatliche Verwaltungsbehörden hochgezogen wurden. Die graue Fassade mit ihren stereotypen Fensterreihen erinnerte Böhm an ein Teppichmuster, das er einmal in einer Ferienwohnung auf Bornholm gesehen hatte. Die Leitzentrale war rund um die Uhr besetzt, selbst an hohen Feiertagen. Im Grunde war sie ein riesiges Callcenter, in dem eingehende Anrufe von geschulten Mitarbeitern bearbeitet wurden. Statistisch ging alle 24 Sekunden ein Anruf ein, das waren etwa 1,3 Millionen Anrufe pro Jahr, von denen knapp die Hälfte an die Einsatzwagen weitergeleitet wurde. Dazu kamen gut 200 Meldungen pro Tag von der Internetwache, die mit ihren Kameras auch am Brandenburger Tor präsent war. Böhm fragte sich, weshalb die Wache heute Morgen nicht sofort Maßnahmen ergriffen hatte.

Ein mittelgroßer, übergewichtiger Mann wälzte sich durch den breiten Seitengang auf Böhm zu. Manfred *Manni* Müller hatte mit Böhm die Schulbank an der Polizeihochschule gedrückt und war ein wahrer Musterschüler gewesen. Das Abspulen von Gelerntem war voll sein Ding. Nicht so bei Böhm. Er war mehr der kreative Typ, der beim Lernen gerne mal den sprichwörtlichen Mut zur Lücke bewies, was nicht immer von Erfolg gekrönt gewesen war.

Als Manni vor ihm stehen blieb, konnte Böhm kaum glauben, dass sie im gleichen Alter waren. 15 Jahre Innendienst in Verbindung mit einem gesegneten Appetit hatten Manni alles andere als gutgetan. Das blaue Polizeihemd mit den drei Silbersternen, die ihn als Polizeihauptkommissar auswiesen, spannte sich über seinem voluminösen Leib, als wollte es die Knöpfe jede Sekunde wegsprengen. Aber das schien Manni selbst keinerlei Kopfzerbrechen zu bereiten, sein Blick ruhte vielmehr auf Böhms Assistentin. Und natürlich konnte er, wie schon damals an der Polizeiakademie, seine Klappe nicht halten.

»Na, auch wieder da, Böhm? Schön, dass du deine Enkelin zum Schnupperstudium mitbringst.«

Niedlichs Augen verengten sich. »Ich bin *Kriminalkommissarin* Annetta Niedlich. Hauptkommissar Böhm und ich arbeiten am Pietà-Fall.« Ihre Worte klangen schneidend wie eine Kreissäge.

Da keiner von Mannis Kollegen in seine dünkelhafte Neckerei einstimmte, rudert er zurück, auch wenn das grundsätzlich nichts an seiner Haltung gegenüber Niedlich ändern würde. Große Klappe und nichts dahinter. Wurde es brenzlig, ließ er gerne anderen den Vortritt. Mit einem unaufrichtigen *Nichts für ungut!* entschuldigte er sich und wandte sich Böhm zu.

»Monsen hat dich angekündigt.«

Das konnte Böhm sich gut vorstellen. »Ich bin gespannt, was du für uns hast«, brummte er.

Manni führte sie zu einem Raum, in dem vier Polizeibeamte, zwei Männer und zwei Frauen, vor ebenso vielen Bildschirmen saßen. Er deutete auf zwei freie Schreibtischsessel neben einem dunkelhaarigen Polizisten mit Dreitagebart. Böhm und Niedlich nahmen Platz.

»Ahmet untersucht die Aufzeichnungen unserer Überwachungskameras. Pietzsch, Küng und Förtsch sichten die Gaffer-Videos. Und von denen haben wir reichlich.«

Die vier Beamten nickten Böhm und Niedlich kurz zu.

»Wie viele Gaffer-Videos sind es?«, hakte Niedlich nach. *Reichlich* schien ihr wohl reichlich ungenau.

Böhm befürchtete, dass Manni den Unterton in Niedlichs Stimme nicht wahrnahm und die Situation womöglich eskalierte, doch wie es aussah, hatte Manni sich noch einen Funken Einfühlungsvermögen für den Polizeinachwuchs bewahrt, auch wenn er nun sprach, als bearbeitete sein Mundwerkzeug eine saure Zitrone.

»73 Originale. 20 davon sind vielversprechend. Das alles braucht nun mal seine Zeit.«

»Sag mal, Manni, eines verstehe ich nicht. Wieso hat die Wache nicht gleich reagiert?« Böhm wurde von einem ungnädigen Blick getroffen.

»Ja, warum wohl, Böhm? Was denkst du?« Er wandte sich Ahmet zu. »Los, mein Junge, lass die Show mal für unsere beiden Spezialermittler beginnen.«

Böhm schaute auf Ahmets Computerbildschirm. Als er sich nach vorne beugte, um besser sehen zu können, wirkte Ahmet irritiert, zumal auch Niedlich ihm auf die Pelle rückte.

»Sorry, hab meine Brille im Auto liegen lassen«, erklärte Böhm.

Ahmet stellte die bildschirmfüllende Aufnahme auf Anfang.

Böhm sah zur Zeit- und Datumsangabe. 7.26 Uhr. Er hätte nicht gedacht, dass der Pariser Platz um diese Zeit wie ausgestorben dalag. Andererseits war es mitten im Winter, dunkel und schweinekalt. Hier und da überquerten Menschen das Gelände. Ein, zwei Jogger. Leute, die von der Arbeit kamen oder zur selbigen gingen. Und einige, die die Nacht durchgefeiert hatten. Übers Jahr gab es auf dem Platz diverse Events. Vor allem an Silvester und zu Fußballmeisterschaften war hier der Teufel los. Da wurde das Areal vor dem Tor zur Partymeile. Als junger Polizist war Böhm bei etlichen Großevents im Einsatz gewesen, privat hatte er jedoch nie an diesen teilgenommen. Große Menschenmengen waren ihm nicht geheuer. Lieber saß er zu Hause in seiner kleinen Bibliothek oder schaute sich eine TV-Dokumentation an.

Plötzlich kam Bewegung auf den Bildschirm. Ein silbergrauer Kleintransporter mit in der Kälte qualmendem Auspuff fuhr gemächlich über die Pflastersteine und hielt vor dem Tor. Eine Living-Doll-Gestalt in metallisch anmutender viktorianischer Kleidung inklusive Zylinder und versilbertem Gesicht stieg aus. Böhm fragte sich, wie man sich unter all der Schminke und Verkleidung als lebende Statue auch nur halbwegs wohlfühlen konnte. Der Living-Doll-Typ verschwand hinter dem Wagen und tauchte mit einer Sitzbank auf einer Sackkarre auf, die er unbeholfen vor dem Tor aufstellte.

Böhm runzelte die Stirn. Die linkischen Bewegungen dieses Typen passten nicht zu dem katzenhaften Schatten, den er durch die Menschenmassen in Trastevere verfolgt hatte. Andererseits waren seit der Verfolgungsjagd in Rom fast eineinhalb Jahrzehnte vergangen, und was sich in solch einem Zeitraum alles verändern konnte, hatte Böhm ja am eigenen Leib erfahren.

Silbergesicht verschwand erneut mit der Sackkarre und kehrte mit einer kunstvoll bemalten Frauenstatue zurück, die er vorsichtig auf der Bank platzierte. Unmittelbar darauf karrte er eine männliche Skulptur herbei und setzte diese auf den Schoß der weiblichen, als würde er einer exakten Anleitung folgen. Er hantierte noch ein wenig an den Figuren herum, wohl um sie mit transparentem Klebeband zu fixieren. Zum Abschluss stellte er eine Blechdose vor das Kunstwerk, in die die Passanten offenbar Münzen hineinwerfen sollten.

Das Ganze sah aus der Kameraperspektive vollkommen harmlos aus, schien vielmehr eine goldene Geschäftsidee zu sein. Anstatt selbst den ganzen Tag stillzusitzen, erledigten zwei Puppen die Arbeit. Clever. Schließlich schickte der Zylindermann sogar noch einen Gruß Richtung Kamera, bevor er in seinen Kleintransporter stieg und davonfuhr. Wirklich dreist.

»Das zu deiner Frage, warum wir nicht reagiert haben«, schnaufte Manni verärgert. »Das Nummernschild ist als gestohlen gemeldet. Die Fahndung nach dem Transporter läuft. Jetzt wird es erst mal langweilig.«

Zunächst interessierte sich keiner der vorbeieilenden Passanten für das kunstvoll arrangierte Ensemble. Die Leute waren mehr mit ihren Smartphones beschäftigt als mit ihrer unmittelbaren Umgebung. Immerhin machten zwei Frauen im Vorübergehen je einen Schnappschuss. Die Zeit begann sich wie Kaugummi zu ziehen. Ahmet aktivierte den Zeitraffer, bis im Hintergrund eine kleine Touristengruppe auftauchte.

»Chinesen«, meinte Manni, als könnte er die Touristengruppe selbst blind zuordnen.

Alle paar Schritte machten die Urlauber Fotos und hielten nach interessanten Perspektiven Ausschau. Dann stand der Trupp vor der Living-Doll-Skulptur und beschloss, diese in seine Fotosession einzubeziehen. Nichts erschien den Besuchern verdächtig.

Niedlich folgte dem Treiben auf dem Monitor, als handelte es sich um einen Blockbuster. Selbst ihre Zöpfe schienen unter Spannung zu stehen. Dann endlich interessierten sich weitere Passanten für die Statue, doch auch die schossen nur Fotos, ohne dass ihnen etwas komisch vorzukommen schien. Und warum auch? Living Dolls waren dafür bekannt, abgefahren auszusehen und selbst kopflos stundenlang reglos auf irgendwelchen Podesten herumzustehen. Und falls so eine Statue sich dann doch mal rührte, geschah dies so roboterhaft, dass die Illusion des Puppenhaften erhalten blieb. Böhm konnte über die Zähigkeit und Willenskraft der Darsteller nur staunen. Wenigstens schien man gutes Geld damit zu verdienen.

Manni deutete auf das Display und grunzte, dass der Schneefall die Lichtverhältnisse verbesserte, und tatsächlich kam mit der zunehmenden Helligkeit Bewegung in die Menschentraube. Die Leute, die dem Kunstwerk am nächsten standen, wichen entsetzt zurück.

»Das ist der Moment, in dem die Frau die Augen öffnet«, erklärte Ahmet, spulte noch mal zurück, zoomte in das Bild hinein und ließ die Szene erneut ablaufen. Die Wiedergabe war überraschend gut, doch selbst die hochauflösende Aufzeichnung dieser modernen Überwachungskameras stieß nun an ihre Grenzen.

Böhm seufzte enttäuscht. Da funkten Satellitenkameras aus zigtausend Kilometern Entfernung herausragende Bilder aus sämtlichen Kontinenten zur Erde zurück und er konnte noch nicht einmal die Gesichter der Leute auf diesem Platz genauer erkennen. Nichtsdestotrotz sah er, wie sich die Augenlider der bemalten Frau plötzlich hoben, sich ihr Mund öffnete und ihr Atem sichtbar entwich. Doch das schien nicht der Hauptgrund für das Entsetzen der Leute zu sein. Zwei Frauen schlugen die Hand vor den Mund, als unterdrückten sie einen Schrei. Andere traten näher. Aufgeregtes Reden und Gestikulieren brach los. Was immer die Touristen da aus unmittelbarer Nähe sahen, wirkte auf einmal nicht mehr wie eine nette Straßenkunstszenerie.

»Haben wir eine bessere Auflösung als die?«, fragte Böhm.

Ahmet schüttelte den Kopf. »Vergessen Sie nicht, trotz des Schneefalls war es noch ziemlich dunkel. Wir haben zwar zwei weitere Kameras in der Umgebung, aber die geben von ihren Blickwinkeln nichts her. Uns bleiben nur noch die Gaffer-Videos.«

Weitere Passanten steuerten auf die Gruppe vor dem Straßenkunstwerk zu. Innerhalb einer Minute verdoppelte sich ihre Zahl. Eine Minute darauf vergrößerte sich die Zahl noch einmal beträchtlich. Dann näherte sich ein Pärchen und der Mann bewegte sich mit gezücktem Smartphone auf die Skulptur zu.

»Da hatten wir schon eine unserer Streifen informiert«, schnaubte Manni. »In Zivil, falls es ein Fehlalarm gewesen wäre. Den Rest kannst du dir sicher denken.«

Böhm sah, wie die Polizeistreife eintraf, das Figurenensemble auf der Bank begutachtete und schließlich telefonierte, vermutlich um die Polizeileitstelle über den Ernst der Lage zu informieren. Währenddessen nahm die Menschenmenge so geschwind zu, als würden ganze Busladungen herangekarrt.

Manni wandte sich an Pietzsch, Küng und Förtsch, die die Gaffer-Videos auswerteten. »Und? Schon was entdeckt?«

»Sobald wir etwas haben«, sagte der Älteste des Trios, ein dünnes Männchen in den Fünfzigern mit Stirnglatze, »lassen wir es dich wissen. Okay?«

Manni brummte etwas in seinen nicht vorhandenen Bart und drehte sich zu Böhm um. »Wir haben auf unseren Konten in den sozialen Medien um die Zusendung weiterer Videos gebeten. Auch um weitere Zeugen identifizieren zu können. Da fällt mir ein … Da Monsen dich für diesen Fall reanimiert hat … Hast du einen Tipp? Gibt es etwas, auf das wir besonders achten sollten?«

Das war eine gute Frage. Mit einem Mal kam Böhm sich ziemlich blöd vor. Seit 14 Jahren nervte der Fall seine Gehirnwindungen wie ein Reizdarm die Eingeweide, ohne dass dabei je etwas Brauchbares herausgekommen wäre. Böhm musste noch einmal ganz von vorne anfangen. Rossi und er hatten nicht einmal herausfinden können, wo sich Pietàs Tatort befand, jener grauenhafte Ort, an dem er seine Opfer zu menschlichen Skulpturen verarbeitete. Rossi hatte gehofft, dass die Fundorte der Leichen ihnen ein geografisches Profil des Täters und damit den Tatort liefern würden. Das war damals eine neue, vielversprechende Methode gewesen, aber auch damit waren sie kein Stück weitergekommen.

Und jetzt stand Böhm mit leeren Händen vor Manni Müller, der ihn ansah, als könnte er zaubern. Und alles, was er zu bieten hatte, waren seine Berufserfahrung und sein kriminalistischer Instinkt, der ihm sagte, dass dieses Silbergesicht, das ihnen in dem Überwachungsvideo frech zugelächelt hatte, auf keinen Fall Pietà war. Aber dies zu äußern, würde Mannis Internetwache jetzt auch nicht voranbringen. Zumal es sich nur um ein Bauchgefühl handelte. Böhm durfte Mannis Trupp nicht mit Vermutungen beeinflussen. Das trübte den Ermittlerblick. Manni schaute ihn allerdings noch immer an, als erwartete er, dass Böhm jeden Moment ein weißes Kaninchen aus dem Hut zauberte.

Böhm schüttelte den Kopf. »Tut mir leid. Ich lasse es dich wissen, wenn mir etwas auffällt.«

»Das habe ich doch heute schon einmal gehört.« Manni schielte zu den drei Computerfreaks hinüber.

»Können wir Kopien der Videos haben?«, fragte Böhm, ohne auf Mannis theatralische Geste einzugehen. »Auch von den Gaffer-Filmchen?«

»Klar. Könnt ihr haben.«

Immerhin fing Manni kein Kompetenzgerangel an.

»Ist deine E-Mail-Adresse schon freigeschaltet?«

Böhm wollte gerade erklären, dass er sich da erst noch erkundigen müsse, als er auch schon Niedlichs kleine, grazile Hand mit einer Visitenkarte in Duftbaumgrün vor Manni auftauchen sah. Böhms Name stand bereits in fein säuberlich geschriebenen Druckbuchstaben darauf. Himmel, er hatte nicht einmal mitbekommen, wann Niedlich die Karte vorbereitet hatte.

Manni schaute Niedlich an, als wollte ihm Rotkäppchen im finsteren Wald einen madigen Apfel anbieten.

Böhm unterdrückte ein Grinsen. »Nimm die ruhig schon mal, bis ich einen Account habe …« Sein Handy klingelte.

»Polizeihauptkommissar Magnus Böhm?«

»Hallo, Herr Kommissar. Ich bin Julia Dom, Direktor Monsens Sekretärin. Der Direktor lässt Ihnen ausrichten, dass die Kollegen in der Friesenstraße ein Büro für Sie bereitgestellt haben. Die Kollegen stehen Ihnen ebenso für weitere Fragen zur Verfügung.«

Böhm bedankte sich. Der alte Bau in der Friesenstraße, aha. Ihm schwante nichts Gutes.

12

Die Direktion 5 lag in Kreuzberg. Und so nett das alte rote Backsteingebäude mit dem schneebedeckten Efeugeäst und seinen Cinderella-Türmchen von außen auch wirkte, so gab es doch einigen Renovierungsbedarf. Undichte Fenster, Gänge und Räume, die seit Langem einen neuen Anstrich brauchten, defekte Beleuchtung, freiliegende Kabel und Leitungsrohre, brüchiger Putz sowie eine Kaffeeküche, in der Böhm sich ebenso wenig einen Kaffee genehmigen würde, wie er sich ein Glas Wasser direkt aus der Spree gönnen würde.

Noch schummrig von Niedlichs lebenslustigem Fahrstil stand er nun im Türrahmen und starrte auf die von seinen

Kollegen bereitgestellte Räumlichkeit. *Büro* konnte man das Kabuff nicht nennen. Eine alte Neonröhre summte und knackte nervig wie ein beatboxender Mückenschwarm vor sich hin, und das Mobiliar stammte mindestens aus den Siebzigern. Zwei schäbige Tische, über die seit Jahren kein Wischlappen mehr gefahren war. Ein leerer Aktenschrank, der sperrangelweit offen stand und den modrigen Gestank einst dort gelagerter Akten verbreitete. Dazu zwei Rollcontainer, denen man ansah, dass sie bei der geringsten Berührung losquietschen würden, falls sie überhaupt noch zu bewegen waren. Eine an die Wand gelehnte Ermittlertafel, die an eine aufgequollene Tischtennisplatte erinnerte. Durchgesessene Bürostühle. Immerhin wirkte der Kleiderständer massiv genug, um Klimmzüge daran zu machen.

Zur Krönung des Ganzen befand sich kein Computer in dem mickrigen Raum, in dem sie auch noch zu zweit arbeiten sollten. Ganz davon zu schweigen, dass die von Monsen angekündigten Akten aus Rom noch nicht eingetroffen waren.

Niedlich, die hinter ihm stand, schaffte sich links an ihm vorbei, gab mehrmals ein *Hm, hm* von sich und zog dann ruckartig die grauen, verstaubten Vorhänge zurück. Das einfallende Licht ließ den Raum noch armseliger erscheinen.

»Schöne Aussicht«, meinte sie mit einem Blick auf die kahle, schneebedeckte Baumkrone vorm Fenster und wedelte mit den Händen herum, als könnte sie damit den aufgewirbelten Staub zur Räson bringen. Und als wäre es nicht schon schweinekalt genug, öffnete sie auch noch das Fenster, sodass Böhm voll im Durchzug stand.

»Frische Luft wird dem Raum guttun.«

Er seufzte.

Da keiner der Kollegen einen Gedanken daran verschwendet hatte, die Heizung aufzudrehen, ging er zum Heizkörper, doch der Regler funktionierte ebenso wenig wie die Fensterkurbel in Niedlichs Klapperkiste. Weder rauschte Heizungswasser durch die Rohre noch pfiff das alte Ventil. Kein gutes Zeichen.

Niedlich steuerte auf den offenen Aktenschrank zu, rümpfte die Nase und murmelte etwas von Essig-Essenz, die den Geruch aufsaugen und antibakteriell wirken würde, und von ein paar Vanilleschoten, die sie in den Schrank legen wollte. Böhm stellte sich im Geiste auf Duftkerzen und Räuchermännchen ein. Für den Anfang würde es ihm schon reichen, wenn jemand mit heißem Wasser und einem Lappen klar Schiff machte.

»Welchen Tisch wollen Sie? Rechts oder links?«, fragte er, als hätte er mit der Staubwolke eine Prise Liebenswürdigkeit eingeatmet. Da sich die Tische platzsparend in der Mitte des Zimmers gegenüberstanden, war das eigentlich ziemlich egal. Beide Tische boten sowohl einen Blick aus dem Fenster als auch einen zur alten Eichentür, die mit ihren Messinggriffen das Hochwertigste an diesem Ort war. Allerdings befand sich der linke Tisch näher am Stinkeschrank.

Niedlich stand da, als suchte sie im Geiste bereits ein paar schmückende Wandbilder aus.

»Den da«, sagte sie endlich, deutete auf den Tisch auf der Schrankseite, ließ sich auf dem Bürostuhl nieder und kreiselte ein paarmal herum.

Noch mal Glück gehabt, dachte Böhm.

Als ihm von Niedlichs Herumkreiseln schwindelig zu werden drohte, griff er zum Handy, um sich bei Monsen über die unwirtlichen Zustände zu beschweren. Doch kaum hatte er die Kontaktliste geöffnet, schallte vom Flur her das Quietschen von Rädern, denen es beträchtlich an Schmieröl mangelte. Die Vorderansicht eines Reinigungswagens tauchte auf, eines dieser modernen Dinger mit allem möglichen Zubehör, vom Wassereimer über den Schrubber bis hin zum Wischlappen und Abfallsack, gefolgt von einem kleinen, vor sich hin summenden Hutzelmännchen, das gerade so groß war, dass es über den Griff hinwegschauen konnte. Der Mann mit seinen abstehenden Ohren war doch tatsächlich kleiner als Niedlich.

»Och …«, meinte er überrascht und glotzte von einem zum anderen. »Ich bin der Georg. Ich soll das ehemalige Archiv zum Glänzen bringen. Soll ich später wiederkommen?«

Ehemaliges Archiv? Nun, das erklärte schon mal den Mief.

Böhm wollte gerade den Mund aufmachen, als Niedlich sich und ihn auch schon vorstellte und meinte: »Kommen Sie ruhig rein. Jetzt ist der perfekte Zeitpunkt.«

Der Georg nickte, erleichtert darüber, seinen Arbeitsplan nicht über den Haufen werfen zu müssen. Er parkte den quietschenden Reinigungswagen neben der Tür und griff nach Tüchern, Lappen und Sprühflaschen. Zu Böhms Erstaunen schien Niedlich entzückt. Nun denn, sie konnte gerne hierbleiben und dem Mann bei seiner Arbeit auf die Nerven gehen.

»Ich frage mal, wo die Computer bleiben«, erklärte er gerade, als sein Handy erneut klingelte. Eine unbekannte Nummer.

»Doktor Jablonski«, kam es aus dem Lautsprecher.

»Hallo Frau Doktor. So schnell hatte ich nicht mit Ihrem Anruf gerechnet. Ist unsere Patientin schon wach?« Er machte einen auf extrafürsorglich. Das kam bei Frauen immer gut an.

»Nein«, erwiderte Jablonski unbeeindruckt. »Aber Sie erinnern sich vielleicht noch an die älteren Verletzungen, von denen ich sprach?«

»Natürlich.« Böhms Herz mochte ja Mucken machen, aber sein Gehirn war noch intakt.

»Ihre Zeugin steht tatsächlich in der Klinikdatenbank. Emma Zabek. 17 Jahre alt. Die Knochenbrüche rühren von einem Unfall bei einem Autorennen her. Liegt ein Jahr zurück.«

»Ein Autorennen?«

»Das steht sicher alles in Ihrer Polizeidatenbank«, blaffte Jablonski.

Eieiei, die Gute war wohl nicht so gut drauf.

»Danke. Das hilft mir schon weiter.«

Er schaltete das Handy aus, drehte sich zu Niedlich um und fuhr zusammen. Von einer Intimdistanzzone hatte sie wohl noch nie gehört. Wenn sie ihm noch mal so auf die Pelle rückte, würde er ihr gehörig auf die Zehen treten.

»Die junge Frau ist in unserem System«, sagte er.

Niedlichs Augen wurden groß. »Wir brauchen sofort einen Computer.«

Böhm machte auf dem Absatz kehrt und eilte von dannen. Niedlich heftete sich wie ein Welpe an seine Fersen.

13

Mit Erinnerungen an das hässliche Stöhnen, Heulen und Wehklagen auf dem Schlachtfeld war Emma eingeschlafen, und mit dieser Geräuschkulisse kehrte sie auch ins Bewusstsein zurück, begleitet von hämmernden Kopfschmerzen und einem brennenden Pulsieren im Unterleib. Und damit stellten sich weitere Erinnerungen ein.

Die Erinnerung an *ihn*. An *seine* Stimme.

Ihn selbst hatte Emma nie zu Gesicht bekommen. Nicht einmal in der Schmerzenskammer, wie er seine Hinrichtungsstätte nannte. Die Schmerzenskammer, nun ein untrennbarer Teil ihres Lebens, ein Albtraum, der jede Faser ihres Wesens durchdrang. Emma versuchte, die furchtbaren Geräusche samt der daran gekoppelten Gefühle zurückzudrängen, doch sie hatte keine Chance. Es war wie bei einem extremen Kälteeinbruch, der nichts und niemanden verschonte, der sich wie ein Eisblock über offene Gräber schob. In dieser Art Wachtraum konnte sie alles durch das Eis sehen.

Scheiße, Scheiße, Scheiße!

Trotz der Angst brodelte zunehmend Wut in ihr, stiegen ihr Tränen in die Augen. Doch sie weinte nicht. Beherrschte Wut, Verzweiflung und Erschöpfung. Nein, sie würde nicht weinen. Auf gar keinen Fall. Das hatte sie schon während ihrer Zeit in der Gang nicht getan. Heulen war etwas für Schwächlinge. Wer heulte, kam in den Schrank. Deshalb hatte sie *der Stimme* keine einzige Träne geschenkt. Nicht einmal, als der Kerl mit seinem erbarmungslosen Spiel von Vergebung und Erlösung fortgefahren war.

»Die Tasche ist für dich. Öffne sie«, hatte er milde gesagt, als Emma aus der Geräuschkammer halb verrückt vor Angst in ihre Zelle hatte zurückkehren dürfen. Dort hatte sie eine altmodische lederne Doktortasche neben ihrer Pritsche vorgefunden.

Sie hätte nicht sagen können, woher *die Stimme* überhaupt gekommen war. Aus der Decke? Einer der Wände? Aus dem Boden? Sie hatte ihr Gefängnis durchsucht, ohne einen verborgenen Lautsprecher oder eine verdeckte Öffnung zu einem Nebenraum zu finden. *Die Stimme* war einfach da gewesen, als befände sie sich überall.

Während er sprach, hatte sie auf die Ledertasche gestarrt, gespürt, dass deren Inhalt nichts Gutes verhieß. Seltsam, eigentlich konnte sie Stimmen sehr gut einschätzen. Eine

Stimme verriet viel über einen Menschen, seine Tagesform, seine Emotionen, seine Herkunft oder sein Alter. Für Emma war die Stimme ebenso ein Spiegel der Seele wie die Augen. In ganz Berlin gab es keine zwei Menschen, die exakt gleich sprachen. Ihr Gespür dafür hatte sie innerhalb der Gang rasch aufsteigen lassen. Schnell fand sie heraus, wer ein Schwätzer, ein Hosenscheißer oder ein Alpha war. Wer vertrauenswürdig, wer ängstlich und wer nervös. Die Stimmen von unsicheren Menschen klangen dünn und kränklich. Schwache konnten Stärke nie lange vortäuschen. Außerdem sprachen sie meist leiser und undeutlich. Dominante sprachen laut und stabil. Die Stimme eines Menschen war eine sehr persönliche Sache. Die Stimme ihres Entführers irritierte sie.

Klar schien ihr, dass es die Stimme eines Mannes im Alter ihres Vaters war. Jedoch diszipliniert und selbstsicher. Ausdrucksstark. Wärme wechselte mit Kälte, je nachdem, wie der Sprecher es für angemessen hielt. Manchmal schwang unterschwellig Humor mit. Manchmal klang sie fast liebevoll, um in der nächsten Sekunde noch unnachgiebiger und fordernder zu sein. Dieser blitzartige Wechsel wirkte jedoch nie labil. Nie verlor diese Stimme die Kontrolle über ihre Variationen, und genau diese Stärke machte sie für Emma auf eine verhängnisvolle Weise attraktiv.

Emma hatte versucht, sich die Person hinter der Stimme vorzustellen. Die Statur. Das Gesicht. Die Augen. Die Hände. In ihrer Vorstellung war ihr Entführer groß und schlank, hatte breite Schultern und war körperlich fit. Sein Haar war ebenso dunkel wie die Augen, fast schwarz, und es waren Augen, denen nichts in der Seele ihres Gegenübers entging und die unmöglich zu deuten waren. Emma wusste nicht, wieso, aber sie sah diesen Typen nicht in legeren Klamotten wie Jeans, Sportschuhen oder Parka, sondern in einem schicken, maßgeschneiderten Anzug, dazu ein perfektes einfarbiges Hemd, kostspielige, elegante Schuhe und eine klassische Uhr. Sosehr ihr die Existenz der fordernden Stimme auch zuwider war, in ihrer Vorstellung hatte der Mann dahinter Stil.

»Öffne die Tasche«, forderte er sie erneut auf, wobei der Unterton klar machte, dass es keine weitere Aufforderung geben würde. Spurte Emma nicht, ging es zurück in die Geräuschkammer.

Wo steckten bloß dieser verfluchte Lautsprecher und die Kamera, über die er sie im Auge behielt?

Sie hievte die Tasche auf die Campingpritsche. Das Leder war speckig und brüchig, und irgendetwas klirrte darin. Das Ding sah aus, als stammte es aus der Zeit der alten Vampirklassiker. Hatte nicht dieser van Helsing sein Werkzeug so nach Transsilvanien transportiert?

Sie öffnete den Messingverschluss, zog die Öffnung auseinander und – erstarrte.

Die Tasche enthielt drei unterschiedliche Hämmer, mindestens zwei Dutzend große, rostige Eisennägel sowie Schnitz- und Meißelwerkzeug. Genau zuordnen konnte Emma das Werkzeug nicht. Außerdem lag ein langes, schmutziges Seil in der Tasche. Bei näherer Begutachtung stellte sich heraus, dass es sogar fünf Seile waren. Emma hatte bei den Flecken einen Verdacht, und bei dem Gedanken daran gefror ihr das Blut in den Adern. Auch die Hämmer wiesen Gebrauchsspuren und dunkle Flecken auf. Das Zeug war jedenfalls nicht frisch aus dem Baumarkt.

»Welcher Hammer liegt dir gut in der Hand?«, fragte *die Stimme*. »Der Schlosserhammer, der Fäustel oder der Bossierhammer?«

Ohne einen Schimmer zu haben, wie welcher Hammer hieß, griff sie nach dem ihr geläufigsten. So ein Teil lag auch im Werkzeugkasten ihres Vaters. Falls sich die Gelegenheit bot, konnte sie ihrem Entführer damit den Schädel einschlagen.

»Ah, der Schlosserhammer«, flüsterte *die Stimme*. »Eines der ältesten und am weitesten verbreiteten Hammer-Werkzeuge. Der wäre in der Tat keine schlechte Wahl, *Easy*.«

Easy?! Woher kannte der Kerl ihren alten Gangnamen?

Emma überlegte, dass er ihren City-Rucksack haben musste, mit ihren Papieren, ihren Büchern, ihrem Tagebuch. Darin hatte sie aber nie von der Gang geschrieben. Hatte etwa ein Gangmitglied sie verraten? Einigen dieser Arschgeigen war das zuzutrauen.

Emma ging die Namen der 13 Mitglieder nach der Hierarchie durch. Wer käme für einen Verrat infrage?

Vier Namen fielen ihr sofort ein: Fatima, Karol, Gibran und Matteo. Fatima war die geborene Opportunistin, ein Mensch ohne Prinzipien, einzig und allein auf ihren eigenen Vorteil bedacht. Emma hatte nach dem Autounfall, als sie noch einige Wochen zur Gang gehört hatte, Entscheidungen getroffen, über die Fatima als langjähriges Mitglied alles andere als glücklich gewesen war. So hatte Emma unter anderem die geklaute Beute aus dem Einkaufszentrum fairer verteilt und war drauf und dran gewesen, die Drogen zu verbannen. Karol war ein Intrigant, den Emma hatte im Auge behalten müssen. Gibran war alles andere als eine geistige Leuchte, hatte keinerlei Ambitionen, war aber Matteos Anhängsel, dessen permanenter Schatten. Und Matteo … Emma atmete tief durch … Matteo hielt sich für den rechtmäßigen König der Stadt, war jedoch nur ein Maulheld, der mit den Großen pinkeln wollte, aber schon bei den Kleinen nicht das Bein hochbekam.

Die ungewohnten Geräusche der Klinik drangen gedämpft an ihr Ohr, zügige Schritte auf dem Gang, Türen, die geöffnet und geschlossen, Rollregale oder Betten, die durch die Gänge geschoben wurden, und Gespräche, deren Worte sie nicht verstehen konnte. All das machte ihr wieder klar, dass sie sich nicht mehr in dem kalten, feuchten Kellerloch befand und ihr Entführer keine direkte Macht mehr über sie besaß. Doch in ihrer Erinnerung hörte Emma noch immer seine Stimme – »Öffne die Tasche, Easy …« –, wog sie noch immer den verfluchten Hammer in der Hand, dachte sie noch immer darüber nach, welcher von diesen vier Ex-Freunden sie verraten haben könnte.

Jeder konnte dahinterstecken. Ganz besonders aber Matteo.

Und dann kam ihr noch ein Gedanke. Was, wenn *die Stimme* in diesem beschissenen Kellerloch nicht nur sie und Patrick gefangen gehalten hatte?

14

Böhm staunte nicht schlecht, als er die beiden Kollegen im komfortableren Nachbarbüro in dicken Winterjacken an den Arbeitstischen sitzen sah, dabei war deren Büro bei Weitem nicht so ausgekühlt wie das Kabuff, von dem er und Niedlich gerade rübergekommen waren. Beiden war deutlich anzusehen, dass sie nicht viel von Böhms Besuch hielten, aber was konnten sie schon großartig tun, nachdem er Monsens Namen beiläufig fallen gelassen hatte?

»Ein wenig frisch hier«, bemerkte Böhm schließlich, um zu erfahren, dass das Heizungssystem in der Nacht ausgefallen war. Zum zweiten Mal in diesem Monat. Ein Handwerkerteam arbeitete seit zwei Stunden an der Pumpe. Böhm stieg ein vertrauter Mief in die Nüstern und sein Blick fiel auf eine Reihe alter Aktenordner, die entlang der Seitenwand vor sich hin müffelte. Das mussten die Ordner aus dem Stinkeschrank sein. Kein Wunder, dass die Kollegen nicht so gut auf ihn zu sprechen waren. Dann endlich stellte ihnen der Redseligere von beiden, der ein Ziegenbärtchen trug, seinen Rechner zur Verfügung und verzog sich zur im Erdgeschoss gelegenen Kaffeeküche.

Niedlich loggte sich über ihren Account ins polizeiliche Informationssystem ein, und vor Böhms Augen entfaltete sich die digitale Akte des weiblichen Pietà-Opfers. Teufel auch, diese Emma Zabek war alles andere als ein unbeschriebenes Blatt. Mitglied einer Jugendgang, die für Pöbeleien, Raub und Gewalt bekannt war. Zwei der Mitglieder hatte man beim Drogenhandel erwischt. Emma selbst hatte mit 15 einen 17-Jährigen aus einer rivalisierenden Gang mit einer Bratpfanne krankenhausreif geschlagen. Die Jugendgang hatte sich im Umfeld des Einkaufszentrums Eastgate an der Marzahner Promenade herumgetrieben. Laut Akte hatte sich dann vor 15 Monaten der schreckliche Autounfall zugetragen, bei dem fünf Jugendliche ums Leben gekommen waren. Emma, Beifahrerin und als Einzige angeschnallt, hatte schwer verletzt überlebt.

Niedlich stieß im Internet auf ein paar Zeitungsartikel und Fotos. Der Unfallwagen hatte in Schöneberg bei Rot eine Kreuzung überquert, dabei einen unbeteiligten Wagen gerammt und diesen über die Straße geschleudert. Emmas Wagen hatte sich überschlagen und war gegen einen Ampelmast geprallt. Weitere Fahrzeuge waren unter der Wucht des Zusammenpralls und der herumfliegenden Autoteile beschädigt worden. Die ganze Kreuzung hatte wie nach einem Raketeneinschlag ausgesehen.

»Da ist ganz schön was zusammengekommen.« Niedlich fummelte an ihrer Brille herum, als traute sie deren Gläsern nicht.

»Allerdings«, pflichtete Böhm bei. Diese Polizeiakte wollte so ganz und gar nicht zu der schmächtigen Gestalt passen, die er in dem Krankenhausbett hatte liegen sehen.

»Eine Bewährungsstrafe von zwei Jahren sowie 200 Sozialstunden«, fuhr Niedlich fort. »Da ist sie ziemlich billig davongekommen.«

Das konnte man wohl sagen. Pietà-Opfer hin oder her, Böhm entschied, einen Polizeibeamten vor ihrem Krankenzimmer zu postieren. Dieser jungen Dame war einiges zuzutrauen. Außerdem konnte es sein, dass die Gangkumpels nach ihr suchten. Vielleicht sogar Pietà.

Um die Akte der jungen Frau weiter zu sichten, ließ er sie sich ausdrucken. Er hatte nichts gegen Computer, aber sein Hirn kam mit etwas, was er anfassen konnte, besser zurecht.

Er notierte sich Emmas Adresse. Laut den Unterlagen wohnte sie noch bei ihren Eltern in Marzahn, in einer Plattenbau-Großwohnsiedlung in Ost-Berlin, die schon zu DDR-Zeiten gebaut worden war. Niedlich stellte fest, dass bisher keine Vermisstenmeldung seitens der Eltern vorlag. Wie es aussah, interessierten sie sich nicht sonderlich für das Leben ihrer Tochter. Böhm würde den Herrschaften mal einen Besuch abstatten.

Er hatte den Zettel mit der Adresse kaum eingesteckt, als Niedlich sich auch schon mit gezücktem Autoschlüssel auf den Flur begab. Oh nein, nicht wieder die alte Klapperkiste. Es reichte vollkommen, wenn Niedlich ihn zu seinem Wagen in Moabit fuhr und gleich zurückkehrte, um sich um das Büro zu kümmern. Zu seiner Verblüffung gab es keinerlei Widerworte. Niedlich machte vielmehr den Eindruck, als käme ihr die neue Herausforderung gerade recht.

Als sie im Erdgeschoss die Kaffeeküche passierten, erspähte Böhm etwas aus dem Augenwinkel, was er niemals an diesem Ort erwartet hätte: einen öffentlichen Bücherschrank.

Böhm konnte Bücherregalen nicht widerstehen. Sein Blick glitt über die Buchrücken. Das Angebot reichte von leichter, spannender Kost bis zu anspruchsvoller Literatur. Niedlichs Körperhaltung zeugte von kaum verhehlter Ungeduld. Bücher waren wohl nicht ihr Ding. Egal, die paar Minuten mussten sein. Er inspizierte die vielversprechendsten Titel, bis sich ein neugieriger Kollege aus der Kaffeeküche zu ihnen gesellte, das Ziegenbärtchen.

»Den hat der Georg eingerichtet«, erklärte er, auf einer nach Zwiebeln riechenden Wurststulle herumkauend. »Dem tun all die weggeworfenen Bücher leid. Ich glaub, der liest auch gern.«

»Weggeworfene Bücher?«, fragte Böhm.

»Na ja, von Haushaltsauflösungen und so. Von alten Leuten, die den Löffel abgegeben haben. Bevor die Bücher auf dem Müll landen, schleppt der Georg die besten hierher. Ich hab auch schon zwei gelesen!«, verkündete Ziegenbärtchen stolz, konnte sich dann aber nur noch an die Farben der Buchdeckel erinnern. Rot und Blau. Oder doch Grün?

Böhm ließ ihn reden, während er auf den Buchrücken einer gesellschaftskritischen Liebesgeschichte von Jane Austen schielte, *Stolz und Vorurteil*, ein Klassiker. Doch stattdessen zog er *Der Graf von Monte Christo* von Alexandre Dumas aus dem Regal. Er würde den Teufel tun, in Niedlichs Gegenwart eine Liebesgeschichte in die Hand zu nehmen. Beiläufig beförderte er Austens Roman in die hintere Reihe, wo er sicher noch am nächsten Tag stehen würde. Vor einigen Jahren hatte er den Filmklassiker mit Laurence Olivier gesehen, seither hatte er eine Schwäche für diese Art romantischer Geschichten. Bei seinem Date mit Patricia hatte ihm sein Wissen zwar wenig genutzt, doch nun regte sich neue Hoffnung in ihm.

Niedlich wurde zusehends unruhiger, trat von einem Bein aufs andere, und Böhm ließ den *Grafen von Monte Christo* in seiner Manteltasche verschwinden.

Dieser fette Schinken, sagte ihr Blick.

»Für die langen Winterabende«, meinte er.

15

Nachdem Niedlich Böhm bei seiner eigenen Schrottlaube abgeliefert hatte, fuhr er über die Landsberger Allee Richtung Osten nach Marzahn. Aus der Ferne wirkte die massive Hochhaussiedlung, als hätte das Kind eines Riesen eine Stadt aus Legosteinen bauen wollen und dann die Lust daran verloren. Statt Bauhandwerk war in Marzahn exzessive Bauindustrie betrieben worden. Betonburg reihte sich an Betonburg. Selbst der frisch gefallene Schnee vermochte der Gegend keinen Zauber zu verleihen. Im Bewusstsein der meisten Berliner Bürger stand der Wohnbezirk für soziale Verwahrlosung, Perspektivlosigkeit, Drogenkriminalität und Gewalt. In Wahrheit lebten die allermeisten Anwohner in ganz normalen Verhältnissen. Eine Sache stimmte jedoch: Nirgends wurden mehr Autos geklaut als hier.

Jugendliche in dicken Winterjacken drückten sich zwischen den Hochhauskolossen herum und musterten Böhms Skoda mit argwöhnischen Blicken. Er bog in die Straße mit der letzten Hochhausreihe ein und vor der Windschutzscheibe tauchten die unteren Stockwerke dreier Plattenbauten auf. Die Adele-Kurtz-Straße 12 musste gleich da vorne sein. Dort lebten Emmas Eltern, Jan und Nina Zabek.

Soweit Böhm aus den Unterlagen erfahren hatte, war Jan ein ehemaliger Bäcker, dessen plötzlich aufgekommene Allergie gegen Mehl ihn den Job gekostet hatte. Nina arbeitete in Teilzeit als Kassiererin bei irgendeinem Textil-Discounter. Nach Emmas Autounfall hatten die Zabeks eine therapeutische Behandlung ihrer Tochter erlaubt. Die behandelnden Ärzte hatten ihnen erklärt, wie sehr Emmas Psyche von der Therapie profitieren würde. Böhm glaubte aus einem Aktenvermerk herausgelesen zu haben, dass die Zabeks sich den Vorschlag ohne echtes Interesse angehört hatten. Hauptsache, sie mussten weder Geld noch Zeit in die Maßnahme investieren. Geistlose Gleichgültigkeit ging auch von der Stahlbetonfassade des Wohnhauses aus. Klar, es konnten nicht alle Menschen in einer Villa an der Spree leben, doch diese Betonfestungen versprachen nichts Gutes für das Gedeihen menschlicher Seelen.

Böhm betrat den Vorraum mit den Briefkästen und der Klingelanlage und schaute auf die Namensschilder. Vier pro Stockwerk. Die Wohnung der Zabeks lag im 14. Stock. Er drückte die Klingel und wartete. Als nichts geschah, klingelte er erneut. Dem hektischen Knacken in der Sprechanlage folgte die kurz angebundene, krächzende Stimme einer Frau.

»Wer ist da?«

»Frau Zabek?«

»Mit wem spreche ich?«

»Mein Name ist Magnus Böhm von der Kripo Berlin. Ich muss mit Ihnen reden.«

»Die Kripo? Wir haben nichts mit der Kripo zu schaffen.«

»Es geht um Ihre Tochter.«

»Emma? Was ist los?«

»Das werde ich nicht über die Sprechanlage mit Ihnen austauschen. Am besten, ich komme zu Ihnen hinauf.«

Es folgten zwei Sekunden Stille.

»Ist das wirklich nötig?«

Okay, mit Fingerspitzengefühl kam er hier nicht weiter. »Ich wäre nicht hier, wenn es unnötig wäre, Frau Zabek. Aber ich kann Sie auch gerne ins Präsidium einladen.«

»Hat Emma wieder Mist gebaut?«

»Sie werden sicher verstehen, dass ich das nicht über die Sprechanlage erörtern werde.«

Eine weitere Pause mit Getuschel im Hintergrund.

»Also gut. Kommen Sie rauf. Wenn Sie aus dem Aufzug steigen, halten Sie sich rechts und gehen bis zum Ende des Gangs. Verstanden?«

»Verstanden.«

Der Türsummer ertönte und Böhm trat in den Raum mit den Aufzügen. Die Kabinentür öffnete sich mit einem wenig vertrauenserweckenden Knirschen, den Boden bedeckten Bonbonpapiere, dazu ein dreckiges Taschentuch und eine leere Bierdose. Die Wände samt der hinteren Glaswand waren zerkratzt und mit Graffitis vollgeschmiert. Bilder, Schriftzüge und Zeichen. Die meisten Graffitis schienen die stümperhaften Werke von Anfängern zu sein, nur wenige sahen halbwegs ansprechend aus. Die Farben wirkten knallig. Vor allem Pink, Gelb und Rot erkannte er. Dazwischen Grün und Blau. Die meisten der Schriftzüge waren mit dickem Filzstift auf das Metall und den Spiegel gekritzelt. In einem der gelungeneren Graffitis liefen die Worte *Peace* und *Teach* zusammen, sodass sich das *eac* überlappte. Als die Aufzugstür zufuhr, las Böhm den Satz *We all bleed the same colour*. Darunter stand *Fickt euch alle!*

Der Aufzug setzte sich in Bewegung. Der Geruch von nassem Hund drang in Böhms Nase. Ebenso eine milde, süßliche Duftnote. Jemand war mit einem Joint unterwegs gewesen.

Im 14. Stock schlugen ihm alle möglichen weiteren Gerüche entgegen. Von Schweiß bis Zigarettenqualm. Dazu laute Musik, ein dröhnender Fernseher und hysterisches Kindergeschrei. Für einen Eremiten wie ihn war das ziemlich harte Kost. Unwillkürlich musste er an die beiden Kinderroller im Möbelwagen denken, den er in der Früh vor seiner Haustür gesehen hatte.

Nina Zabek erwartete ihn an der offenen Tür, in engen Jeans, knappem Top und hochtoupiertem, blond gefärbtem Haar. Wie eine Puffmutter, die einen Kunden empfing, dachte Böhm. Aus der Nähe sah sie mit ihrer fahlen Haut und den Falten um Augen und Mund dermaßen verlebt aus, dass Böhm sich nicht vorstellen konnte, dass sie einmal jung gewesen war. Er grüßte und zeigte ihr seinen provisorischen Ausweis. Sie nahm das Papier genau unter die Lupe.

Die Wohnung roch nach feuchter Wäsche, Kochausdünstungen und kaltem Zigarettenrauch. Von der mangelnden Belüftung abgesehen schienen die Räume aber sauber zu sein.

»Wollen Sie einen Kaffee?«, fragte Nina Zabek.

Böhm war nur zu bewusst, wie wichtig es für den Verlauf eines Austauschs sein konnte, eine solche Gefälligkeit anzunehmen.

»Danke. Sehr gerne. Schwarz bitte.«

»Jan!«, krächzte sie durch die Wohnung, während sie Böhm in das überraschend geräumige Wohnzimmer führte. »Kaffee schwarz für unseren Gast!«

Zigarettenqualm waberte wie Nebel in einem Horrorklassiker durch die Luft. Neben dem großen Fernseher vor dem

Fenster stand ein vollgepackter dreiteiliger Wäscheständer, auf dem Wohnzimmertisch ein mit Kippen überladener Aschenbecher. Etwas abseits in der Ecke befand sich ein schmales, hohes Bücherregal, das nicht zur übrigen Einrichtung passte. Neben Ratgebern und Sachbüchern standen da auch ein paar Romane, deren Titel Böhm kannte. *Der Name der Rose, Das Schweigen der Lämmer, Frühe Nächte, Die Asche meiner Mutter* … Hatte er die Zabeks falsch eingeschätzt?

»Setzen Sie sich.« Nina Zabek deutete auf einen Sessel, über dem eine knallrote Decke lag. Die Couchgarnitur hatte einige Jahre zu viel auf dem Buckel.

Jan Zabek kam mürrisch grüßend mit einem Becher Kaffee herein. Er hatte ein langes, schmales Gesicht mit weit auseinanderliegenden Augen. Hinter dem Fernseher bewegten sich die mit Blumenmustern überladenen Gardinen. Die Fenster standen auf Kipp. Böhm glaubte zu hören, wie der eisige Wind um die Hochhausmauern pfiff.

Nach einem Schluck Kaffee kam er auf den Grund seines Besuchs zu sprechen. Dass Emma in der Klinik lag und Opfer eines Gewaltverbrechens geworden war. Während er all das erklärte, zuckten die Zabeks mit keiner Wimper, fragten weder, was konkret mit ihrer Tochter passiert war, noch, wie es ihr ging oder in welcher Klinik sie lag.

»Emma ist 17«, meinte die Mutter seelenruhig. »Lässt sich schon lange nichts mehr von uns sagen. Geht ein und aus, wie es ihr passt. Sie ist schon früher immer wieder mal für ein paar Tage verschwunden. Einfach so. Zweimal haben wir sie als vermisst gemeldet, und jedes Mal ist sie von selbst wiederaufgetaucht.«

»Wann haben Sie Ihre Tochter das letzte Mal gesehen?«

Nina Zabek überlegte. »Das war vor etwa einer Woche. Sie machte sich Cornflakes zum Frühstück, schnappte ihren Rucksack und zog los.«

»Wissen Sie, wo Emma hinwollte?«

Böhm war klar, dass etliche Eltern nicht wussten, was ihre Halbwüchsigen so trieben. Manchen blieb sogar verborgen, dass die Jugendlichen auf dem Straßenstrich landeten. In Emmas Akte hatte zwar nichts von Prostitution gestanden, aber irgendwo musste sie Pietà ja über den Weg gelaufen sein.

»Nee. Ihre alten Freunde sind ja alle tot.«

»Die Zeit nach dem Autounfall muss sehr schwer für Ihre Tochter gewesen sein. Wie kam sie mit dem Verlust ihrer Freunde zurecht?«

»Na, eine Therapie hat ihr geholfen.« Nina Zabek tauschte einen Blick mit ihrem Mann aus und deutete zum Bücherregal, als wäre es ein unliebsamer Hausaltar. »Und diese Bücher. Die da sind alle ihre. Hat sie sich nach dem Unfall besorgt. Wochenlang hat sie sich mit den Dingern in ihrem Zimmer verkrochen und kein Wort gesagt. Und wenn doch, dann war das so ein neunmalkluges Zeugs.«

Böhm bemerkte, dass einige der Titel auf dem Buchrücken Bibliothekskennzeichnungen hatten. Da er selbst einmal Mitglied in der Bücherei gewesen war, wusste er, dass Bibliotheken ältere Titel gerne mal über Ramschtische billig verkauften und die Bücher später nicht selten wieder auf Flohmärkten oder in Gebrauchtbuchläden auftauchten. Die Titel mussten also nicht unbedingt in einer Bibliothek ausgeliehen oder gar gestohlen worden sein.

»Dann hat Emma vor dem Unfall nicht gelesen?«, fragte er.

»Kein Stück. Mit Lesen und Schreiben hatte sie so ihre Probleme. Hat sie nicht interessiert. Aber der Autounfall und die Therapie haben ihr irgendwie den Kopf verdreht.« Emmas Mutter ließ ihren Zeigefinger vor der rechten Schläfe kreisen, um anzudeuten, dass ihre Tochter seither nicht mehr alle Latten am Zaun hatte.

»Darf ich Emmas Zimmer sehen?«

»Na ja, warum nicht?«, meinte sie ohne Rücksprache mit ihrem Mann.

Böhm folgte ihr durch den Flur zur vorderen Tür gegenüber dem Bad. Das Zimmer war winzig. Jetzt erkannte er, weshalb Emmas Bücher im Wohnzimmer standen. Und es war kein typisches Mädchenzimmer. Kein Glitzer, keine Puppen, keine zarten Farben, keine Poster von strahlenden Boy-Groups. Stattdessen hingen Kalenderblätter an der Wand, die die ältesten und schönsten Bibliotheken der Welt zeigten. Und Bilder vom Mond in verschiedenen Phasen. Ein schmales Bett stand rechts vom Fenster, darüber ein zweireihiges Wandregal, auf dem Emma einen Bluetooth-Lautsprecher aufgestellt hatte und auf dem ein paar Bücher lagen. Neben dem Bett hinter der Tür befand sich ein schmaler Stoffschrank mit Streifenmuster. Gegenüber dem Bett war ein Klapptisch an die Wand geschraubt, vor dem ein Hocker stand. Unterhalb des Fensters entdeckte Böhm ein Nachtschränkchen, auf dem ein Feldstecher lag.

»Ich würde mich gerne etwas umschauen«, meinte er.

Nina Zabek musterte ihn, als fragte sie sich, was er sich erhoffte, hier zu finden. »Es ist nicht mehr viel da. Emma hat alles, was ihr früher mal wichtig war, weggeworfen oder verhökert. Aber tun Sie, was Sie nicht lassen können.«

Böhm nickte, schloss die Tür und lauschte auf die sich entfernenden Schritte, ehe er sich ein paar Latexhandschuhe überstreifte.

In der Nachttischschublade lagen zwei keltische Ringe, ein Lederarmband, ein Schweizer Taschenmesser, eine kleine LED-Taschenlampe und ein Notizbuch mit Aphorismen, geschrieben in einer kleinen, präzisen, leicht nach rechts geneigten Handschrift. Beim Überfliegen der Sätze dämmerte Böhm, dass es sich nicht um eine Sammlung von Sprüchen handelte, sondern um Gedanken und Einsichten Emmas.

Er blätterte durch das Datum, zurück bis zu der Zeit nach Emmas Autounfall und Klinikaufenthalt.

Ich hatte keine Ahnung, dass es solche Schmerzen gibt, verursacht durch all die Dinge, die früher nie zu mir durchgedrungen sind.

Meine beiden besten Freunde sind tot. Ich wage es nicht, ihre Namen auszusprechen, ja, ich wage es nicht einmal, ihre Namen zu denken. Und doch kann ich nicht anders. Dodo und Michi sind tot. Und ich höre jeden Tag ihr letztes Lachen.

Jetzt habe ich zwei Leben. Eines vor dem Unfall und eines danach. Und ich kann manchmal nicht sagen, welches davon in meinem Kopf realer ist.

Heute hatte ich kurz das Gefühl, ich könnte nach den Sternen greifen. Doch dann war ich wieder nur das Kind, das sich davor fürchtet, zur Schule zu gehen.

Was für ein wundervoller, nutzloser goldener Sonnenuntergang. Warum gibt es eigentlich keine Vampire, die sich daran erfreuen könnten?

Vielleicht besteht der Sinn meiner Existenz darin, ein abschreckendes Beispiel zu sein, denn mit den Menschen verbindet mich nur eins: gegenseitige Abscheu.

Wie belanglos alles ist, wenn man an das Ende denkt. So viele klammern sich an die Hoffnung eines Sinns.

Eines Tages atme ich den Tod ein und das Leben aus.

Ich verstehe das Leben noch immer nicht. Das aber auf einem höheren Level.

Böhm holte tief Luft. Das waren alles andere als schlichte Teenagergedanken. Eine Weile stand er still da, bevor er das Büchlein zögernd in die Nachttischschublade zurücklegte. Sein Blick fiel auf einen der Titel auf dem Regal über dem Bett. *Das Leben nach dem Tod.* Es war, als suchte Emma nach einem Weg, in Kontakt mit ihren toten Freunden zu treten.

Im Stoffschrank hingen nur eine schwarze Übergangsjacke und helle Jeans über einem schwarzen Plastikbügel. In den Fächern lagen ein paar T-Shirts, eine Garnitur Bettwäsche und ein schmales Kissen. Auf dem Boden entdeckte er zwei große Pappkartons. In dem einen befanden sich Emmas Schulunterlagen, Klassenfotos sowie ihre Zeugnisse. Böhm blätterte darin herum. Etwa vor einem Jahr hatte sich Emmas Handschrift verändert. Aus der verschnörkelten Mädchenhandschrift war eine klare, gradlinige geworden. Aber auch nach dem Unfall war Emma keine sehr aufmerksame Schülerin gewesen. In ihren Mittelstufenzeugnissen standen Vermerke wie *Emma fehlt oft die Aufmerksamkeit* oder *Emma beteiligt sich nicht am Unterricht.* Im zweiten Karton lagen eine alte Digitalkamera mit leerem Akku, deren Speicherchip fehlte, und eine Tüte mit Teelichtern.

Böhm verweilte einen Moment am Fenster und begriff, weshalb in dem kleinen Zimmer kein Gefühl der Klaustrophobie aufkam. Die Aussicht durch die Straßenschluchten auf die entfernten schneebedeckten Wälder war atemberaubend. Widerstrebend ließ er die Latexhandschuhe in seinem Mantel verschwinden und kehrte ins Wohnzimmer zurück.

»Dürfte ich noch einen Blick auf Emmas Bücherregal werfen?«

Die Zabeks hatten nichts dagegen, auch wenn Emmas Mutter ihn genau beobachtete, als er das Regal inspizierte. In einigen Büchern entdeckte er Randnotizen in Emmas Handschrift. Sie hatte Markierungen und Anmerkungen hinterlassen, und soweit Böhm es beurteilen konnte, waren diese sehr klug. Einige Bücher enthielten Sachthemen zu Politik und Gesellschaft und den letzten Geheimnissen der Welt. Der Rest waren Kurzgeschichten und Romane. Darunter Klassiker von Edgar Allan Poe, H. P. Lovecraft, William Shakespeare, Hermann Hesse oder Stefan Zweig. Aber auch Stephen King.

»Komisches Zeug«, meinte Emmas Mutter, inhalierte den Rauch ihrer Zigarette und blies ihn durch die Nase aus, als wäre ihr Kopf eine Räucherkammer. »Denken Sie, Emma hat verstanden, was da drinsteht?«

Böhm wandte sich ihr kurz zu. »Ihre Tochter hat jedenfalls Antworten auf Fragen gesucht, die sich nicht viele Menschen in ihrem Alter stellen.« Keiner von beiden schien zu begreifen, was er meinte. »Sagen Sie, hatte Emma einen Lieblingsort in der Stadt?«

Dieses Mal war es Jan Zabek, der antwortete und dabei eine Reihe gelber Raucherzähne entblößte. »Wie gesagt, ihre Freunde sind ja nun alle tot. Früher ist sie oft runter zur Shopping Mall, um mit denen abzuhängen.«

Emmas Mutter winkte ab. »Das können Sie vergessen. Das Eastgate hat Emma nach dem Unfall nicht mehr betreten.«

Böhm kehrte dem Bücherregal den Rücken zu. »Ist sie denn nach dem Unfall nie ausgegangen?«

»Doch, schon. Manchmal ist sie in die Stadt gefahren.«

»Und die Bücher … Woher hat Emma die?«

»Keine Ahnung. Die hat sie irgendwo aus der Stadt mitgebracht.«

Böhm bat um Stift und Papier und notierte seine Nummer. »Falls Ihnen noch etwas einfällt, rufen Sie mich bitte an.«

»Okay.« Nina Zabek begleitete ihn zur Wohnungstür und legte das Papier auf einen winzigen Eckschrank.

Böhm verabschiedete sich und ignorierte die Geräuschkulisse im Hausgang. Der Fahrstuhl hielt auf dem Weg nach unten viermal, um Bewohner aufzunehmen, die dastanden, als wären ihre Nachbarn für sie nicht existent. Endlich draußen, stapfte Böhm durch den Schnee auf seinen Wagen zu und blieb wie angewurzelt stehen.

Er traute seinen Augen nicht. Jemand hatte das Fahrzeug mit Hilfe von Ziegelsteinen aufgebockt und das einzig Wertvolle daran geklaut: die neuen Winterkompletträder!

Er ging um den Wagen herum und entdeckte in der weißen Pracht eine Spur, die von dem Skoda zu einer Stelle führte, wo noch vor Kurzem ein größeres Fahrzeug gestanden hatte. Ein Lastwagen oder Transporter.

Scheiße. Die Räder würde er nie wiedersehen.

16

Eine der Krankenschwestern stellte ein abgedecktes Tablett auf den Tisch neben dem Fenster. Emma reagierte nicht. Sie wollte ihre Ruhe haben. Die Gedanken an ihre Gefangenschaft ließen sie nicht los. Dabei erinnerte sie sich nicht, wie sie in die Fänge ihres Entführers geraten war. Außerdem beschäftigte sie die Frage, ob es möglich war, dass *die Stimme* noch ein Gangmitglied in ihrer Gewalt hatte. Vielleicht saß Fatima gerade in der Geräuschkammer und verlor vor Angst den Verstand. Oder der großspurige Matteo schiss sich dort gerade die Hosen voll.

Doch warum sollte *die Stimme* ausgerechnet ihre Ex-Gang ins Auge gefasst haben? Warum ausgerechnet Emma? Was für ein Motiv steckte dahinter?

Siedend heiß fiel ihr der Verkehrsunfall ein, bei dem ihre Freunde ums Leben gekommen waren. Waren Entführung und Folter ein Akt der Rache? Konnte hinter *der Stimme* ein sich rächender Verwandter stecken? Ergab das Sinn? Im Gegensatz zu Emma und der Gang klang *die Stimme* kultiviert, ja, privilegiert, wie jemand von einem höheren sozialen Status. Wie jemand, der gerne mit der Unterschicht experimentierte wie mit Ratten in einem Labor.

Oder in einem kalten, feuchten, stinkenden Kellerloch.

Erneut wurde die Erinnerung an jenen Ort zur schmerzhaften Gegenwart, starrte Emma wieder auf den massiven Schlosserhammer in ihrer Hand und bedauerte, dass ihr Peiniger nicht vor ihr stand. Wie immer sprach seine Stimme sanft, aber fordernd aus den Schatten zu ihr.

»Okay, *Easy*, und nun probiere den dicken Fäustel aus.«

Sie legte den Schlosserhammer in die abgewetzte Ledertasche zurück und griff nach dem massiven Hammer mit den zwei abgeflachten quadratischen Seiten. Das Ding wog mindestens drei-, wenn nicht sogar viermal so viel wie der Schlosserhammer.

»Der Fäustel wird von Steinmetzen und Baubetrieben benutzt. Du legst den Meißel an den Stein und schlägst mit dem Hammer auf den Meißel. Was denkst du?«

Was ich denke? Na, dass du nach einem gut platzierten Schlag mit dem Ding ein für alle Mal die Klappe halten würdest.

»Der ist verdammt schwer«, antwortete sie.

»Das ist richtig. Dafür bringt er aber auch Resultate.«

Resultate? Was sollte sie damit tun? Mauern einreißen?

»Warum tun Sie das?«, wagte sie sich vor.

»Weil es zu deinem Besten ist. Weil du nur wachsen kannst, wenn du an deine Grenzen gehst.«

Hämmer und rostige Nägel sollten zu ihrem Besten sein?

»Du wirst lernen, dich zu überwinden und Herr deiner selbst zu sein.«

Die Stimme klang so aufrichtig, wie eine Stimme nur aufrichtig klingen konnte.

»Und nun nimm den Bossierhammer.«

Mit der gespaltenen Spitze erinnerte der Bossierhammer Emma an die gespaltene Zunge einer Klapperschlange. Er lag ebenso gut in der Hand wie der Schlosserhammer und war von ähnlichem Gewicht. Mauerwerk würde sie damit nicht den Garaus machen, aber zum Spalten eines Schädels reichte er allemal.

»Und nun entscheide dich, *Easy*.«

Emma hasste es, wie *die Stimme* ihren Gangnamen aussprach. Es hatte etwas Animalisches, etwas, was ihr das Gefühl gab, dass ihr Peiniger sie begehrte. Und noch mehr hasste sie es, dass ein Teil von ihr – du verräterisches Miststück! – fasziniert von *der Stimme* war und anfing, sich zu ihr hingezogen zu fühlen.

Sie betrachtete die drei Hämmer und entschied sich für den Bossierhammer. Irgendwie schien ihr das die richtige Wahl. Vielleicht wählte sie ihn auch aus Trotz, weil *die Stimme* den Schlosserhammer hervorgehoben hatte.

Ist das nicht scheißegal?

Die eigentliche Frage lautete doch, weshalb er ihr die Tasche mit dem Werkzeug überhaupt gab. Sie konnte versuchen, damit zu fliehen. Sie könnte die Stahltür mit dem Fäustel so lange bearbeiten, bis das Schloss nachgab. Vielleicht könnte sie sogar ein Loch in die Wand schlagen!

Blödsinn! Denkst du im Ernst, er hätte das nicht bedacht?

Sie erinnerte sich an das Gespräch über den Sinn von Leben und Tod, nachdem sie die Geräuschkammer das erste Mal hatte verlassen dürfen. Dabei war ihr klar geworden, dass er, im Gegensatz zu ihr, weder das Sterben noch den Tod fürchtete. Emma hatte sich seit dem beschissenen Autounfall jeden verfluchten Tag mit dem Tod auseinandergesetzt. Ihr war bewusst geworden, wie schnell ein Leben vorbei sein konnte. Sie hatte ihre beiden besten Freunde sterben sehen …

Sterben sehen?

Blödsinn! Dafür war alles viel zu schnell gegangen.

Dennoch erinnerte sie sich an Dodos letztes Lachen und an das Entsetzen in Michis Augen, als er am Steuer sitzend mit ihnen auf die Kreuzung geschossen war. Das Geräusch von Metall, das krachend auf Metall stieß. Das klirrende Geräusch berstender Glasscheiben. Nein, sie hatte gnädigerweise kein Blut gesehen, keine Eingeweide, keine wie Äste gebrochene Knochen. Sie hatte auch kein Weinen und Stöhnen hören müssen, keine Schmerzensschreie. Nach dem Zusammenprall war alles nur noch Stille und Dunkelheit gewesen. Viele, viele Tage lang.

Dann war sie aus dem Koma erwacht, aus einer Besinnungslosigkeit, die sie wochenlang vor der schrecklichen Realität bewahrt hatte. Vor Trauer, Reue, Schuld und Schmerz.

Ihr war klar geworden, dass sie so wie bisher nicht mehr würde weiterleben können. Dass sie ihr Leben verändern musste. Und das fing mit der Gang an. Emmas Fühlen und Denken hatten von da an nicht mehr zu deren Welt gepasst. Also hatte sie sich zurückgezogen, von der Gang getrennt, während die anderen weitergemacht hatten, als wäre nichts geschehen, als kämen Dodo und Michi jeden Moment mit einem Joint um die Ecke, um irgendein Ding zu planen, das ihnen die Zeit vertrieb oder Kohle brachte. Doch was hatte das Leben für einen Sinn, wenn man nichts daraus lernte? Natürlich gehörte der Tod zum Leben. Doch es gab zwei Arten von Tod. Den natürlichen und den unnatürlichen. Und unter den unnatürlichen Toden war da noch der dumme Tod, der ihr am meisten zu schaffen machte. Dodos und Michis Tode waren *dumme* Tode gewesen. Unnötig. Vermeidbar. Im Gegensatz zur Situation, in der sie sich in dem kalten, dunklen Kellerloch befand. Unverschuldet. Ohne irgendeine Kontrolle.

Nein, *die Stimme* fürchtete den Tod nicht. Als hätte sie darüber alle Macht. *Die Stimme* hatte sogar über die Träume von Sterbenden gesprochen, von der Erfüllung guter und schlechter Tode, als hätte sie schon Dutzende Menschen beim Sterben begleitet.

Ausgepumpt vom Gefühl des Ausgeliefertseins und sich der Gegenwart der unheilvollen Werkzeugtasche bewusst, hatte Emma sich auf die Lippe gebissen. Vielleicht waren das die Instrumente, mit denen sie selbst getötet werden würde.

»Sieh in das innere Seitenfach«, hatte *die Stimme* sie aufgefordert.

Sie schaute in das Fach hinein und ihr Magen verkrampfte sich, als sie ein schwarzes Leder-Etui herauszog.

»Öffne es.«

Die wachsende Ungeduld *der Stimme* spürend zog sie den Reißverschluss auf und faltete das Mäppchen auseinander. Eine mit einer gelblichen Flüssigkeit gefüllte Spritze.

Scheiße! Was hatte er mit ihr vor?

»Und jetzt injiziere dir die Substanz in den Bauch oder den Oberschenkel. Ganz wie du willst.«

Ganz wie du willst? Ganz sicher würde sie sich nicht die Jeans in seiner Gegenwart runterziehen, um an den Oberschenkel zu gelangen. Doch in den Bauch hatte sie sich schon mal injiziert. Mit Spritzen hatte sie einige Erfahrung. Während ihrer Drogenzeit und nach dem Autounfall. Spritzte sie sich das Zeug ins Fettgewebe ihres Bauchs, setzte die Wirkung langsamer ein, allerdings kam es dann auch zu einer gewissen Depotwirkung. Egal, der Oberschenkel kam nicht infrage, und sie wagte es auch nicht, die Substanz heimlich in ihre Kleidung zu entleeren, denn *die Stimme* beobachtete sie, also legte sie eine Region im Bauchbereich frei, setzte die Spritze an und drückte den Kolben hinunter.

Es dauerte nicht lange und die Flüssigkeit begann, ihre Wirkung zu entfalten. Die Angst, die ihr Herz quälte, löste sich auf. Ebenso ging der dumpfe Schmerz entlang der Schläfen zurück. Was immer sie sich damals gespritzt hatte, es hatte sie gleichgültig gemacht.

Eine der Krankenschwestern betrat zügig, aber leise das Zimmer. Emma nahm wahr, wie sie ans Bett herantrat und nach ihr schaute. Ein, zwei Minuten stand sie da, wartete auf ein Zeichen.

Verdammt! Hau endlich ab!

17

Matteo Brand hätte sich beim Anblick des alten Knackers, der den Schaden an seiner Karre begutachtete, beinahe verschifft. Als der Typ das Fehlen der Räder entdeckte, stand er da wie eine Kuh, wenn's donnert. Dann hatte er telefoniert, wahrscheinlich mit der Polizei, um Anzeige zu erstatten, und jetzt trat er von einem Bein aufs andere, weil ihm die Eier abfroren. Was für eine Deppenshow! Dachte der Alte echt, eine Anzeige würde ihm die Räder zurückbringen?

Matteo hatte den Diebstahl aus der Deckung eines Baumes beobachtet. Ein Kleinbus hatte nach der zweiten Runde um den Block gegenüber dem Skoda gestoppt und zwei Kerle mit dunklen Skimasken waren herausgesprungen, hatten die Räder wie bei der *Formel 1* im Nullkommanichts abgeschraubt und genauso schnell verladen, um ein paar Sekunden darauf auch schon wieder zu verschwinden. Matteo hatte sich das Kennzeichen des Transporters nicht gemerkt. Das Schild war bestimmt ebenso geklaut wie die Reifen.

»Denkste, der Typ is' von der Bewährung?«, fragte Matteos Kumpel.

Bei jedem Wort quoll Gibran Azis eine Atemwolke wie eine Sprechblase aus dem Mund, doch obwohl er über dem langärmeligen Hemd nur eine hundsgemeine Jeansjacke, Discounter-Jeans und Billig-Sportschuhe trug, schien ihm die Kälte nichts anzuhaben. Matteo hatte seinen dicken schwarzen Daunen-Parka und eine gefütterte Hose an und fror sich trotzdem den Arsch ab.

»Wohl kein Zufall, dass der alte Sack in den 14. Stock gefahren ist, oder?«

Darauf hätte er eine Linie Koks verwettet, hätte er das nötige Kleingeld gehabt.

»Was denkste? War der wegen Easy hier?«, fragte Gibran weiter.

Mann, der Junge war nicht gerade ein Schnelldenker. Außerdem klang bei ihm *Easy* stets wie Issie. War das bisschen Englisch denn so schwer?

»Was'n sonst?«, meinte Matteo genervt.

Easy war seit mehr als einer Woche verschwunden. Zumindest hatte seither keiner die dämliche Schlampe gesehen. Wenn es nach Matteo ging, konnte das auch so bleiben. Früher einmal hatte man mit Easy Pferde stehlen können, doch jetzt war sie nicht einmal mehr für einen guten Joint zu gebrauchen. Na ja, wenigstens konnte er sich noch auf Gibran verlassen. Der hatte einen ordentlichen Job gemacht, als er Matteo über die Ankunft des alten Knackers informiert hatte. Als Gibrans Anruf kam, war Matteo gerade bei einem Kumpel im fünften Stock von Easys Wohnblock gewesen, hatte dessen raubkopierte Film- und Musiksammlung bewundert und ein Tütchen geschmaucht.

»Denkste, Easy is' was passiert?«, fragte Gibran, als hätte Easy noch immer etwas in der Gang zu melden.

»Weiß nich'«, entgegnete Matteo gereizt. Falls ja, dann hoffentlich so richtig ein und für allemal. Seit die dürre Zicke die Gang verlassen hatte, war er im Rang beträchtlich aufgestiegen. Keiner hinterfragte mehr seine hollywoodreifen Ideen und Pläne, die Gang über Marzahn hinaus großzumachen. Nicht nur, dass die Schnepfe seine Absichten infrage gestellt hatte, sie wusste auch zu viel über ihn. Was, wenn sie die Klappe nicht hielt?

Ein Abschleppwagen bog wie ein schweres Schlachtschiff vorsichtig in die Straße. Der alte Sack hatte die Bullen wohl doch nicht kontaktiert. Hm, das Verladen der Karre würde eine Weile dauern, überlegte Matteo. Er sollte die Gelegenheit nutzen und dem alten Knacker mal auf den Zahn fühlen. Vielleicht sprang ja etwas Kohle dabei heraus. Klar, er musste vorsichtig sein, nicht dass der Typ noch auf die Idee kam, er hätte etwas mit dem Diebstahl der Räder zu tun.

Er wandte sich Gibran zu. »Rühr dich nich' vom Fleck, Alter, klar? Bin gleich wieder da.«

Er nutzte die Deckung des Lasters, um sich dem Mann zu nähern. So hatte er das Überraschungsmoment auf seiner Seite. Er fühlte sich wie Will Smith in *Independence Day*, als dieser einem Alien, das er jagte, in den Arsch trat. Doch als er die Hinterseite des Wagens passierte und auf den alten Knacker zusteuerte, stellte er fest, dass dieser gar nicht so alt und einfältig war.

Mann, der Typ war groß. Und kräftig. Und sein Gesichtsausdruck erweckte den Anschein, als ob er sich Jungs wie ihn täglich zum Frühstück reinpfiff.

18

Den Mantelkragen so eng wie möglich um den Hals geschlagen und die Hände tief in den Manteltaschen stand Böhm am Straßenrand und wartete auf den Abschleppdienst. Kurz hatte er mit dem Gedanken gespielt, Niedlich oder einen seiner alten Kollegen anzurufen, doch dann war ihm aufgegangen, dass sein Malheur im Präsidium dann sicher der Brüller des Jahres werden würde. Also hatte er eine Abschleppfirma angerufen. Klar, das kostete einiges, denn ohne Anzeige würde auch die Versicherung nichts zahlen, aber so stellte wenigstens niemand blöde Fragen. Und er hatte ja ein paar Rücklagen aus dem Verkauf seines Elternhauses. Außerdem lebte er sparsam, wie sein Winterschuhwerk, in dem er sich gerade die Zehen abfror, belegte. Eine Diebstahlanzeige hätte ohnehin nichts gebracht. Fahndungen nach Autorädern waren noch aussichtsloser als die nach gestohlenen Fahrrädern.

Er seufzte und bewegte die Zehen, als spielte er damit Klavier. Schöner Mist, das Ganze. Aber dass jemand den Wagen stehen ließ und nur die Räder klaute ... Darauf musste man erst mal kommen!

Als der Abschleppwagen endlich auftauchte, schickte er ein Stoßgebet gen Himmel. Der Fahrer, ein weißhaariger Kerl mit Schnauzer im blauen Arbeitsanzug, aktivierte den Warnblinker und sprang erstaunlich dynamisch aus dem Führerhaus.

»Sind Sie der Kunde mit den gestohlenen Rädern?«

Natürlich. Wer würde sich hier draußen sonst noch freiwillig den Charakter abfrieren!

»Tja«, sagte Böhm, »vor einer Stunde waren 'se noch dran.«

Der Mann verzog keine Miene, Böhm sah trotzdem ein amüsiertes Lachen in den Augen aufblitzen.

»Sie sind heute nicht der Erste mit diesem Problem. Scheint eine Diebesbande unterwegs zu sein, die das Wetter und die leeren Straßen ausnutzt. Dann laden wir Ihr Baby mal auf.«

»Falls ich Ihnen helfen kann ...«, bot Böhm an. Vielleicht ging es dann ja schneller und er fror sich nicht noch die Kronjuwelen ab.

»Lassen Sie mal. Das krieg ich mit dem Kran gut allein hin.«

Böhm trat ein paar Schritte beiseite, um nicht im Weg zu stehen, als ein junger, dürrer Kerl in dicker Daunenjacke angriffslustig auf ihn zukam. Schlagartig wurde er hellwach. Sollte der Typ ein krummes Ding drehen wollen, würde er ihm eine verpassen, die er nicht mehr so schnell vergaß. Doch so aggressiv der Dürre zunächst auch gewirkt hatte, auf den letzten Metern schien ihm die Luft auszugehen. Böhm grinste innerlich. Er hatte die Masche mit dem zu allem entschlossenen Mienenspiel also noch drauf. Gut so!

»Sie such'n doch Easy, oder?«, fragte das Klappergestell, irgendwo zwischen frech und kleinlaut. Die geröteten Augen und die Hautveränderungen in seinem Gesicht verrieten, dass er in seinem jungen Leben schon einiges an Drogen konsumiert hatte. Außerdem ging trotz der Schweinekälte ein süßlicher Geruch nach Schweiß von ihm aus, derselbe Geruch wie im Aufzug.

»Easy? Wer soll das sein?«

»Na, Easy. EZ. Emma Zabek. Wer'n sonst?«

Emmas Gang behielt also die Wohnung der Zabeks im Auge. Interessant. »Du hast nicht zufällig meine Räder geklaut?«, knurrte Böhm.

»Räder? Was'n für Räder?« Der Junge gab sich cool, wurde aber so weiß wie der Schnee.

»Was hast du auf dem Herzen, junger Mann?«

»Was ich auf dem Herzen hab? Ich sag Ihnen was, Sie geb'n mir 'nen Hunni und ich sag, wo Sie Easy finden können.«

»Wie kommst du darauf, dass ich an dem Deal interessiert sein könnte?«

Das Klappergestell bewegte die Beine, als stünde es auf einer heißen Herdplatte. Nein, das war nicht nur die Kälte, der Kerl war nervös. »Na, waren Sie nicht bei den Zabeks?«

Böhm ignorierte die Frage, die nur zu offensichtlich eine Feststellung war. »Wie kommst du darauf, dass diese Easy verschwunden ist?«

»Na, wir standen in Kontakt, Mann. Und jetzt isse seit ner guten Woche still. Also isse wohl weg, oder?«

»Wo soll Easy denn deiner Meinung nach sein?«

»Netter Versuch. Erst die Kohle.«

»Ich trage keine hundert Euro mit mir herum.«

Das Gesicht des Hungerhakens wurde vor Enttäuschung so lang wie eine Steckrübe. »Scheiße. Wie viel hast'n dabei?«

»20 und etwas Kleingeld.« Böhm sah die Enttäuschung im Gesicht des Dürren. Er konnte ihm regelrecht beim Denken zusehen.

»Okay, dann 20 jetzt und'n Rest später.«

»20. Mehr gibt es nicht. Also?«

Der Junge leckte sich über die Lippen. Trotz der Kälte traten Schweißperlen auf seine Stirn. »Wo'se steckt, müssen'se selbst rausfinden.«

»Dann kommen wir wohl nicht ins Geschäft.«

Böhm wandte sich ab.

»Warten'se! Ich kenne die Orte, wo Sie suchen müssen. Wo Easy immer hingeht.«

Böhm drehte sich langsam um. Das klang interessant, denn von einem dieser Orte war Emma höchstwahrscheinlich entführt worden.

»Zuerst die Information.«

Das Klappergestell schüttelte den Kopf und leckte sich erneut über die Lippen. »Zuerst die Kohle. Sonst sag ich kein Wort.«

»Dann lassen wir die Sache.« Böhm gab vor, zum Abschleppwagen zurückzukehren. Der Fahrer legte gerade die Transportgurte um den Skoda, um ihn auf den Schlepper zu hieven.

»Warten'se!«, rief der Junge, als sähe er einen Zwanziger auf zwei Beinen davongehen.

Der Junge nannte ihm drei Orte.

Das *KaDeWe*, das Kaufhaus des Westens, das größte und beliebteste Warenhaus Berlins. Dort habe sich Easy für die Elektronikabteilung mit ihrem Kamera-, Musik- und Filmangebot interessiert. Außerdem für die Spielzeugabteilung, auch wenn sie längst kein Kind mehr war. Dann das Tierheim Berlin Falkenberg. Der Junge erklärte, Easy habe dort den einen oder anderen Hund ausgeführt und geholfen, die Tiere zu füttern. Und dann war da noch ein Lost Place, eine

Berliner Ruine, und zwar die ehemalige Abhörstation Teufelsberg, die die Briten und Amerikaner während des Kalten Krieges genutzt hatten. Emma mochte die Endzeitstimmung dort und habe sich an der Station herumgetrieben, um etliche Handyfotos zu schießen.

Böhm gab dem Dürren den Zwanziger, und der verdünnisierte sich ebenso schnell, wie er aufgetaucht war.

»Ich wär dann so weit!«, rief der Fahrer des Abschleppdienstes durch die eisige Luft.

Böhm verspürte eine seltene Freude, als er sich ins Führerhaus hochhievte und die Beifahrertür zuschlug. Endlich raus aus der Scheißkälte!

Er bemerkte den Streifenwagen, der im Schritttempo auf das Bergungsfahrzeug zuhielt.

»Dann machen wir denen mal den Weg frei«, meinte der Fahrer gelassen und setzte den Schlepper vorsichtig in Bewegung.

Die beiden Polizeibeamten beobachteten das Manöver. Beim Vorüberfahren blieb ihr Blick einen Tick zu lang auf dem reifenlosen Skoda und Böhms Gesicht hängen.

Kannten die zwei Böhm vielleicht?

Er kramte in seinen Erinnerungen.

Nein, keinem von denen war er je begegnet.

Noch mal Glück gehabt.

19

Eine der Krankenschwestern sah nach ihr und berührte sanft ihre Schulter. Eigentlich eine freundliche Geste, doch Emma konnte sich des Gefühls nicht erwehren, dass ein heimtückisches Unwetter heranzog. Vielleicht hing es mit dem Polizisten zusammen, der seit dem Nachmittag vor ihrem Zimmer saß. Der große, uniformierte Typ nippte an einem Kaffee, den ihm die Schwestern gebracht hatten. War der Bulle ihr neuer Kerkermeister?

Emmas Schädel dröhnte, als hätte sie eine Großbaustelle in ihrem Kopf. Wahrscheinlich noch Nachwirkungen der Droge, die sie sich in dem schäbigen Kellergefängnis hatte spritzen müssen. Und als hätte sie eine Virtual-Reality-Brille auf, tauchte diese ganze beschissene Vergangenheit auch schon wieder in ihrem Bewusstsein auf. Aber dieses Mal öffnete sich ihre knarzende Zellentür wie das unheilvolle Portal in eine Finsternis, in der die Welt aufhörte.

Pietàs Stimme erklang: »Geh den Flur links hinunter bis zu der alten Eichentür. Ab dort hältst du dich rechts. Vergiss dein Werkzeug nicht.«

Sie wollte nicht gehorchen und doch gehorchte sie, tastete sich in undurchdringlicher Schwärze an einer feuchten, muffig riechenden, kalten Wand entlang, spähte hierhin und dorthin, in der Hoffnung auf einen Funken Licht, der eine Fluchtmöglichkeit bot. Erst als sie die Eichentür erreichte, hatten sich ihre Augen ein wenig an die Dunkelheit gewöhnt. Aber auch da nahm sie nur hellere und dunklere Schatten wahr, hörte nichts außer ihren eigenen stolpernden Schritten, das gedämpfte Gluckern in irgendeinem Abflussrohr und seine Stimme.

Unter welchem verfluchten Haus in Berlin sie wohl herumstolperte? Entweder das Haus gehörte *der Stimme*, oder es war ein leer stehendes Gebäude, eines, das in Vergessenheit geraten war, für das sich nicht einmal mehr Fixer und Obdachlose interessierten.

Ein erschreckender Gedanke schaffte es in ihrem benebelten Hirn an die Oberfläche. Was, wenn sie gar nicht mehr in Berlin war? Was, wenn sie sich nicht einmal mehr in Deutschland befand? Bevor sie weiter darüber nachdenken konnte, ermahnte sie *die Stimme*.

»Vergiss deinen Weg nicht!«

Erschrocken zuckte sie zusammen, hatte sie doch gar nicht bemerkt, dass sie stehen geblieben war.

Sollte ihr Leben heute enden? In diesem finsteren, schmierigen Drecksloch?

Sie fügte sich und ging weiter. Vielleicht hatte sie es nicht anders verdient. Dodo und Michi waren tot. Andere am Unfall beteiligte Menschen verkrüppelt. Emma hatte den Wagen zwar nicht gelenkt, aber der Diebstahl war ihre Idee gewesen. Sie hatte die Karre ausgewählt und das Schloss der Autotür geknackt. Vielleicht war das, was ihr jetzt zustieß, Karma. Verzögerte Gerechtigkeit. Dieser ewige Kreislauf von Schuld und Sühne. Hoffentlich gab es keine Wiedergeburt.

Aus unsichtbaren Lautsprechern dirigierte *die Stimme* sie weiter durch den Kellergang. Emma hätte nicht einmal sagen können, ob sie im Kreis lief. Da waren zwei Kreuzungen gewesen, zumindest hatten sich Luftbewegung und Temperatur an diesen Orten verändert. Es war zugig und kälter geworden. Doch jetzt hatte *die Stimme* sie genau dorthin gelenkt, wo sie sie haben wollte. Emma hatte das Ziel erreicht.

Sie berührte eine mit Rost überzogene Eisentür. Das Ding glich den schweren Bunkertüren aus dem Zweiten Weltkrieg, die sie mal in einem Fernsehbericht gesehen hatte. Für interessierte Leute gab es nämlich Bunker-Führungen und Tunnel-Trips durch Teile der Berliner Unterwelt. Befand sie sich an einem solchen Ort? Die alten, vergammelten Backsteine an den Wänden sprachen dagegen. Aber die konnten auch nur Fassade sein.

»Öffne die Tür.« *Die Stimme* klang leicht erregt.

Emma zog an dem verrosteten Eisenring, darauf eingestellt, dass die Tür sich nur unter großem Widerstand aufziehen ließ, doch das alte Ding glitt fast mühelos auf.

»Und jetzt geh hinein.«

Der beleuchtete Raum hinter dem Türrahmen strahlte so hell wie die gleißende Sonne. Sie kniff die Augen zusammen, hielt eine Hand davor und setzte sich langsam in Bewegung. Trotz der injizierten Droge, die sie wohl gefügiger und gleichgültiger machen sollte, hämmerte ihr Herz, als wollte es ihren Brustkorb sprengen. Bohrender Schmerz schoss von ihren Augen ins Hirn. Zu viel Licht traf auf ihre Netzhaut.

Irgendwo vor sich vernahm sie ein leises Wimmern und Stöhnen. Nein, das war kein Stöhnen. Es klang vielmehr, als versuchte jemand, durch einen dicken Knebel zu schreien.

Vorsichtig hob sie die vor die Augen gehaltene Hand an und blinzelte in die Richtung, aus der das gedämpfte Geräusch kam – und zuckte zurück. Der Anblick traf sie mit der Wucht eines Hammerschlags. Und sie schrie und schrie und schrie.

Die Tür zu ihrem Krankenzimmer wurde aufgerissen. Der Polizist sprang hinein, gefolgt von einer Krankenschwester.

Und Emma konnte nicht aufhören zu schreien.

20

Arvid Sartorius trat durch die automatische Schiebetür in das weitläufige Foyer des Campus Charité Mitte. Er hatte die Website studiert, die Lagepläne sowie die Besucherinformationen. Dann hatte er mit einer Mitarbeiterin von der Rezeption telefoniert, sich als besorgter Vater ausgegeben, dessen Tochter in die Charité eingeliefert worden war. Die Mitarbeiterin hatte die Einlieferung zweier junger Frauen bestätigt, war jedoch nicht willens gewesen, genauere Auskünfte am Telefon zu geben. Immerhin hatte er ihr entlockt, dass die Identität einer der beiden Frauen noch nicht ins System eingetragen worden war und sie höchstwahrscheinlich noch auf der Intensivstation lag.

Unauffällig verweilte er einen Moment im Wartebereich, orientierte sich, beobachtete das Hin und Her von Besuchern, Patienten und Klinikpersonal. Um sein Unterfangen sicher zu gestalten, hatte er ein paar Vorkehrungen getroffen. Ein graues, welliges Haarteil, eine Teilsilikonmaske, etwas Schminke und die dazu passende taubengraue Kleidung ließen ihn wie einen 15 Jahre älteren Mann erscheinen, dessen größtes Abenteuer darin bestehen mochte, Brieftauben zu züchten. Falls ein Mensch ihn wahrnahm, würde dieser keinen zweiten Gedanken an ihn verschwenden.

Sartorius begab sich zu dem Areal mit den Aufzügen. Als er nach einem Wegweiser Ausschau hielt, sprach ihn eine ältere, vornehme Dame im mintgrünen Kittel an und wies sich als ehrenamtliche Mitarbeiterin des Besuchsdienstes aus. Sartorius erklärte ihr sein Anliegen – ein Vater, der seine Tochter auf der Intensivstation besuchen möchte – und sie zeigte ihm den Weg bis zu jenem Punkt, ab dem er ihr versicherte, allein zurechtzukommen.

Hinter der Tür zur Station reinigte er die Hände an einem Desinfektionsmittelspender und registrierte das Geschehen im Flur. Zurzeit schienen nur eine Ärztin und zwei oder drei Schwestern anwesend zu sein. Alles verlief ruhig und routiniert, ohne jede Hektik.

So unerquicklich die ganze Situation auch war, entbehrte sie doch nicht eines gewissen Reizes. Noch nie hatte eine von Sartorius' Skulpturen die Todesspritze überlebt. Doch dieses Mal hatte er einen Fehler begangen, war leichtsinnig geworden. Er hatte bei einem Dealer bestellt, der sich als unzuverlässig erwiesen und minderwertiges Material geliefert hatte. Patrick, der Gekreuzigte – mochte er in der Hölle seinen Frieden finden –, hatte eine Ladung des reinen Curares erhalten, Emma hingegen eine Injektion der neuen Charge mit dem gestreckten Stoff. Nun, Sartorius hatte entschieden, sich nicht länger darüber aufzuregen, und stattdessen ein Exempel statuiert. Ein Inkasso-Büro der besonderen Art hatte sich des Panschers angenommen. Das Unternehmen trieb alle möglichen Arten von Schulden ein und vermittelte selbst Auftragsmord.

Um Easy würde er sich selbst kümmern.

Als er von ihrem Überleben erfahren hatte, war er zunächst schockiert, dann beeindruckt gewesen.

Konnte Easy ihm gefährlich werden?

Spontan hatte er die Frage mit einem Nein beantwortet. Easy wusste nichts. Sie wusste weder, wo sich seine Werkstatt noch wo sich seine Galerie befand. Sie hatte ihn nie zu Gesicht bekommen. Als Zeugin war sie nutzlos, was Grund genug gewesen wäre, die Sache auf sich beruhen zu lassen, dennoch faszinierte Easy ihn auf eine unerbittliche Weise. Und dann hatte er begriffen, wieso. Easy war Teil der alles durchdringenden Wahrheit, die er durch seine Kunst in die Welt hinausspie. Sie war ein entscheidendes Element. Ihr Fortleben ruinierte sein Werk!

Und wer konnte schon sagen, ob sie ihm eines Tages nicht doch noch gefährlich wurde?

Gemächlich ging er den Krankenhausflur entlang, als er in der Ferne einen uniformierten Polizisten sitzen sah. Hatten sie seinen Besuch etwa erwartet?

Einen Moment lang dachte er an Rückzug. Dann erhaschte er durch eine halb offene Tür unweit des Stationszimmers einen Blick auf einen bewusstlosen Patienten, der an diversen Schläuchen hing, betrat den Raum und nahm mit betrübter Miene neben dem Kranken Platz. Sollte ihn eine der Schwestern ansprechen, würde er sich als ein alter Freund aus Schulzeiten ausgeben. Natürlich war das riskant, falls ein Angehöriger auftauchte, aber ihm würde schon etwas einfallen. Jetzt war es wichtig, in der Nähe der Schwestern zu sein und zu hören, was gesprochen wurde. Die Schwestern nahmen ihn im Vorübergehen wahr und nickten ihm mitfühlend zu. Schließlich kam eine der Damen ins Zimmer, eine kleine, mollige Person mit gutmütigem Großmutterblick, checkte die Überwachungsinstrumente und wechselte ein paar belanglose Worte mit ihm. Er bot an, das Zimmer vorübergehend zu verlassen, damit sie in Ruhe arbeiten konnte, doch sie winkte ab. Das sei in Ordnung, solange keine umfangreichere Behandlung anstünde. Da wusste er, dass sie ihn als harmlos einstufte. Woher sollte sie auch von der einsatzbereiten Spritze in der Innentasche seiner Jacke wissen?

Dann endlich hörte er, wie sich zwei von ihnen, die kleine Mollige und eine andere, deren Schicht gerade begann, vor dem Stationszimmer über die neue Patientin unterhielten, leise zwar, aber noch laut genug, dass sein feines Gehör das Wesentliche mitbekam.

»Hast du das Video im Internet gesehen? Schrecklich, was?«

»Die ist noch ein halbes Kind. Jablonski war bei ihr, aber die Kleine ist nur kurz aufgewacht. Hat nichts gesagt. Die Arme.«

»Sicher der Schock. Jablonski, sagst du? Die ist gut. Die kann gut mit Menschen und lässt sich nichts gefallen.«

Es folgte ein Seufzen aus tiefstem Herzen.

»Was das wohl für ein Irrer ist, der so was tut?«

»Das andere Opfer soll zu Tode gefoltert worden sein. Es grenzt an ein Wunder, dass die Kleine überlebt hat.«

»Sie wird ihr ganzes Leben lang darunter leiden.«

»Weshalb sitzt eigentlich der Polizist vor ihrer Tür?«

»Weiß nicht. Zum Schutz, denke ich.«

»Schutz?«

»Na ja, die Medienheinis werden vielleicht noch aufkreuzen. Für die ist so eine Story doch ein gefundenes Fressen ...«

Die Krankenschwestern nannten die *Kleine* nicht beim Namen, aber den gemeingefährlichen Irren nannten sie Pietà. Das gefiel Sartorius. Die dämlichen Touristen hatten seine Anregung also aufgenommen, als er sich unter sie gemischt hatte, und so hatte sein Künstlername in den sozialen Medien die Runde gemacht.

Ein durchdringender Schrei ließ die Damen verstummen. Ein weiterer Schrei folgte, markerschütternd wie in einem Irrenhaus.

Easy! Ob sie seine Nähe spürte?

Sartorius genoss ihren Schrei. Die Kraft, die schmerzhaft darin zum Ausdruck kam, die wütende Angst und die schiere Verzweiflung. So hatte sie für Patrick geschrien, als sie noch genug Energie gehabt hatte.

Es kam Leben auf die Station. Aus allen Ecken strömten Leute, auch diese Dr. Jablonski, von der die Schwestern eben noch gesprochen hatten. Und alle eilten zu der einen Tür, vor der der Polizist eben noch gesessen hatte.

21

Annettas Blick ging zum Fenster, dessen Scheiben der Georg gerade mit einem Wischer zu mehr Durchsicht verhalf. Der kleine Mann hatte sogar die versiffte Ermittlerwand einsatzbereit gemacht, und Annetta hatte zwei Online-Zeitungsartikel drangeheftet, die ihr als Ansporn bei den Ermittlungen dienten.

Eine Schlagzeile lautete: *Die Berliner Pietà – Touristen finden skurriles Leichenpaar*. Eine andere: *Leichenfund unter der Quadriga.*

Daneben hing ein Foto von Emma Zabek aus der Datenbank. Eine seltsame Mischung aus Verlorensein und Wut sprühte aus ihren Augen. Unter die beiden Zeitungsartikel und das Foto hatte Annetta mehrere DIN-A4-Blätter mit Fakten geheftet. Auf dem ersten Blatt stand kurz skizziert mit Datum und Uhrzeit, was sich am Tag des Fundes am frühen Morgen am Brandenburger Tor zugetragen hatte. Ebenso hing eine Abbildung des Lieferwagens samt Fahrer und Skulptur an der Wand.

Die nächsten zwei Blätter befassten sich mit den Opfern. Die Identität der Frau war geklärt. Emma Zabek. Geboren und wohnhaft in Berlin. Polizeilich erfasst. Gangkriminalität. Unter Emmas Namen hatte Annetta mit dickem Filzstift *überlebt* vermerkt. Beim männlichen Opfer stand anstelle des Namens ein Fragezeichen und darunter dick und fett *ermordet*. Bisher war keine Vermisstenmeldung zu Emma eingegangen.

Auf dem nächsten Blatt stand aufgelistet, was an Untersuchungen lief und was noch an Ermittlungsarbeit zu tun war. So bald wie möglich musste Emma Zabek befragt werden.

Sehr wahrscheinlich konnte sie den Täter beschreiben, wusste vielleicht, wer das männliche Opfer war und wo sie gefangen gehalten worden waren. Annetta schrieb einen weiteren Punkt auf Emmas Blatt. *Vergewaltigt?* Außerdem erschien es ihr bemerkenswert, dass Emma im Vergleich zu dem männlichen Opfer kaum äußere Verletzungen davongetragen hatte. Auch das hielt sie in ihren Notizen fest.

Dann waren da Emmas Eltern, Nina und Jan Zabek. Annetta notierte, dass Böhm mit den Angehörigen sprach. Vielleicht tat sich eine Spur auf.

Auf dem nächsten Blatt war festgehalten, worauf sie ermittlungstechnisch warten mussten. Die Ergebnisse der Laboruntersuchungen. Die DNA des Spermas. Der ominöse Plastikzylinder, den Dr. Celan dem männlichen Opfer aus dem Anus entfernt hatte. Diverse Drogentests. Die Untersuchung der Kleidung und der Theaterschminke sowie die Auswertung des Videomaterials. Manfred Müllers Leute arbeiteten zwar an Letzterem, trotzdem würde Annetta sich die Aufzeichnungen noch einmal selbst anschauen. Es sei denn, Müllers Leuten gelang inzwischen der Durchbruch.

Als Nächstes würde Annetta eine Liste der Berliner Kunstgalerien zusammenstellen, die sowohl klassische Kunst als auch Living Dolls vertraten. Die Zahl sollte sich in Grenzen halten.

Ihr Blick fiel auf das Foto mit dem Transporter. Da die Nummernschilder sich als gestohlen herausgestellt hatten, war vermutlich auch das Fahrzeug gestohlen. Annetta hoffte, dass die Verkehrsüberwachung den Weg des Transporters rekonstruieren konnte. Dann standen die Chancen gut, den Wagen zu finden.

Halbwegs zufrieden griff sie nach dem Tablet, das sie von den Kollegen ausgeliehen hatte, und rief eine Liste angesehener Berliner Kunstgalerien auf. Nach Rom und Montpellier würde Pietà seine Geschäfte wohl kaum in der zweiten oder dritten Liga abwickeln. Sobald die Fallakten aus Italien eintrafen, würde Annetta die Ermittlerwand ergänzen und nach einem Muster suchen. Vielleicht entdeckte sie etwas, was Böhm und diesem Commissario Rossi damals entgangen war. In 14 Jahren hatte sich einiges in der Polizeiausbildung und Kriminalistik getan.

Sie hatte die Website der vierten Galerie gerade angeklickt, als Kurt Monsen durch die Tür schritt. Der Kriminaldirektor, ein großer, kräftiger Mann, ließ den beengten Raum so mickrig wie ein Mauseloch erscheinen. Annetta erhob sich und hatte alle Mühe, ihr Fracksausen unter Kontrolle zu halten. Als sie sah, in wessen Begleitung Monsen war, wurde ihr übel. Toni Vörg bedachte sie mit einem spöttischen Blick.

»Guten Tag, Herr Kriminaldirektor«, brachte sie halbwegs passabel heraus. »Wie Sie sehen, laufen die Ermittlungen auf Hochtouren.« Hatte sie das eben tatsächlich gesagt? Auf Hochtouren? Ja, hatte sie denn noch alle Latten am Zaun? So wie sie mit dem Tablet zugange war, musste ihr Einsatz auf den großen Boss eher gemächlich wirken.

Monsen nahm die Ermittlerwand in Augenschein. »Wo treibt sich Böhm herum?«

Annetta erstattete Bericht, das hieß, die Worte sprudelten nur so aus ihr heraus und mündeten in den Höhepunkt, dass die Identität des überlebenden Opfers bereits hatte geklärt werden können. »Da Emma Zabek noch nicht befragt werden kann, spricht Kriminalhauptkommissar Böhm mit den Eltern«, schloss sie.

»Sollten Sie, als seine Assistentin, nicht dabei sein?«, meinte Monsen.

»Das schon. Wir brauchen aber auch ein funktionierendes Büro. Und die Computer werden gleich geliefert.« Diese Spitze konnte Niedlich sich dann doch nicht verkneifen.

Monsens Miene blieb unbewegt, dennoch konnte sie sich des Gefühls nicht erwehren, dass er sie aus purem Vergnügen ein paar Sekunden länger im eigenen Saft schmoren ließ.

»Wenn Magnus Böhm zurück ist, sagen Sie ihm, Ausweis und Dienstpistole liegen bereit. Er kann beides bei mir abholen.«

»Natürlich«, bestätigte Annetta.

Fast hätte sie strammgestanden. Oh Mann, während der Ausbildung hatte sie keine Befangenheit im Umgang mit Vorgesetzten gekannt. Wieso jetzt? Das musste am Stress liegen. Ja, genau. Immerhin war es das erste Mal, dass sie Monsen persönlich gegenüberstand. Der Kriminaldirektor schien jedoch mit ihren Antworten zufrieden zu sein, was in ihr die Hoffnung aufkeimen ließ, dass er sich gleich vom Acker machte. Stattdessen trat er noch einmal an die Ermittlerwand und schaute sich diese aufmerksam an.

»Gute Arbeit, Kommissarin Niedlich«, bemerkte er, um anschließend auf Toni Vörg zu deuten. »Polizeiobermeister Vörg wird Ihnen bei Ihrer Arbeit unter die Arme greifen.«

Das Rumoren in Annettas Eingeweiden verstärkte sich. Monsen nickte ihr noch einmal anerkennend zu, machte auf dem Absatz kehrt und verschwand.

Als der Big Boss außer Hörweite war, meinte Vörg seelenruhig: »Heute ist Charles Manson gut drauf.«

Annetta sackte auf ihren protestierend quietschenden Stuhl zurück. Was sollte sie nun mit diesem Idioten anfangen? Kaum vorstellbar, dass aus dem jemals ein ernst zu nehmender Ermittler werden würde.

Vörg schnalzte mit der Zunge und trat vor die Ermittlerwand. Sein Blick haftete auf dem Foto mit Emma Zabek.

»*Das* ist die Überlebende?«

Annetta bestätigte.

»Scharf, die Kleine. Mit der würde ich gerne mal auf Streife gehen, wenn du weißt, was ich meine.«

Der Georg, noch mit dem Wischer an der Scheibe zugange, hielt kurz inne und schüttelte sprachlos den Kopf.

Annetta packte den Aktenordner, in dem sie zusammengefasst hatte, was Böhm ihr bislang über den Fall berichtet hatte, und warf diesen mit voller Wucht gegen Vörgs Brustkorb.

»Bist du bescheuert?«, schnauzte er. Und leiser: »Weiber!«

Annetta rückte ihre verrutschte Brille gerade.

»Lies, damit du kapierst, womit wir es zu tun haben. Oder Monsen kann dich wieder abholen!«

22

Böhm war mit einem Mietwagen auf dem Weg zum Präsidium, als Niedlichs Anruf ihn über die Freisprechanlage erreichte. Der Kriminaldirektor habe vorbeigeschaut. Böhms Papiere lägen zum Abholen bereit. So schnell? Dafür musste Monsen an einigen Rädchen gedreht haben.

»Wie lief's bei den Zabeks?«, fuhr Niedlich fort, als wäre sie der Boss.

Böhm brummte etwas über den Zabek-Besuch und den Junkie, der sich vor dem Wohnhaus herumgetrieben hatte, ins Mikro. Wirklich zielführend schien das alles nicht, aber so war es nun mal mit solchen Ermittlungen. Man wusste nie, hinter welcher Tür sich ein Anhaltspunkt verbarg, also öffnete man alle, bis man auf eine Spur stieß. Manchmal handelte es sich dabei nur um die unpassende Regung in einem Gesicht. Oder um den Blick eines Zeugen, der nicht ins Bild passte. Ein innerer Impuls sagte einem, dass etwas nicht stimmte. Die einen nannten es Erfahrung, die anderen einen angeborenen Instinkt. Böhm nannte es Spürsinn. Etwas, über das hoffentlich auch Annetta Niedlich verfügte.

»Wie sieht's mit dem Büro aus?«, fragte er.

»Gut. Ich gehe gerade die Gelben Seiten durch.«

»Gelbe Seiten?«

»Die Liste der Berliner Kunstgalerien«, seufzte sie. »Ich fange mit den angesehensten an, aber selbst davon gibt es zu viele. Mal ehrlich, wer kauft überhaupt dieses ganze verrückte, überteuerte Zeug?

»Verrückte Leute mit zu viel Geld«, entgegnete er, der ohnehin ein gespaltenes Verhältnis zu jedweder Kunst hatte, erst recht zu moderner. Da ging es ihm wie vielen Menschen, unter anderem jener Mannheimer Putzfrau, die Teile einer Ausstellung in einer Kirche in einen Müllcontainer entsorgt hatte. Seither war der Spruch *Ist das Kunst oder kann das weg?* legendär. »Konzentrieren Sie sich auf Galerien mit Living-Doll-Angeboten. So viele dürften das nicht sein.«

»Danke. Sie kennen sich ja top in der Kunstszene aus.«

Hörte er da Sarkasmus in ihrer Stimme?

Andererseits hatte sie recht. In Rom hatte er zwar ein paar Kunstgalerien von innen gesehen, das war es aber auch schon gewesen. Hängen geblieben war, dass auch in diesem Gewerbe gezockt und betrogen wurde. Neben echten Kunstexperten und Sammlern tummelten sich jede Menge Betrüger und Spekulanten auf dem Kunstmarkt.

»Was ist mit den Akten aus Italien?«, hakte er nach.

»Die sollten heute noch eintreffen … Apropos, der Direktor

hat uns einen Polizeiobermeister zur Verstärkung geschickt. Toni Vörg.«

Was? Noch so ein kriminalistisch unerfahrenes Junggemüse, um das er sich kümmern sollte? War Monsen völlig durchgeknallt? Doch er schluckte seinen Missmut hinunter und sagte: »Gut. Dann kann Ihnen der Polizeiobermeister ja beim Recherchieren helfen. Bis gleich.«

Er hatte das Gespräch gerade beendet, als der nächste Anruf reinkam. Das ging ja zu wie im Callcenter.

»Hallo Böhm, Lewandowski hier. Und, wie fühlt es sich an, wieder aktiv zu sein? Jammern Sie mir jetzt aber nicht den Kopf über kalte Füße und schlechtes Wetter voll!«

Autsch. Das hatte gesessen. Ralf Lewandowski ging davon aus, dass Böhm noch immer seine alten Lederlatschen trug, und hatte damit voll ins Schwarze getroffen.

»Tja, was soll ich sagen? Ich hätte gerne darauf verzichtet.«

Lewandowskis Lachen schallte aus dem Lautsprecher. Na, da war wenigstens einer gut drauf.

»Habt ihr etwas rausgefunden?«, fragte Böhm.

»Es geht um den Plastikzylinder. Den haben wir gerade geöffnet, um den Inhalt zu analysieren. Wie's ausschaut, enthält der Zylinder eine Botschaft.«

»Eine Botschaft?«

»Am besten, Sie kommen vorbei und werfen einen Blick darauf. Als alter Büchernarr kennen Sie sich doch mit Lyrik und Alltagsphilosophie aus.«

Böhm spürte, wie ihm die Röte ins Gesicht stieg. Wo, zum Henker, hatte der Labor-Heini denn den Schmarren her? Dann erinnerte er sich, dass einer der Kollegen mal einen Rilke-Band in Böhms altem Büro hatte herumliegen sehen, ausgerechnet aufgeschlagen bei den Liebesgedichten. Böhm war vor Scham fast im Boden versunken, daher hatte er sogar noch die Textzeilen im Kopf.

O da strömen wir zu diesen Stellen,
drängen in die kleine Oberfläche
alle Wellen unsres Herzens,
Lust und Schwäche,
und wem halten wir sie schließlich hin?

Er unterdrückte ein Seufzen. So schnell hatte man also seinen Ruf als Lyrikexperte und sensibles Weichei weg. Am besten er tat so, als tangierte ihn das Ganze nicht. »Ich muss noch zu Monsen, bin dann aber gleich bei Ihnen. Noch das alte Labor?«

Lewandowski bestätigte.

Das Büro des Kriminaldirektors lag in einem rot-schwarzen Neubau im Abschnitt 56. Ein echter Blickfang, der für den Schutz von über 40.000 Menschen zuständig war. Auf dem Weg durch die langen, fensterlosen Flure fingen Böhms Lederschuhe an zu quietschen wie die Räder an Georgs Reinigungswagen.

Monsens Arbeitszimmer hätte aus einem Serienkrimi stammen können. Hohe, verschließbare Aktenschränke, ein Tresor, ein Schreibtisch in Übergröße, trotz Computerzeitalter voll beladen mit Akten. An der Wand ein gigantischer Bildschirm mit dem Stand der wichtigsten Fälle, wenn nicht gerade Nachrichten darauf liefen. Zu Pietà gab es dort noch nicht viel zu lesen. Das würde sich aber bald ändern, da der Fall nicht nur die Aufmerksamkeit der lokalen Käseblätter auf sich zog, sondern auch die der sozialen Medien.

Einen Bericht vor sich, saß Monsen wie frisch aus dem Ei gepellt da. Selbst nach durchgearbeiteter Nacht hatte Böhm bei ihm nie einen Bartschatten oder Ringe unter den Augen gesehen. Monsens Anzug wirkte stets wie frisch gebügelt, der Scheitel saß perfekt wie mit dem Lineal gezogen. Böhm ging jede Wette ein, dass die Schuhe des Direktors so blankpoliert waren, dass sie im Dunkeln glänzten. Dagegen wirkte Böhm wie der letzte Penner. Fairerweise musste er seinem Vorgesetzten zugestehen, dass dieser nicht durch Diplomatie und Politik zu seiner Position gelangt war, sondern durch seine Leistung als Ermittler. Und Monsen hatte in seinen Außendienstjahren nie gezögert, einzugreifen, wenn es mal ruppig oder gar lebensbedrohlich zugegangen war. Auch verlor der Mann neben wichtigen Details nie das große Ganze aus dem Blick, und er war geradeheraus, das, was man gemeinhin *hart, aber fair* nannte. Insgesamt war er ein eher wohlmeinender Chef, wenn auch mit einem Hauch von Sadismus.

Er händigte Böhm Ausweis und Dienstwaffe aus, der den Empfang quittierte und versicherte, dass er am Abend vorschriftsmäßig auf den Schießstand gehen würde, um sich mit der Waffe vertraut zu machen.

»Ich hoffe, Sie und Kommissarin Niedlich kommen gut miteinander klar«, brummte Monsen schließlich.

»Nun ja, sie ist nicht gerade ein alter Hase, aber bisher kann ich mich nicht beklagen.«

Böhm steckte den Polizeiausweis ein und wog die Pistole in der Hand. Eine nagelneue HK SFP9 von *Heckler & Koch*. Er war kein Waffennarr, aber die pechschwarze Pistole sah überaus elegant aus und lag einwandfrei in der Hand. Er hoffte, dass sie nicht zum Einsatz kam, sollte es aber um Leben und Tod gehen, würde er nicht zögern, das Neun-Millimeter-Kaliber abzufeuern.

Monsen musterte ihn, als traute er dem Frieden zwischen ihm und Niedlich nicht so ganz.

»Sie müssen wissen, Kommissarin Niedlich ist die Beste ihres Jahrgangs, auch im Umgang mit der Waffe …«

Aha, eine Streberin, dachte Böhm. Nichts anderes hatte er nach der ersten Begegnung erwartet.

»… alles, was ihr fehlt, ist Erfahrung, und dabei können Sie ihr unter die Arme greifen. Lassen Sie sie also nicht nur

Kaffee kochen und Kopien anfertigen, sondern geben Sie ihr etwas Vernünftiges zu tun.«

»Okay«, brummte Böhm und kam auf Assistent Nummer zwei zu sprechen. »Was ist mit diesem Toni Vörg? Taugt der etwas?«

Monsen lehnte sich in seinem hohen Sessel zurück, als müsste er noch einmal darüber nachdenken.

»Vörg mangelt es an Disziplin, aber er hat seine Momente.«

»Soll heißen?«

Der Direktor lächelte breit.

»Er hat seine Prüfung zum Kommissar versaut und spielt ganz gerne mal den großen Macker. Aber damit ist er bei Ihnen ja an der richtigen Adresse.«

»Na, das kann ja heiter werden.«

»Ich wüsste keinen, der besser geeignet wäre, ihm den Kopf zurechtzurücken, als Sie und Kommissarin Niedlich.«

»Das ist nicht Ihr Ernst?«

Monsen zuckte mit keiner Wimper.

Böhm seufzte, streifte den Waffengurt über und steckte die noch ungeladene *Heckler & Koch* ins Halfter.

Auf dem Rückweg durch die langen grauen Flure nahm er das Quietschen seiner Schuhe kaum mehr wahr.

23

Annetta kochte innerlich. Glühende, heiße Wut stieg aus ihren Eingeweiden über das Herz bis ins Hirn und setzte ihren Kopf wie einen Dampfkessel unter Druck. Deshalb blickte sie auch nicht von ihrem Computerbildschirm auf, denn täte sie das, würde ihre Wut mit der Strahlkraft einer Kernschmelze Toni Vörg und den Schnee im Umkreis von zig Kilometern verdampfen lassen. *Dieser Idiot!* Es hätte nicht viel gefehlt und sie wäre aufgesprungen und hätte diesem Großkotz mit Anlauf in den Arsch getreten. War der Typ so blöd oder tat er nur so?

Annetta hatte ihn nach bestem Wissen und Gewissen gebrieft, sodass er nun wissen musste, was auf dem Spiel stand. Es galt, einen Serienkiller zu schnappen, und das möglichst, bevor er einen weiteren Doppelmord beging. Aber Vörg spielte nur seine Spielchen. Und da der Herr angeblich keine Ahnung von Rechnern hatte, richtete Annetta aufgrund des Personalmangels die Computer selbst ein. Sie hatte ihm dann den Tabletrechner überlassen, damit er wenigstens die Liste mit den Kunstgalerien fertigstellen konnte. Doch statt seine Arbeit zu machen, saß Vörg in Monsen-Chef-Manier an Böhms Schreibtisch und glotzte mit vorgerecktem spitzem Kinn auf die Ermittlerwand, als hätte er jedes Blatt Papier eigenhändig unter größten Entbehrungen dort angebracht. Einschließlich der inzwischen an der Wand hängenden Stadtkarte, die der Georg noch besorgt und auf der Annetta mit einer roten Pinnnadel den Tatort markiert hatte. Vörgs Zunge kam dabei ab und an wie ein schmieriger Lappen zum Vorschein und fuhr über die Lippen.

»Ich könnte einen Kaffee brauchen!«, meinte er schließlich.

War das etwa eine Aufforderung an Annetta, gefälligst Kaffee holen zu gehen?

Sie biss die Zähne zusammen. »Böhm will die Liste auf seinem Tisch haben, wenn er zurück ist.«

Vörg grinste herablassend und deutete auf seine Stirn, als wäre die ein unbezahlbares Rechenzentrum. »Wird alles fristgerecht erledigt, Frau *Kommissarin*. Die Kaffeeküche ist im Erdgeschoss, oder?« Und schon war er draußen auf dem Flur, bewegte sich allerdings in die falsche Richtung.

Annetta atmete tief durch und nahm einen Schluck aus ihrer Wasserflasche. Na, das konnte ja heiter werden. Auch wegen des winzigen Büros. Wo sollte der Idiot denn arbeiten? Einen dritten Schreibtisch bekamen sie hier nicht rein. Und Annetta gedachte nicht, ihren Tisch mit diesem Trottel zu teilen. Was die Galerien anging … Vörg hatte nach dem Briefing doch glatt vorgeschlagen, diesen Teil des Jobs telefonisch zu erledigen.

»Wir arbeiten hier nicht für ein Callcenter. Wir ermitteln. Schon vergessen?«, hatte Annetta gesagt.

Eine halbe Stunde später kehrte Vörg aus der Kaffeeküche zurück und fing an, sich fröstelnd die Arme zu reiben. »Seid ihr vom Nordpol? Ganz schön kalt hier.«

»Konzentriere dich auf die Arbeit, dann wird dir warm.«

Mr. Superschlau quittierte ihre Antwort mit starrem Blick und einem hochgezogenen Mundwinkel, ehe er einen vorsichtigen Schluck aus der dampfenden Kaffeetasse nahm. »Echt schräge Sache, diese Morde. Warum stellt der Typ seine Opfer überhaupt als Skulptur aus?«

Spielte das denn eine so große Rolle?

Annetta verkniff es sich, mit den Augen zu rollen. Für Sozial- und Psycho-Fuzzis mochte es ja die Eine-Million-Euro-Frage sein, ob der Killer vielleicht ein verkappter Moralapostel war oder ob er Paare im Allgemeinen und Ehebrecher und Prostituierte im Besonderen hasste, doch für Annetta war die Psychologie des Verbrechens zweitrangig. Psychologische Ursachen wie zum Beispiel, ob der Mörder eine schwere Kindheit gehabt hatte, halfen ihr nicht, ihn zu schnappen. Genau darum ging es in ihrem Job, das Böse dingfest zu machen, und deshalb wusste sie vor allem die methodische Arbeit der Kriminaltechnik zu schätzen.

Was nicht hieß, dass sie sich nicht ihre Gedanken über Pietà machte. Auf einem der Blätter an der Wand hatte sie festgehalten, was sie aus Böhms bisherigen Äußerungen geschlossen hatte.

Wie Böhm ihr erzählt hatte, war der Täter ein Künstler, für dessen Werke sich angesehene, international tätige Galerien interessiert hatten und vielleicht noch immer interessierten. Er war gebildet und höchstwahrscheinlich studiert. Annetta schätzte sein Alter zwischen 40 und 60, denn er war nach all der Zeit noch immer in der Lage, lebende Menschen zu entführen und Tote an öffentlichen Plätzen auszusetzen. Er verfügte über Geld, was es ihm erlaubt hatte, jahrelang unterzutauchen und ein neues Leben zu beginnen. Außerdem sprach er mindestens zwei Sprachen. Italienisch und Deutsch. Als gebildeter Mann wahrscheinlich noch Englisch und Französisch, immerhin war er nach seiner Flucht zunächst in Frankreich untergetaucht.

Und dann stand für Annetta die Frage im Raum, ob Pietà je mit dem Morden aufgehört hatte. Möglicherweise hatte er seine Opfer bis zum heutigen Tag nicht mehr öffentlich präsentiert. Und last, but not least fragte sie sich, ob der kostümierte Fahrer des Transporters wirklich Pietà gewesen war. Böhms Gesichtsausdruck hatte ihre eigenen Zweifel gespiegelt.

Vörg schlürfte weiter wie ein Ameisenbär an seinem heißen Gesöff, bevor er meinte: »Ich gehe jede Wette ein, der Typ sitzt jetzt in seinem luxuriösen Zuhause und verfolgt die Nachrichten und das Geschwafel auf Social Media, wobei ihm einer nach dem anderen abgeht.«

Annetta konzentrierte sich, so gut es ging, auf ihre Computerarbeit. Warum hatte das Schicksal sie ausgerechnet mit diesem hoffnungslosen Idioten geschlagen? Schlechtes Karma? Was hatte sie so unglaublich Schlimmes getan?

Doch Vörgs Bemerkung setzte auch einen Gedanken in ihr frei. Noch wussten die Medien nichts von der Identität des überlebenden Opfers oder auf welcher Station es lag. Was aber, wenn sich das änderte? Böhm hatte zwar dafür gesorgt, dass ein Polizist vor Emma Zabeks Tür Wache schob, doch würde das genügen?

Und was war mit Pietà? Emma Zabek war höchstwahrscheinlich die erste Überlebende seiner grausamen Taten, und das machte sie zur Hauptzeugin. Der Täter musste inzwischen wissen, dass das Mädchen überlebt hatte.

Annetta griff gerade nach ihrem Handy, um Böhm zu informieren, als dieses klingelte. Der Wachhabende an der Rezeption im Erdgeschoss war am Apparat und teilte ihr wenig begeistert mit, dass für Böhms Kriminalfall soeben eine große Menge an Kisten aus Italien eingetroffen sei.

Was? Jetzt schon?

Annetta warf einen Blick auf die Uhr und dann durch das Fenster. Null Tageslicht. Wie hatte sie die Zeit dermaßen vergessen können? Vörg grinste, als hätte er sie bei einer Dummheit ertappt. Nun denn, der Faulpelz konnte gerne ein paar Kisten schleppen.

Annetta bedankte sich beim Empfang und sagte: »Ich schicke jemanden runter.«

24

Ralf Lewandowskis Wirkstätte war vom Boden bis zur Decke renoviert worden. Soweit Böhm das beurteilen konnte, stand sogar einiges an neuer Analysetechnologie auf den Labortischen. Bekleidet mit weißen Kitteln, blauen Handschuhen und Gesichtsmasken arbeiteten Lewandowskis Leute an diversen Fällen, untersuchten Lacksplitter von Unfallorten, Faserreste von mutmaßlicher Täterkleidung oder die Flugbahn und Zerstörungskraft mörderischer Kugeln. Jeder Mitarbeiter und jede Mitarbeiterin hatte neben einem Studiengang in Chemie, Biologie oder dem Ingenieurwesen auch eine handwerkliche Grundausbildung absolviert. Im Polizeipräsidium wurde Lewandowskis Abteilung des Öfteren *CSI Berlin* genannt. Im Pausenraum hing ein Banner, das einer der älteren Kommissare nach der Aufklärung eines besonders kniffeligen Falls für das Team hatte anfertigen lassen. Ein einzelnes Haar in einem Suppenteller hatte den entscheidenden Ausschlag gegeben.

Lewandowskis Devise lautete, dass es für einen Täter unmöglich war, keine Spuren zu hinterlassen. Das galt für den Leichenfundort ebenso wie für die weitere Umgebung einschließlich des sozialen und gesellschaftlichen Umfelds. Die Kunst lag darin, diese Spuren zu finden und sie dann den jeweiligen wissenschaftlichen Untersuchungsmethoden zuzuführen. Lewandowski war DNA- und Blut-Fachmann, beherrschte aber auch andere Disziplinen. Sollte es dem Wissenschaftler jemals einfallen, einen Mord zu begehen, würde ihm wahrscheinlich kein Schwein auf der ganzen weiten Welt etwas nachweisen können. Außerdem liebte Lewandowski Gummibärchen. Eine halb leer gefutterte Tüte lag daher auch auf seinem ansonsten penibel aufgeräumten Schreibtisch.

Als Böhm in seinen Quietscheschuhen vor dem Tisch haltmachte, schüttelte Lewandowski im blütenweißen Kittel den Kopf und kämpfte mit dem Lachen. »Polizeihauptkommissar Magnus Böhm auf leisen Sohlen unterwegs. Ich hoffe, der Mörder, den Sie jagen, ist taub.«

Böhm neigte mahnend den Kopf. »Ich kann die Dinger auch ausziehen, wenn Sie wollen.«

»Gott bewahre!«

»Wie ich sehe, futtern Sie noch immer dieses Gummizeugs. Verkleistert Ihnen das nicht das Gehirn?«

»Ganz im Gegenteil.«

Schlanke Klavierfinger schoben Böhm die Tüte zu. Beherzt nahm er eine Handvoll Gummibären und warf sie sich nacheinander in den Mund.

Sein Gegenüber fragte: »Wo ist eigentlich diese hochambitionierte junge Dame, mit der ich bereits heute Morgen am Tatort das Vergnügen hatte?«

Böhm, der sich am letzten Gummibären verschluckt hatte, winkte hustend ab.

»Inzwischen hab ich zwei von der Sorte. Alles junges Gemüse. Niedlich kümmert sich um unser Büro. Eine Bruchbude, kann ich Ihnen versichern, aber ohne Computer läuft heutzutage ja nichts. Was haben Sie außer Fragen noch für mich?«

Lewandowski ließ grinsend von seinem Computer ab, zog eine Schublade auf und legte zwei etikettierte Beweismitteltüten auf den Tisch. In der einen befand sich der besagte Plastikzylinder samt Deckel, in der anderen ein auseinandergerolltes Stück Papier von der Größe eines Notizblocks, den man in die Hosentasche stecken konnte.

»Keine Fingerabdrücke«, erklärte er. »Sowohl bei dem Zylinder als auch bei dem Papier handelt es sich um handelsübliche Artikel. Leicht für jedermann zu beschaffen.«

»Und was ist mit der Tinte? Die haben Sie doch sicher schon durch dieses Video-Spektral-Dingsbums gejagt.«

»Für die erste Untersuchung brauchte ich gar kein Dingsbums. Die Tinte ist Blut. Das Blut des Toten. Den Zettel werden wir noch auf DNA- und weitere Spuren untersuchen. Aber schauen Sie mal hier …« Er drehte die Tüte mit dem Zettel um. »Was sagen Sie zu dieser Botschaft?«

Böhm beugte sich tiefer, musterte ein vergilbtes Stück Papier mit einer Satzzeile und der Andeutung eines mittelalterlich anmutenden Grundrissplans im Hintergrund. Ein Kirchengrundriss hätte zu Pietàs römischer Vergangenheit gepasst, doch so sah die Skizze nicht aus. Vielleicht war es der Plan einer Burg oder eines Schlosses mit einem Park drum herum. Ebenso gut konnte die Abbildung aber auch die Halbkreisanzeige einer alten Waage mit abstrakten Ziffern darstellen oder den fächerförmigen Kern einer Stadt. Scheiße. Um das herauszufinden, würden sie wohl oder übel einen Geschichtsexperten hinzuziehen müssen.

Er las den Text, der in fast schon kalligrafischer Schönheit niedergeschrieben worden war.

Wenn die Liebe uns an Gott glauben lässt,
wofür steht dann der Hass?
AS, BM – AM – 48

Hm. Wenn das ein Rätsel sein sollte, war es simpel. Der Hass stand dann selbstredend für den Teufel. Für was denn sonst! Die Buchstaben und Zahlen unter dem Satz bezeichneten wohl die Position in irgendeinem umfangreicheren Werk. Wieder etwas für einen Geschichtsexperten, denn nach einem Bibelvers sah das nicht aus.

»Haben Sie den Satz schon gegoogelt?«, fragte Böhm.

»Kein Treffer. Irgendeine Idee?«

»Nicht wirklich.« Böhm zog sein Handy aus der Jackentasche und machte von Vorder- und Rückseite des Papiers ein Foto. »Eine Handschriftenanalyse wird wohl wenig bringen, oder?«

»Zu wenig Text. Dann auch noch in Druckschrift. Ein Kugelschreiber als Schreibgerät wäre auch besser gewesen. Wer auch immer diese Worte niedergeschrieben hat, benutzte einen alten, rostigen Nagel.«

»Einen Nagel?« Böhm starrte auf das bräunliche Schriftbild, und in seinem Geist poppte eine Szene auf, in der ein sadistischer Folterknecht mit seinem Handwerkszeug und dem Blut seiner Opfer Grußkarten an Behörden schrieb.

»Es befinden sich Rückstände von Rost und ein Nagelabdruck auf dem Papier ... Da fällt mir ein, wir haben an einem der Füße des Toten feuchte Erde entdeckt, als hätte man ihn durch eine schlammige Pfütze geschleift. Vielleicht bringt uns das weiter.«

Das klang interessant, denn Reste von Erdreich konnten helfen, die Lage des eigentlichen Tatorts zu bestimmen. Die Bodenbeschaffenheit von Städten war nicht überall gleich.

Böhm deutete auf die Skizze des Grundrisses. »Denken Sie, dieses Gebäude existiert?«

»Gut möglich. Auf mich wirkt es allerdings, als hätte jemand die Architekturstudie eines Renaissance-Künstlers imitiert. Ich werde das überprüfen lassen.«

»Das mit der Renaissance würde passen. Der Mörder steht auf Michelangelo.«

»Monsen hat mir davon berichtet. Auch, dass der Mörder vor Jahren in Rom aktiv war.«

»Das stimmt. Falls wir es mit keinem Nachahmungstäter zu tun haben. Der letzte uns bekannte Pietà-Mord liegt 14 Jahre zurück.«

Böhm fasste die mörderischen Ereignisse von damals noch

einmal für Lewandowski zusammen, woraufhin der Wissenschaftler versprach, sich mit der römischen Kriminaltechnik in Verbindung zu setzen. Im letzten Jahrzehnt hätte sich vieles in der biologischen und chemischen Analytik getan.

»Ich weiß, Sie halten nicht viel von Psychologie«, meinte Lewandowski zum Schluss, »aber nach all der Zeit sollten Sie ein neues Profil des Täters anfertigen lassen.«

»Klingt vernünftig.«

Er reichte Böhm eine Visitenkarte in Pink mit Schnörkelschrift, der nur noch der Glitter fehlte. »Agnes Xeller löst zwar keine Fälle, aber sie ist eine gute Analytikerin und kann helfen, Prioritäten zu setzen.«

Böhm brummte zwar skeptisch, steckt die Karte aber artig ein.

25

Die Stadt lag unter einer dicken weißen Daunendecke. Am Straßenrand parkende Autos reihten sich wie Schneehügel aneinander. Vor Böhm fuhr ein Wagen des Streudienstes, der sicher seit dem Morgen im Einsatz war. Als er das Präsidium in der Friesenstraße erreichte, erstrahlte der alte Bau im vom Schnee reflektierten Laternenlicht wie ein verzaubertes Cinderellaschloss.

Er fand einen Parkplatz schräg gegenüber, trottete am Empfang vorbei und bog vor dem Treppenhaus kurz entschlossen zur Kaffeeküche ab. Georgs Bücherregal.

Die Zahl der Titel hatte sich auf wundersame Weise vermehrt, wodurch die Regalreihe, hinter der er den Austen-Roman verborgen hatte, neu arrangiert war. Er ging die doppelten Buchreihen durch, doch von *Stolz und Vorurteil* fehlte jede Spur. Da war ihm wohl eine Kollegin zuvorgekommen, falls er das Taschenbuch nicht übersah. Er war gerade im Begriff, ein letztes Mal über die Bücher zu schauen, als Ziegenbärtchen, eine Brezel mampfend, auf ihn zutrottete. Drückte der sich etwa den ganzen Tag hier herum?

»Und? Wie läuft's? Schon was rausgefunden?«, fragte er, da hatte er den Bissen noch nicht mal runtergeschluckt. Schwarzer Kaffee schwappte über den Rand seiner weißen Jumbotasse mit dem Aufdruck: *POLICE OFFICER – BECAUSE SUPERHERO ISN'T AN OFFICIAL JOB TITLE.*

Böhm blieb nichts anderes übrig, als sich dem Mann zuzuwenden. »Eines der Opfer ist identifiziert«, murmelte er.

»Na, das ist doch schon mal was«, meinte sein Gegenüber, während sich ein beträchtlicher Kaffeefleck auf seinem Strickpullover ausbreitete. Als Ziegenbärtchen spürte, dass von Böhm keine weitere Erklärung zu erwarten war, hob er die Tasse in einer Art *Halt die Ohren steif*-Geste und latschte kauend zum Treppenhaus.

Böhm ließ ihm einen angemessenen Vorsprung. Es hätte ihm gerade noch gefehlt, in ein längeres Gespräch verwickelt zu werden oder sich ein paar Kaffeeflecken einzufangen, wo sein Wäschekorb eh schon aus allen Nähten platzte. Heute Abend war mal wieder Zeit für einen Waschgang.

Zu Böhms Verdruss setzten ihm die steilen Stufen noch mehr zu als am Vormittag. Schon blöd, dass das Präsidium über keinen Aufzug verfügte. Er atmete schwer, fühlte sich außer Puste und dachte an die bequemeren Stufen in seinem Wohnhaus. Vielleicht hätte er vorhin aber auch eine Portion Currywurst mit Pommes weniger essen sollen. Irgendwie war nach dem Besuch in Ralfs Labor der Kohldampf mit ihm durchgegangen, und jetzt fühlte er sich wie eine gestopfte Weihnachtsgans. Als er oben ankam, blieb er ein paar Sekunden lang stehen und schöpfte Luft, in der Hoffnung, dass seine quietschenden Schuhe ihn nicht verraten hatten. Ziegenbärtchen, Niedlich und – Wie hieß der Neue noch mal? – ach ja, Vörg – sollten nicht den Eindruck gewinnen, er sei dem Job nicht gewachsen.

In der Tür zum Kabuff hielt er abrupt inne. Litt er unter einer Sinnestäuschung oder saß da tatsächlich ein vor sich hin dämmernder Jungbulle mit dreckigen Schuhen auf seinem Schreibtisch? Böhms Halssehnen spannten sich an wie die Sehnen eines Pfeilbogens. Er packte die Tür und knallte sie so hart zu, dass sie wieder aufflog. Vörg zuckte wie von der Tarantel gestochen zusammen und fiel vom Stuhl.

Böhm baute seine Statur im Kabuff auf. »Nanu? Wen haben wir denn da?!«

Wen-haben-wir-denn-da rappelte sich benommen auf, und als er Böhms Mienenspiel sah, stand er fast so stramm wie beim Militär.

»Polizeiobermeister Toni Vörg. Direktor Monsen hat mich Ihrem Team zugeteilt. Ich arbeite an der Liste der Galerien.«

»Das sehe ich«, brummte Böhm. Mann, der Kerl sah in seiner zerknitterten Uniform aus, als hätte er die letzte Nacht hier verbracht.

»Wo ist Kommissarin Niedlich?«

Böhm hängte seine Baseballkappe an den Kleiderständer, warf einen Blick auf die Ermittlerwand und sah sich um. Der Raum war nicht mehr eisig kalt, aber die Neonröhren summten nach wie vor wie ein verdammter Fliegenschwarm über einem Tatort. Die Fensterscheiben ließen nun immerhin Laternenlicht hinein und die alten Tischplatten waren vom Grind befreit. Selbst der modrige Geruch des Stinkeschranks war zu einem guten Teil einer Zitronenduftnote gewichen. Zwei Computer surrten vor sich hin. Auf Niedlichs Bildschirm erblickte Böhm einen Fortschrittsbalken.

Vörg, der noch immer strammstand, deutete auf drei Kisten neben dem Stinkeschrank. »Die Lieferung aus Italien …«

»Ja?«

»Kommissarin Niedlich sichtet das restliche Material.«

»Sichtet oder schleppt?«, fragte Böhm, winkte aber ab, als Vörg zu einer Antwort ansetzte.

Nicht, dass es ihn besonders interessierte, wo Niedlich sich gerade herumtrieb, aber Vörg sah nicht aus, als ob er sich überarbeitete. Den Jungen würde er im Auge behalten müssen. Was Niedlich zu viel an Eifer an den Tag legte, fehlte diesem Individuum offensichtlich.

Böhm bemerkte den zweistufigen Plastikhocker unter der Ermittlerwand. Bei dem Gedanken daran, wie Niedlich auf dem Hocker herumbalanciert sein musste, um die Papiere anzupinnen, schmunzelte er. Dass an der Pinnnadel ein Fähnchen mit der Aufschrift *Tatort Eins* hing, war hingegen weniger prickelnd. Hoffentlich ließ der Killer sich mit dem nächsten Mord Zeit. Große Hoffnung hegte er allerdings nicht.

Böhm schaute aus dem Fenster und kniff die Augen zusammen. Moment mal, sprintete da etwa gerade ein Kerl auf Skiern über die Kreuzung?

Kopfschüttelnd drehte er sich zu seinem Schreibtisch um, wo neben einem inaktiven Tablet und einem Plastikablagesystem ein Papierausdruck von Emma Zabeks Polizeiakte lag. Er setzte sich und begann, in der Akte zu blättern, und während er das tat, bemerkte er, dass Niedlich ihm in seiner Abwesenheit den besseren Sessel untergeschoben hatte. Wirklich rücksichtsvoll. Gleichzeitig aber auch ein Indiz dafür, dass sie ihn für einen altersschwachen Sack hielt. Zurücktauschen würde er den Stuhl allerdings nicht.

Vörg hatte sich unterdessen auf die andere Seite des Büros geschlichen, wagte es aber nicht, auf Niedlichs Stuhl Platz zu nehmen. Böhm legte die Akte ab und schaute auf den Computerbildschirm, der anzeigte, dass noch irgendwelche Systeme installiert wurden. Am besten, er ließ seine zwei linken Hände davon. Computer hatten mit ihm kein Glück. Selbst wenn es theoretisch gar nicht möglich war, solch einem Kasten den Garaus zu machen – *Mach nur, da kann gar nichts passieren!* –, so brachte er es stets fertig, in null Komma nichts für ein verheerendes Computerproblem zu sorgen. Deshalb hatte er keinen Rechner zu Hause. Nicht einmal ein Tablet. Eigentlich blöd, denn so fehlte ihm erst recht die Routine im Umgang mit neuer Technologie. Niedlich würde schon bald herausfinden, was für ein hoffnungsloser Volldepp er diesbezüglich war.

Apropos Tablet. Er nahm das Gerät und reichte es Vörg.

»Dann lassen Sie mal die Früchte Ihrer Arbeit sehen, Herr Polizeiobermeister.«

»Wie bitte?«

»Na, die Galerieliste.« Ungeduldig deutete Böhm auf den Rechner.

Vörg stand da, als hätte er eine Riesenkröte im Hals.

Offensichtlich hatte der uniformierte Obermeister noch keinen Finger für die Liste gerührt. Wie hatte Monsen es noch einmal ausgedrückt? Ah ja. *Er hat seine Momente.* Im Augenblick gingen diesem Nachwuchs-Heini wohl vor allem Ausflüchte durch den Kopf.

Böhm deutete noch einmal aufs Tablet, als aus dem Gang ein geräuschvolles Poltern, gefolgt von einem gotterbärmlichen Quieken, erscholl.

Alter Schwede! Was war denn nun los?

26

Emma hatte aufgehört zu schreien, sich in Wahrheit aber nur nach außen hin beruhigt. Nachdem der Polizist und die Krankenschwester das Zimmer wieder verlassen und Dr. Jablonski mit ihr gesprochen hatte, war eine dieser verschrobenen Psychologinnen aufgetaucht und hatte versucht, mit ihr zu reden. Doch Emma hatte hinter der Fassade der Seelenklempnerin voyeuristische Neugierde gespürt und sich deshalb in Schweigen gehüllt. Sie mochte den Typ Mensch nicht, den die Psychotante verkörperte. Ja, sie konnte ihn nicht ausstehen. Therapeuten hatten ihrem Eindruck nach selbst mehr als genug Probleme und wollten vor allem sich selbst helfen. Außerdem machten sie mit ihrem perfiden Interesse am Leben anderer alles nur noch schlimmer. Es hatte eine ganze Weile gedauert, ehe die Thusnelda im rosa Pullover endlich aufgegeben und die Kurve gekratzt hatte.

Immerhin wusste Emma nun, dass die Presse inzwischen ihren Namen und ihre Adresse herausgefunden hatte, samt ihrer Gang-Vergangenheit. Der uniformierte Bulle vor der Tür saß wohl nicht nur zu ihrem Schutz da.

Am Ende ihres Besuchs hatte die Psychotante mit ihrem hohlen Gequatsche und ihrem beschissenen Fragenkatalog tatsächlich alles nur noch übler gemacht. Am liebsten hätte Emma wieder losgeschrien, denn in ihrem Inneren waren die Geschehnisse im Keller lebendiger als je zuvor.

*

Erneut stand sie in der Dunkelheit vor der schweren, unheilvollen Eisentür, öffnete diese auf Befehl *der Stimme* hin und kniff die Augen vor Schmerz zusammen, als ihr unglaubliche Helligkeit entgegenschlug. Ihre Augen tränten, als wäre ein Damm gebrochen, und ihr Herz trommelte wie wahnsinnig.

Und dann hatte sie es wahrgenommen, irgendwo vor ihr in dem gleißend hellen Kellerraum.

Ein leises Schluchzen.

Vorsichtig senkte sie die Hand, die ihre Augen schützte, blinzelte in die Richtung, aus der das unheimliche Wehklagen kam – und schrak zurück.

Trotz ihrer Benommenheit traf sie der Anblick mit Wucht. Eine gefühlte Ewigkeit stand sie da, ohne sich zu rühren, ohne zu atmen, als stünde die Zeit, ja die ganze Welt still. Alles, was sie tat, war, dieses Ding, das da zwei, drei Meter vor ihr von der Decke herabhing, anzustarren.

Das qualvolle Seufzen war gar kein Stöhnen. Jemand versuchte, ihr durch einen dicken Knebel etwas zuzubrüllen.

»Darf ich vorstellen«, sagte *die Stimme* so feierlich, als hätte sie nur auf diesen Moment gewartet. »Das ist Patrick, mein Geschenk an dich. Wie du siehst, ist es erst ein grober Anfang, ein Werk, das du vollenden wirst. – Patrick, das ist Easy, deine Herrin.«

Das Ding, das da an einer Kette über dem Boden hing, brüllte etwas in den Knebel hinein, wobei die Augen hervorquollen. Und was immer das blutüberströmte Wesen namens Patrick schrie, die Nachricht kam auch ohne Worte bei Emma an.

Verschwinde! Der Kerl ist irre. Verschwinde, solange du noch kannst!

All das und mehr brüllte das an dem Haken hängende Stück Fleisch in den Knebel, obwohl es wissen musste, dass Flucht für Emma ebenso unmöglich war wie eine Landung auf dem Mond. Mitgefangen, mitgehangen. Oder wie das hieß.

»Patrick ist ein wenig indisponiert«, erklärte *die Stimme* freudig. »Aber ich bin mir sicher, dass er es gar nicht mehr abwarten kann, dir zur Verfügung zu stehen.« An Patrick gewandt: »Nicht wahr, mein Guter?«

Blut tropfte von dem kopfüber hängenden Bündel und bildete auf dem Boden eine immer größer werdende Pfütze. Dumpfes, erbittertes Gebrüll drang durch den Knebel.

»Nun denn, ihr Lieben, das Theater hat ein Ende. Es ist an der Zeit, dass ihr beide begreift, wer ihr wirklich seid …«

*

Emma schnappte nach Luft, unterdrückte gerade noch rechtzeitig einen neuerlichen Schrei, der ihr jedoch wie eine brutal bohrende Faust im Brustkorb stecken blieb.

Dann fiel ihr Blick durch die Lamellen auf den Polizisten, der im Gang seelenruhig seinen Kaffee trank. Ebenso nahm sie die geschäftigen Schritte und Worte des Pflegepersonals wahr, die sich auf der Station um die Patienten kümmerten.

Scheiße noch mal, sie befand sich nicht mehr länger als Gefangene in dem blutversifften, stinkenden Folterverlies. Sie war *der Stimme* mit ihren bösartigen Einflüsterungen und Gelüsten nicht mehr länger ausgeliefert. Sie war frei.

Die Stimme hatte keine Macht mehr über sie!

27

Böhm spähte den Gang entlang. Am hinteren Ende, dort, wo sich das kleine Treppenhaus befand, stand quer ein Aktenwagen, umgeben von herumliegenden Akten und deckellosen Pappkartons. Er brauchte nur dem Geräusch inbrünstiger Flüche zu folgen und über das schmale Geländer zu spähen. Unter einem Berg von Papier lag eine zerzauste, Gift und Galle spuckende Annetta Niedlich. Sogar einer ihrer Zöpfe war derangiert.

»Ist was passiert?«, erklang am vorderen Ende des Ganges Ziegenbärtchens Stimme, der aufgrund des Tumults samt Kaffeebecher aus seinem Büro hervorgekrochen war.

»Alles im Lot!«, brummte Böhm und winkte ab, und schon verschwand Ziegenbärtchen wieder.

Er schob den sperrigen Aktenwagen beiseite und wies Vörg an, sich um die herumliegenden Papiere zu kümmern. Niedlichs dicker Winterparka schien den Sturz abgefedert zu haben.

»Soll ich einen Arzt holen?«, rief er die Treppe runter.

Niedlich japste irgendetwas von einem geprellten Steißbein und dass es keinen Grund zur Sorge gebe. Trotzdem stieg Böhm über Akten und Blätter zu ihr hinunter, doch als er ihren Arm packen und sie hochziehen wollte, presste sie wie unter Wehen ein »Hände weg!« hervor.

Nun denn, wer nicht will, der hat gewollt. Das hatte schon Böhms gichtkranke Großmutter gemeint, und dann war es eben Sense mit dem Schokoladenpudding und dem Kinderprogramm im Fernsehen gewesen. Andererseits sah Niedlich wirklich blass um die Nase aus.

»Ich brauch noch ’ne Minute«, stöhnte sie.

Aus der Minute wurden gut zehn, in denen Böhm und Vörg Papiere und Aktendeckel einsammelten.

»Das mit der Lieferung ging ja ratzfatz!«, rief Böhm Niedlich schließlich zu, und sie regte sich.

»Ihr Commissario ist zwar in Pension ...«, ächzte sie, »... hat sich aber sofort ins Archiv der Questura aufgemacht, als er erfuhr ... dass Sie wieder an dem Fall dran sind. Irgendwo ... zwischen dem ganzen Zeug ... liegt ein dunkelbrauner Umschlag für Sie ... Ihr Name ... steht drauf.«

Es dauerte einen Moment, bis Böhm den Umschlag in der Hand hielt. Rossis nüchterne Druckbuchstaben-Handschrift. *Commissario Magnus Böhm*, stand drauf. Er riss den Umschlag auf und las. Rossis Telegrammstil war unverkennbar. Wo andere einen Aufsatz hinterlassen hätten, brauchte er nicht einmal zwei Zeilen.

»Er wünscht uns viel Glück bei der Aufklärung und hofft, dass uns das alte Zeug weiterhilft«, gab er den Inhalt wieder.

»Toll ...«, schnaufte Niedlich. »Dann fehlt uns ... jetzt noch ... das Zeug von ... Interpol.«

Wie in Zeitlupe zog sie sich Stufe für Stufe am Geländer hoch, blieb zwischendrin vornübergebeugt stehen. Ein bitterböser Blick ging zu der Stelle, an der Vörg gerade noch gestanden hatte.

»Kommen Sie«, begann Böhm, »ich fahre Sie zum ...« *Arzt*, hatte er den Satz eigentlich beenden wollen, doch Niedlich schmetterte ihm mit schmerzverzerrter Miene ein entschiedenes *Kommt nicht infrage!* entgegen.

Du liebe Güte! Wie konnte eine so schmächtige Person über solch ein Stimmorgan verfügen? Vermutlich hatte das ganze Präsidium sie gehört. Betreten zuckte er mit den Achseln und schaffte die restlichen Papiere ins Büro. Als er zurückkam, hatte Niedlich ihren gepeinigten Leib schnaufend auf den obersten Treppenabsatz geschafft.

Er überlegte, was er noch sagen könnte, doch ihm fiel nichts ein. Da klingelte sein Handy. Gott sei Dank!

»Hi … ich bin's«, meldete sich Manni Müller.

»Gibt's was Neues?«, fragte Böhm.

»Das kann man wohl sagen. Zwei Kollegen von der Verkehrspolizei haben den Transporter gefunden. Auf einem Parkplatz in der Jungfernheide. Ausgebrannter Innenraum. Die Spurensicherung ist unterwegs.«

Die Jungfernheide war ein östlich von Spandau gelegenes Naherholungsgebiet. Böhm hatte mal in einem Regio-Krimi gelesen, dass dort Anfang des 19. Jahrhunderts die letzte Hexe verbrannt worden war. Jetzt gab es da einen Waldhochseilgarten und ein Hundeauslaufgebiet. Seltsamer Platz, um ein Mordfahrzeug loszuwerden. Warum hatte der Fahrer keines der verlassenen Industriegelände gewählt? Davon gab es in Berlin genug.

»Wollt ihr euch den Wagen anschauen?«, hakte Müller nach.

Böhm warf einen prüfenden Blick auf Niedlich. »Nein, lass mal. Lewandowski weiß, was er tut. Ich verspreche mir im Moment mehr von den Zeugenaussagen und den Videos.«

»Dachte ich mir schon. Wollte es dich nur wissen lassen. Frohes Schaffen!«

»War das Kommissar Müller?«, wollte Niedlich wissen.

Böhm nickte. »Sie haben den Transporter. Mit etwas Glück findet Lewandowski etwas. Schaffen Sie es ins Büro? Ich könnte Ihnen einen Rollsessel …«

Niedlich schüttelte den Kopf und setzte sich vorsichtig in Bewegung, wobei sie Böhm an Quasimodo aus dem Filmklassiker *Der Glöckner von Notre Dame* erinnerte. Um sie von ihrer Pein abzulenken, erzählte er ihr von der Nachricht, die Lewandowski in dem Plastikzylinder entdeckt hatte. Im Türrahmen zum Kabuff verschnaufte Niedlich kurz, bestand aber darauf, dass er ihr die Handyfotos schon mal zeigte.

Wenn die Liebe uns an Gott glauben lässt,
wofür steht dann der Hass?
AS, BM – AM – 48

Nachdenklich glitt Niedlichs Blick zu ihrem Schreibtisch, wo Vörg betont engagiert die Papiere der Questura sortierte. Damit würde er eine Weile beschäftigt sein.

Als sie nichts sagte, meinte Böhm: »Naheliegend wäre der Teufel.«

Niedlich gab so etwas wie ein *Hm, hm, hm* von sich, schüttelte dann aber den Kopf.

»Das wäre zu einfach. Zumal Hass nicht das Gegenteil von Liebe ist.«

»Ist es nicht? Was ist dann das Gegenteil?«

Böhm bemerkte, wie Vörg die Ohren spitzte.

»Gleichgültigkeit. Nichts kann einem Menschen mehr zusetzen als emotionale Leere und Kälte.«

»Hm«, meinte Böhm.

»Hass bietet immer noch eine Angriffsfläche, Leere nicht«, fuhr Niedlich fort. »Außerdem hasst der Teufel nicht. Das hat der gar nicht nötig.«

Wow! Das war ja mal ein Standpunkt. Aber worauf wollte Niedlich eigentlich hinaus?

»Wenn nicht der Teufel, *wer* dann?«, fragte Böhm.

Niedlich humpelte zu ihrem Schreibtisch und stützte sich an der Kante ab.

»Na ja, nur der Mensch hasst. Oder verfällt in Gleichgültigkeit.« Sie zitierte den Satz aus dem Plastikzylinder noch einmal laut aus dem Gedächtnis und stellte fest: »Hier geht es weder um Gott noch um den Teufel, sondern um den Menschen.«

Vörg setzte ein skeptisches Gesicht auf, doch Böhm musste zugeben, dass Niedlichs Überlegung interessant war. »Dann stünde der Mensch also für den Hass.«

Niedlich nickte. »Gewissermaßen. Unser Mörder hasst. Und zwar abgrundtief und innig, falls man das so sagen kann.«

Böhm musterte die römischen Pappkartons. In diese Richtung hatte Rossi damals auch gedacht. Also, dass der Killer Paare hasste, die seinem Vernehmen nach unmoralisch waren. Ehebrecherische Männer, die sich mit Prostituierten vergnügten. Das Geschäft mit der Lust. Rossi hatte gemeint, dass Michelangelos Pietà, die Original-Skulptur im Vatikan, als Sinnbild für die wahre, reine Liebe stünde, und demzufolge habe der Killer diese Skulptur als Mahnmal für seine grauseligen und verachtenden Parodien ausgewählt.

Niedlich deutete keuchend auf die Abkürzung unter dem Satz. »Das ist wohl eher kein Bibelzitat.«

»Lewandowski hat die Zeile gegoogelt, aber nichts gefunden. Scheint eine Eigenkreation zu sein.«

»Eigenkreation?« Niedlich überlegte, schaute vom Stinkeschrank zum Fenster, wo ihr Blick einen Moment lang verweilte. »Nun ja, wer Skulpturen aus ermordeten Menschen bastelt, dichtet vielleicht auch ganz gern. Diese Zeichnung im Hintergrund … die hat auch etwas zu sagen. Am besten, wir machen uns gleich mal einen Ausdruck.«

Sie lieh sich Böhms Handy, drückte ein paar Tasten, und der Drucker vorm Fenster sprang an. Dann bat sie ihn, den Ausdruck mit einer schwarzen Pinnnadel an die Ermittlerwand zu heften.

»Ordnung muss sein.«

Da war Böhm ganz bei ihr. Er war sogar so angetan, dass er sich zu Vörgs Verdruss zu ein paar lobenden Worten hinreißen ließ. Prompt klingelte wieder sein Handy. Das Krankenhaus!

»Kriminalhauptkommissar Böhm«, meldete er sich.

Jablonski teilte ihm knapp mit, dass die Patientin aufgewacht und ansprechbar sei. Das war doch mal eine gute Nachricht.

»Emma Zabek?«, stellte Niedlich fest.

Böhm nickte.

»Ich bin gespannt, was sie uns zu sagen hat.« Mit zusammengebissenen Zähnen und wippenden Zöpfen humpelte sie zur Tür.

»Sie sollten hierbleiben und sich schonen«, mahnte Böhm.

In Wahrheit wollte er lieber allein mit Emma Zabek sprechen, bevor Niedlich ihm mit ihrem Eifer und ihrer Unerfahrenheit noch in die Parade fuhr. Es war eine Sache, ein Büro einzurichten, aber eine ganz andere, eine Befragung durchzuführen. Er war zwar kein Frauenversteher, aber er wusste, wie man mit dem Opfer einer Gewalttat sprach. Darüber hinaus würden bereits die Ärztin und ein Psychologe vor Ort sein. Das waren mehr Leute, als das Opfer und er an diesem Abend würden verkraften können.

Doch Niedlich humpelte weiter. »Schonen? Jetzt, wo es interessant wird?«

»Was ist mit den Computern?«

Sie deutete auf Toni Vörg, der empört ein Bündel Blätter hochhob, als hätte er schon mehr als genug Arbeit am Hals.

28

Böhm hielt die Hände unter ein Desinfektionsgerät. Eigentlich hatte er um diese Uhrzeit mehr Besucher auf der Station erwartet, stattdessen war der Gang menschenleer, sah man von einem Typen in blaugrauen Klamotten ab, der an die trostlose Hauptfigur der Tragikomödie *About Schmidt* erinnerte, einen Rentner, dessen eintöniges Leben nach dem unerwarteten Tod seiner Frau mehr und mehr aus dem Ruder lief. Als der *About Schmidt*-Typ ihm im Vorübergehen freundlich zunickte, nickte Böhm zurück. Der Mann machte sicher eine harte Zeit durch, lag doch ein Mensch, der ihm etwas bedeutete, in einem der Betten.

Der Polizeibeamte vor Emma Zabeks Zimmer grüßte und erklärte, abgesehen von einem üblen Albtraum der Patientin habe es keine nennenswerten Vorkommnisse gegeben.

Dr. Jablonski tauchte am hinteren Ende des Ganges auf. Von ihrer sonnengebräunten Südseefrische war nicht mehr viel zu sehen. Sie wirkte eher, als hätte sie eine Dreifachschicht hinter sich.

»Gehen Sie es behutsam an«, beendete sie ihre Ausführungen mit einer nicht zu überhörenden Kante in der Stimme. »Emma mag ruhig erscheinen, ist es aber nicht.«

»Verstehe«, meinte Böhm. »Hat sie irgendetwas gesagt, von dem wir wissen sollten?« Vielleicht gab es ja einen Anhaltspunkt, der dabei half, das Gespräch zu erleichtern, doch Dr. Jablonski schüttelte den Kopf.

»Sie hat ihre Identität bestätigt, und ich habe die Eltern informiert.«

Die Eltern, klar. Na, von denen durfte nicht allzu viel zu erwarten sein. Wie Böhm aus dem Blick der Ärztin schloss, war sie wohl schon selbst zu dieser Schlussfolgerung gelangt.

Dr. Jablonski deutete auf die drahtige Krankenschwester, die an ihre Seite getreten war. »Ich muss zu einem Patienten. Schwester Saskia wird Ihnen während der Befragung zur Seite stehen.«

Ein Wachhund, klar. Böhm hatte nichts anderes erwartet.

Die Ärztin hatte sich kaum entfernt, als Niedlich auch schon loshumpelte und nach der Türklinke griff. Wow! Was hatte sie an *Gehen Sie es behutsam an* nicht verstanden?

Böhm zog sie an der Kapuze zurück. Zumindest war das sein Plan gewesen, denn plötzlich stand er allein mit dem Parka in der Hand im Flur. Der Polizist starrte auf den Boden zu seinen Füßen. Gluckste der etwa? Böhm folgte Niedlich und warf ihr den Parka mit säuerlicher Miene zu. Immerhin hielt sie sich zurück. Die Krankenschwester postierte sich wie ein Bodyguard neben ihr.

Emma Zabek hatte die Bettdecke bis unters Kinn hochgezogen, sodass nur noch das blasse Gesicht herausschaute. Erschöpfte graublaue Augen mit dunklen Schatten darunter, die Lippen zu einem schmalen Strich zusammengepresst. Böhm versuchte, das arrogant dreinschauende Mädchen aus der Polizeiakte wiederzuerkennen, konnte jedoch beim besten Willen keine Gang-Anführerin mehr in ihr sehen. Ihre gesamte Jugendstrafakte, Diebstähle, Drogenhandel, Bandenkriege ... All das schien nichts weiter als ein Fake. Andererseits entdeckte er keinen Schimmer von Ängstlichkeit, ja, nicht einmal einen Hauch von Unsicherheit in ihrem Blick. Ein Zusammentreffen mit der Polizei war für sie nichts Neues.

»Guten Abend. Ich bin Magnus Böhm von der Berliner Kripo. Und das ist meine Kollegin Annetta Niedlich. Tut mir leid, dass wir Sie schon jetzt mit Fragen belasten, aber wir müssen mehr über Ihre Entführung erfahren.« Als von Emma keine Antwort kam, ergänzte er: »Haben Sie mich verstanden?«

Emma Zabek nickte kaum merklich, fast so schwerfällig wie ein Taucher in tiefem Wasser. Nun denn, er würde einfach mal mit der Befragung beginnen. Der Rest ergab sich dann ja meistens von selbst.

»Können Sie uns den Täter beschreiben?«

Für ihn die Frage aller Fragen, denn bis zum heutigen Tag hatte niemand Pietà gesehen. Weder bei den Entführungen noch bei den abscheulichen Leichenpräsentationen. Doch Emma schüttelte nur den Kopf.

»Sie haben ihn kein einziges Mal gesehen?«, versicherte er sich.

Emmas Finger krampften sich wie Klammern in die Bettdecke. Es folgte ein langsames Nicken.

Schwester Saskia beobachtete das Geschehen ganz genau, bereit, sofort einzugreifen, falls notwendig. Dr. Jablonskis Instruktionen waren wohl sehr strikt gewesen. Nun denn, es half ja nichts, Böhm hatte gerade erst mit seinen Fragen begonnen.

»Können Sie sich erinnern, wann und wo Sie entführt worden sind?«

Er ließ die Frage einen Moment lang im Raum stehen, ohne dass Emma sich anschickte, diese zu beantworten. Das *KaDeWe*, von dem der Junkie gesprochen hatte, kam ihm wieder in den Sinn, genauer die Tiefgarage. Doch Emma Zabek schüttelte auch dieses Mal nur den Kopf.

»Was ist mit dem Ort, an dem Sie gefangen gehalten wurden? Irgendeine Erinnerung?«

Emma Zabeks Hände begannen zu zittern. »Es war dunkel. Ein alter Keller …« Sie brach ab. Ihre Stimme klang unglaublich jung, zerbrechlich wie hauchdünnes Glas.

»Konnten Sie irgendetwas sehen? Ein besonderes Gebäude vielleicht? Einen Straßennamen?«

Das Händezittern nahm zu. Sie schüttelte den Kopf.

Aus Niedlichs Richtung vernahm Böhm ein dezentes Räuspern. Ihre Brille zurechtrückend trat sie einen halben Schritt vor, glaubte offenbar, mehr erreichen zu können. Er ignorierte sie, fuhr jedoch sanfter fort.

»Sagen Sie, Emma, was ist das Letzte, woran Sie sich erinnern können?«

Emma starrte auf ihre krampfhaft ineinander geschlungenen Hände, presste die Lippen zusammen, als befürchtete sie, zwangsernährt zu werden. Dennoch bemerkte er in ihrem Ausdruck auch ein Quäntchen dieses hartnäckigen Trotzes, der wohl allen Polizisten galt. Böhm war überzeugt, dass sie sich an einen Teil ihrer Gefangenschaft erinnerte, dass einige der Geschehnisse überaus lebendig in ihrem Hirn zugange waren. Tage und Nächte voller Furcht und Grauen, Stunden von einer Brutalität, die sie niemals in ihrem Leben würde vergessen können. Aber darüber reden, das konnte sie zu diesem Zeitpunkt nicht.

»Vielleicht haben Sie etwas gehört«, fuhr er gedämpft fort. »Was ist mit Umgebungsgeräuschen?«

Wie in Zeitlupe schüttelte sie den Kopf.

»Was ist mit der Stimme Ihres Entführers?«

Das Zittern erstarrte und ein Keuchen entfuhr ihren Lippen. Böhm konnte in ihren Augen förmlich sehen, wie die Seele einfror, wie die Schotten dichtgemacht wurden, um nicht in einem Meer aus Grauen zu ertrinken. Emma war nun nicht mehr länger bereit, seine Gegenwart zu akzeptieren. Die denkbar schlechteste Voraussetzung für eine Befragung, auch wenn ihre Reaktion ihm zeigte, wie sehr er mit der letzten Frage ins Schwarze getroffen hatte.

Das war dann auch der Punkt, an dem sich Schwester Saskia nicht mehr länger zurückhielt. »Ich denke, es ist genug für heute.«

Er bat die Krankenschwester um einen Moment Geduld,

wandte sich Emma zu, schwieg aber, obwohl so viele Fragen nach außen drängten. Hatte die Stimme ihres Peinigers alt oder jung geklungen, hell oder dunkel? Hatte Emma vielleicht irgendetwas gehört, was den Standort ihres Gefängnisses preisgeben konnte? Straßengeräusche, das Schlagen einer Glocke, das Kreischen einer Kreissäge oder das Piepen einer Ampelschaltung? Doch Emma Zabek starrte so stumm und starr auf ihre Hände, als stünde ihr Entführer wie eine drohende Warnung gleich neben ihrem Bett.

Niedlich wagte sich humpelnd vor.

Also gut, dachte Böhm. Vielleicht war es an der Zeit, dass eine Frau mit Emma sprach. In ihren Outdoor-Klamotten wirkte Niedlich wie der etwas verpeilte kumpelhafte Typ. Außerdem war sie selbst sehr jung. Das mochte eine Verbindung zwischen den beiden herstellen, machte sie einander vielleicht weniger fremd.

Er nickte ihr zu und trat fürs Erste den Rückzug an.

*

Im Flur neben der Tür saß noch immer brav der Beamte und vertrieb sich die Zeit mit einem Kreuzworträtsel. Böhm näherte sich dem hohen Fenster am Ende des Gangs und entdeckte, dass sich rechts davon ein Aufzug befand, der bis in den Keller ging. Den nutzte wohl das Krankenhauspersonal, um Betten, Instrumente oder die Toten unauffällig von der Station zu schaffen. Mit einem mulmigen Gefühl konzentrierte er sich auf die im Schnee versunkene Parkanlage, eine Märchenlandschaft wie aus einem kitschigen Disney-Film.

Es dauerte gut 20 Minuten, ehe Niedlich aus dem Zimmer humpelte und sich zu ihm gesellte. Gefühlt hatte Böhm eine Stunde in den Schnee geglotzt und in dem Dumas-Roman aus Georgs Bücherregal herumgeblättert.

»Sie hat seine Stimme gehört, aber die war durch die Kellerwände gedämpft.«

Böhm hob eine Braue. Niedlich hatte die kleine Zabek doch tatsächlich aus ihrem Albtraumkerker herausgeholt.

»Was hat sie noch gesagt?«

Niedlich klappte einen altmodischen Notizblock auf.

»Seine Stimme klang tief, aber nicht sehr tief, dunkel, geheimnisvoll.« Sie blickte von ihren Notizen auf. »Emma sagt *wie samtenes Schwarz*, einschmeichelnd, aber auch einschüchternd, kraftvoll und mit Hingabe …«

Donnerwetter. Eine solche Beschreibung hatte Böhm noch von keiner Stimme gehört. Hatte Emma etwa Gefühle für ihren Beinahe-Mörder entwickelt? So etwas sollte bei Entführungsopfern ja durchaus vorkommen, wenn sie jeden Kontakt zur Außenwelt und jede Kontrolle über die eigene Existenz verloren hatten und der Täter zu einer Art Gott über Leben und Tod wurde. *Sympathy for the devil* wurde dann zu einer unbewussten Überlebensstrategie.

»… und mittelalt«, fuhr Niedlich fort.

»Mittelalt …«, brummte Böhm und runzelte die Stirn. Was bedeutete *mittelalt*, wenn man wie Emma Zabek ein Teenager war? 30 oder 40 Jahre?

»Eher 40«, zitierte Niedlich aus ihren Notizen.

Das würde gut zu den 14 vergangenen Jahren seit Rom passen. Damals wäre der Täter dann Mitte bis Ende 20 gewesen.

»Da ist noch mehr«, meinte Niedlich.

Erneut hob Böhm eine Braue. Was hatte Niedlich gesagt, dass Emma Zabek ihr Herz dermaßen ausgeschüttet hatte?

»Er klang gebildet, gebrauchte Worte wie *Contenance*, *infernalisch* oder *prädestiniert*.«

Das waren in der Tat Worte, die schwerlich aus Emmas sozialem Umfeld stammen konnten. Sie erinnerten Böhm aber auch daran, dass sie nach dem Autounfall begonnen hatte, recht anspruchsvolle Literatur zu lesen. Hatte Emmas Belesenheit sie für Pietà attraktiv gemacht? Bildung hatte bisher keine Rolle bei der Auswahl seiner Opfer gespielt.

Niedlich hatte indessen weiter in ihren Notizen geblättert. »Außerdem haben wir den Vornamen des männlichen Opfers.«

Böhm kam aus dem Staunen nicht mehr heraus. Wenn das so weiterging, war der Fall gelöst, noch ehe er sein müdes Haupt zur Nachtruhe betten konnte.

»*Patrick*. Zumindest hat der Täter ihn so genannt. Und das war's dann auch.«

Das war weit mehr, als Böhm sich nach seinem Auftritt im Krankenzimmer in seinen kühnsten Träumen erhofft hätte.

»Gute Arbeit.«

»Danke.« Niedlich errötete leicht und schob die Brille hoch. Die schneebedeckte Wunderwelt hinter dem Fensterglas schien sie keinen Deut zu interessieren. »Und was machen wir jetzt?«

»Schauen wir mal, ob jemand mit dem Vornamen *Patrick* vermisst wird.« Er hielt inne. »Darf ich fragen, wie Sie Emma dazu gebracht haben, ihre Angst zu überwinden?«

Niedlich warf nun doch einen Blick aus dem Fenster. »Sinngemäß habe ich ihr erklärt, dass der Kerl seit 14 Jahren mordet und sich immer Frauen aussucht, denen es eh schon beschissen geht.«

Böhm schaute sie an und sagte kein Wort.

»Da wäre noch eine Kleinigkeit«, meinte Niedlich. »Emma braucht etwas, um auf andere Gedanken zu kommen, aber der Fernseher funktioniert nicht.«

Er runzelte die Stirn. Worauf wollte sie hinaus? Die Antwort ließ nicht lange auf sich warten.

»Was ist mit dem dicken Schinken aus dem Bücherregal. Den haben Sie doch noch bei sich, oder?«

»Der Dumas?«

Niedlich nickte. »Beim Lesen kann Emma sich am besten entspannen.«

Seufzend griff er in die Manteltasche, zog das Taschenbuch heraus und reichte es ihr.

»Ne, ne … Das geben Sie ihr mal schön selbst. Ich warte hier.«

Also gut. Böhm ging zum Zimmer zurück und klopfte an die Tür, bevor er eintrat. Schwester Saskia versuchte den Fernseher in Gang zu setzen. Emma, die ihr dabei zusah, schien alles andere als begeistert, dass Böhm noch einmal auftauchte.

»Da bin ich wieder«, sagte er und gab ihr das Buch. »Wie mir ein kleiner Vogel zuzwitscherte, können Sie beim Lesen gut abschalten.«

Emma schaute auf den Titel und überflog den Klappentext. »Klingt gut.«

Er nickte. »Danke für die Beantwortung unserer Fragen. Ich weiß, dass es nicht leicht für Sie gewesen ist.«

Emma musterte sein Gesicht, als suchte sie etwas darin, wandte sich dann aber rasch wieder ab, so als könnte sie weder ein Lob noch die geringste menschliche Nähe ertragen.

»Falls Ihnen noch etwas einfällt …«, begann er vorsichtig.

Sie deutete mit dem Kinn auf den Beistellwagen. »Ihre Kollegin hat mir eine Karte dagelassen.«

Tatsächlich, dort lag Niedlichs duftbaumgrüne Visitenkarte.

Aus einem Impuls heraus merkte er an: »Ich habe mit Ihren Eltern gesprochen.«

Emma schnaubte verächtlich. »Na, das muss ja eine wahre Bereicherung für Sie gewesen sein.«

»Wie man's nimmt.«

Ein Lächeln huschte wie ein Blitz über ihr Gesicht.

»Ihre Kollegin …« Sie deutete durch das Fenster in den Flur, wo Niedlich ein kleines Schwätzchen mit dem Polizisten hielt, »hat gesagt, dass der Typ, der Patrick und mich entführt hat, schon vor 14 Jahren Leute ermordet hat. Denken Sie, Sie kriegen den Kerl?«

Emmas eindringlicher Blick bereitete ihm Unbehagen.

»Wir werden unser Menschenmöglichstes tun, davon können Sie ausgehen. – Gut. Dann will ich Sie mal nicht länger stören. Ruhen Sie sich aus. Und falls Sie mit mir oder meiner Kollegin reden wollen … zögern Sie nicht, rufen Sie uns an. Ganz egal, wann.«

Erneut musterte sie ihn, als erinnerte er sie an jemanden. Dann hielt sie das Buch hoch. »Danke.«

»Dafür nicht.«

29

Sartorius hatte das Stationszimmer gerade hinter sich gelassen und bewegte sich auf den Gang mit den Aufzügen zu, als ihm ein paar Meter entfernt zwei merkwürdige Gestalten ins Auge fielen. Eine kleine, geschwätzige Person in einer fülligen roten Winterjacke, die hinkte, und ein lustlos neben ihr her trottender Mann, dessen Kluft darauf schließen ließ, dass er sich auf dem Trödelmarkt ausstaffiert hatte. Der Kerl nahm nicht einmal die Baseballkappe vom Kopf, als er mit einer der Krankenschwestern sprach. Was für ein unkultivierter Penner! Als die Schwester dann jedoch den Flur hinunterwies, dämmerte Sartorius, dass der erste Eindruck getäuscht hatte und die beiden womöglich zu Easy wollten.

Hinkebein und Döskopp setzten ihren Weg schließlich fort und kamen auf ihn zu. Der Mann wirkte eigentlich viel zu abgewrackt, um ein Ermittler zu sein, auch wenn da etwas in seiner Körperhaltung und in seinem Blick war, das darauf hindeutete, dass er mehr im Sinn hatte, als nur einen Patienten zu besuchen. Ebenso legte die Kleine mit den Zöpfen eine Achtsamkeit an den Tag, die über die eines Durchschnittsmenschen hinausging. Sartorius nickte den beiden im Vorübergehen zu. Die Frau ignorierte ihn. Der Baseballkappentyp nickte nichtssagend zurück.

Als Sartorius den Desinfektionsständer erreichte, nutzte er die Gelegenheit und spähte beim Händedesinfizieren noch einmal den Gang entlang. Selbst auf die Entfernung hin konnte er ausmachen, dass die Ärztin inzwischen bei den Neuankömmlingen stand und redete, als erteile sie Instruktionen. Die beiden waren anscheinend tatsächlich von der Polizei.

Sartorius' Finger glitten in seine Jackentasche und strichen vorsichtig über die Todesspritze, die für Easy gedacht war. Da hatte er wohl noch einmal Glück gehabt. Ganz zu schweigen von Easys Glück.

Als er den Aufzug nahe der großen Empfangshalle verließ, kam ihm der Gedanke, dass eine Kontaktaufnahme mit Easy kein schlechtes Manöver wäre, schließlich hatte er sie als lebendes Kunstwerk entdeckt und sie gelehrt, was es bedeutete, die letzte Grenze zu überschreiten. Easy war seine Schöpfung. Sie gehörte ihm!

Er begab sich zu dem kleinen Kiosk neben dem Besuchercafé, der neben Getränken und Snacks allen möglichen Krams verkaufte, darunter auch Schreibwaren und Bücher. Die Auswahl an Titeln war jedoch begrenzt, daher entschied er sich für eine Beileidskarte mit dem Aufdruck *Das Bewusstsein eines erfüllten Lebens und die Erinnerung an viele gute Stunden sind das größte Glück auf Erden. Cicero.*

Er schrieb eine Widmung hinein und wischte seine Fingerabdrücke ab. Dann bezahlte er für die Geschenkverpackung und den Lieferservice den dreifachen Preis, damit die kleine Aufmerksamkeit auch ja in die Hände der richtigen Empfängerin gelangte.

Wohl gestimmt trat er hinaus in den kalten Winterabend, atmete tief durch, roch und schmeckte den frischen Schnee.

Schon bald würde Easy wissen, dass er an sie dachte. Und dass er ihr ganz nah gewesen war.

30

Sie standen an einer roten Ampel und beobachteten, wie ein uraltes Mütterlein auf einen Rollator gestützt in Zeitlupe die Straße überquerte.

»Wie viele von den Pillen schlucken Sie eigentlich am Tag?«

Böhm, der gerade eine Nitro-Kapsel zerbiss, hätte sich ob der Frage fast verschluckt. Musste Niedlich ihm unbedingt die Rückfahrt zum Präsidium verderben?

»Eine«, antwortete er ausweichend. »Manchmal zwei.«

Sein Arzt hatte ihm empfohlen, das Medikament prophylaktisch einzunehmen. Immer dann, wenn er wusste, dass eine Belastung bevorstand, die einen Anfall auslösen konnte. Im Moment fühlte Böhm sich ziemlich beschissen. Einen Tag wie heute hatte er schon eine ganze Weile nicht mehr erlebt. Er drehte den Kopf zu seiner Beifahrerin. »Am besten, Sie machen Feierabend. Der Tag morgen wird hart.«

Niedlich ignorierte sein Angebot und fuhr mit ihrer Fragestunde fort. »Meine Großmutter hatte immer ein Spray in der Tasche. Gibt es das nicht mehr?«

»Ich bevorzuge Pillen.«

Tatsächlich war Dr. Sommerfeld deshalb zu den Pillen zurückgekehrt, weil Böhm sie aufteilen und sowohl zu Hause deponieren als auch in der Jackentasche mit sich herumtragen konnte. So war Böhm stets gewappnet, denn er hatte das Spray einige Male in seiner Küche liegen lassen. Aber das würde er Niedlich nicht auf die Nase binden.

»Aha«, kommentierte sie, als hätte sie sein Ausweichmanöver durchschaut. »Ich werde noch einen Blick in die italienischen Akten werfen, wenn's recht ist. Vielleicht fällt mir etwas auf.«

Damit meinte sie die deutschsprachige Zusammenfassung, die Böhm damals angelegt hatte. Nun denn, Niedlich musste wissen, was sie tat. Noch war sie jung, verfügte auch ohne »Doppelherz«-Tonikum über die Kraft der zwei Herzen – und es war ihr erster richtiger Fall. Böhm erinnerte sich noch gut, wie er sich selbst als junger Polizist bei Mordermittlungen reingehängt hatte. Damals war ihm keine Mühe zu viel, keine Schicht zu lang gewesen. Damals hatte er allerdings auch noch an Gerechtigkeit geglaubt, daran, dass er mit seinem Engagement etwas zum Guten hin bewegen konnte.

Beim Treppenaufstieg zum Kabuff war er heilfroh, die Kapsel geschluckt zu haben. Zugute kam ihm auch, dass Niedlich sich schrittweise humpelnd am Geländer hochzog. Als sie ihr Büro betraten, fiel ihm die Kinnlade runter. Da war dieser Nichtsnutz von einem Polizeiobermeister doch glatt wieder an seinem Schreibtisch weggepennt. Noch bevor Böhm reagieren konnte, knallte Niedlich die Tür zu, doch Vörg hob nur träge den Kopf und glotzte sie aus verklebten Augen an. War das etwa Sabber auf Böhms Tischplatte?

»Schon so spät?«, nuschelte er.

»Kommt drauf an«, entgegnete Böhm. »Zu viel Schlaf soll bekanntlich das Gehirn verkleistern.«

Vörg gähnte, ohne sich den Mund zuzuhalten. Böhm hätte ihn am liebsten gepackt und achtkantig aus dem Zimmer geworfen, aber solche Aktionen machte sein Kreuz nicht mehr mit. »Und? Gut mit der Arbeit vorangekommen?«

Vörg deutete auf den neben dem Stinkeschrank aufgebauten zweiteiligen Kistenturm. »Alles wieder dort, wo es hingehört. Hat sich seit den alten Fällen ja einiges geändert, wie ich gesehen hab. Sind Sie sicher, dass das der gleiche Kerl ist?«

»Um das herauszufinden und den Kerl zu schnappen, sind wir hier. Was macht die Liste?«

Der Polizeiobermeister aktivierte den Rechner und drückte ein paar Tasten, ehe der Drucker rauschend einige Blätter ausspuckte. »Das sind die interessantesten Galerien. Elf Stück. Die sollten Sie sich morgen gleich vornehmen.«

Jetzt gab der Typ auch schon Anweisungen und streckte seine Gliedmaßen, als hätte er seine Arbeit für den Fall getan. Böhm fragte sich, inwieweit er der Recherche dieses Dös kopps trauen konnte. Er ging zu seinem Schreibtisch, auf dem neben der Emma-Akte noch eine Akte lag. Pietàs Persönlichkeitsprofil auf Italienisch.

»Sie können Italienisch?«

»Es geht so. Meine Mutter ist Italienerin.« Vörg beugte sich mühsam zum Rechner vor, als hätte er Gelenkrheumatismus, und öffnete eine Datei. »Das sind übrigens die ersten Zeugenaussagen von heute Morgen.«

»Ausdrucken«, sagte Böhm.

Vörg schaute ihn verwirrt an. »Alles?«

»Jede einzelne Zeile.«

»Jetzt?«

»Sofern es nicht gegen Ihre Arbeitsethik verstößt.«

Böhm vernahm ein Glucksen, doch als er sich umdrehte, schaute Niedlich völlig unschuldig drein. Es dauerte ein Weilchen mit dem Ausdruck, doch dann lag ein ordentlicher Packen Papier auf Böhms Tisch.

»Ich mach dann mal die Flatter«, meinte Vörg und erwähnte sein aus allen Nähten platzendes Überstundenkonto.

Nun denn, Reisende sollte man nicht aufhalten.

Böhm zog seine Brille aus der Tasche – Gott sei Dank hatte er sie nicht im Wagen liegen lassen – und nahm sich die Zeugenaussagen vor. Nach einer Weile musste er sich jedoch eingestehen, dass die Aussagen nichts zur Aufklärung des Falls beitrugen. Die Aufmerksamkeit aller Anwesenden war auf die menschliche Statue fokussiert gewesen. Keinem war ein Verdächtiger oder sonst etwas Seltsames aufgefallen. Der einzige Zeuge, der etwas gesehen haben wollte, stellte sich als wichtigtuerischer Spinner heraus.

Aus dem Augenwinkel bemerkte Böhm, wie Niedlich nachdenklich von ihren Unterlagen aufschaute. Vor ihr stand eine Tüte Studentenfutter. Diverse Nüsse, Rosinen und undefinierbares Zeug. Ohne ihn zu fragen, hatte sie ihm ebenfalls eine Tüte von dem trockenen Zeug hingestellt. Powernahrung fürs Gehirn.

»Wieso ging Commissario Rossi davon aus, dass der Täter religiös ist?«, legte sie schließlich los.

Böhm unterdrückte ein Gähnen. »Na ja, die Pietà steht im Petersdom, und die Italiener sind nun mal sehr katholisch.«

Stirnrunzelnd hantierte sie an ihrer seltsamen Brille herum. Hatte das Ding vielleicht doch ein Zoom? Dann schaute sie zur Ermittlerwand, zu der sich eine kleine Karte von Rom mit den alten Tatorten sowie Emma Zabeks Aussage hinzugesellt hatten.

Die Mordserie hatte einige Wochen nach Böhms Ankunft in Rom begonnen, zumindest waren da die ersten Leichenpaare aufgetaucht. Auf der Piazza Navona, vor der Spanischen Treppe und unter dem Vordach des Pantheons. Dann hatte der Täter seine Ausstellungsorte um die antiken Stätten erweitert. Das östliche Forum Romanum, den Palatin und die dunklen Kellergewölbe des Kolosseums.

Niedlichs Blick ging von der Karte zu der vergrößerten Kopie der Textbotschaft, neben der inzwischen ein Fotoausdruck der vatikanischen Original-Pietà nebst einem Foto des gruseligen Skulpturen-Arrangements vom heutigen Morgen hing.

»Das ergibt einfach keinen Sinn …«, meinte sie, als müssten Serienmorde einen allgemeingültig nachvollziehbaren Sinn ergeben.

Böhm unterdrückte ein neuerliches Gähnen, als plötzlich ein roter Punkt auf der Ermittlerwand aufleuchtete und sich von der Pietà-Fotografie zur Textnachricht bewegte. Niedlich hatte sich doch glatt einen Laserpointer besorgt. Der rote Punkt wanderte schließlich in Bögen über jedes einzelne Wort, während Niedlich den Satz vortrug, als wäre er Teil eines Goethe-Gedichts.

Wenn die Liebe uns an Gott glauben lässt,
wofür steht dann der Hass?
AS, BM – AM – 48

Eine faszinierende Vorstellung, die sie da bot. Und was kam jetzt?

Niedlichs Interpretation vor ein paar Stunden hatte zwar etwas frischen Wind in die Deutung gebracht, Böhm aber nicht davon überzeugt, dass der Hass tatsächlich auf den Menschen und nicht auf den Teufel abzielte. Für die meisten Leute war nun mal der Hass das Gegenteil der Liebe. Kaum einer dachte in diesem Zusammenhang an Gleichgültigkeit, und warum sollte Pietà seine Nachricht dermaßen verkomplizieren? Und ob der Täter wirklich so abgrundtief hasste, blieb noch dahingestellt. Für Böhm war der Typ ein ruhmsüchtiger, sadistischer Moralapostel, der sich Ehebrecher und Prostituierte schnappte, um in die Schlagzeilen zu kommen. Gut möglich, dass der Kerl auch einigen Groll gegen die katholische Kirche hegte, die in ihrer Geschichte ja nicht gerade zimperlich mit sogenannten Hexen oder Abtrünnigen verfahren war, aber im Gegensatz zu Rossi, der hochreligiös war, hatte Böhm nie in der Passionsgeschichte, den letzten Stunden im Leben Jesu Christi, das zentrale Mordmotiv gesehen. Für ihn war der Killer vor allem ein Psychopath.

Interessant war allerdings, dass Maria und Jesus in Form der vatikanischen Pietà-Skulptur für die reinste Liebe standen. Und auf die hinzuweisen, wurde der Killer nicht müde. Böhm war nun jedenfalls auf Niedlichs Überlegungen gespannt.

»Also Ihr Commissario Rossi hat ja so einiges über die Pietà recherchiert«, begann sie. »Ich hatte, zugegeben, keine Ahnung, dass diese Marmorskulptur überhaupt existiert. Ich schätze, die Passionsgeschichte könnte eine Rolle spielen. Das letzte Abendmahl, der Kreuzweg mit der Dornenkrone, die Kreuzigung … Das sind alles Stationen, auf die ein Typ wie Pietà sicher voll steht …«

Der rot leuchtende Punkt sprang von der Pietà-Fotografie und der Textnachricht zurück zur Rom-Karte, wo er zitternd verharrte.

»Der Mörder liebt es, seine Opfer auf diese Art zu quälen. Er ist ein Sadist. Wäre er durch den religiösen Kult der Azteken geprägt, würde er seinen Opfern mit größtem Vergnügen bei lebendigem Leib das Herz herausschneiden.«

Böhm schluckte. Da war was dran. Doch leider hatten diese Elemente des Falls ihnen schon vor 14 Jahren weder einen Hinweis auf den wahren Tatort noch auf den Mörder geliefert.

»... außerdem gibt es da noch ein paar Besonderheiten in Verbindung mit Michelangelo und seiner Skulptur ...«

Natürlich gab es die. Michelangelo hatte die Skulptur schließlich angefertigt. Böhm brauchte keine Geschichtsstunde.

»Für viele Kunstexperten stellt die Pietà Michelangelos größtes Kunstwerk dar ...«

Yep. Ebenso für den Täter.

»... sie wurde aber erst nach 200 Jahren in den Petersdom verlegt, weil sie lange Zeit aufgrund von Marias Jugendlichkeit und Jesu Nacktheit als erotischer Skandal galt ...«

Ja, Marias Jugend war schon seltsam, musste Böhm zugeben. Immerhin musste sie mitten in ihren Fünfzigern gewesen sein, als Jesus starb. Und ein Alter von 50 war vor 2.000 Jahren ziemlich hoch.

»... die Pietà ist das einzige von Michelangelo jemals signierte Kunstwerk. Die Signatur machte ihn zu Lebzeiten berühmt. Und dann hab ich da noch einen faszinierenden Zeitungsartikel über die Skulptur entdeckt. Jesus besitzt einen überschüssigen Schneidezahn ...«

Ein überschüssiger Schneidezahn? Was sollte denn der Blödsinn jetzt? Davon hatte Rossi nie etwas verlauten lassen.

»... der wurde aber erst vor ein paar Jahren entdeckt. Manche sehen darin ein böses Omen. Eine Art Pharaonenfluch.«

Ach herrje, jetzt fing Niedlich auch noch mit irgendwelchen Verschwörungstheorien an.

»Soweit ich mich erinnere«, begann er, »symbolisiert die vatikanische Skulptur das Ende eines langen, schmerzvollen Leidenswegs. Für Rossi war sie der Epilog der Passion.«

»Sie sind nicht katholisch, oder?«, fragte Niedlich.

»Nein«, bestätigte Böhm. »Wieso?«

»Sie denken nicht katholisch. Und ich gehe jede Wette ein, dass auch unser Täter nicht katholisch ist. Als Kunstkenner weiß er religiöse Kunst zwar zu schätzen, aber er ist nicht gläubig, kein Stück.«

Böhm starrte sie an und lehnte sich zurück. Wow! Das war eine steile These. Die noch mal worauf basierte? Wenn ihm etwas ziemlich sicher erschien, dann, dass der Killer Katholik war. Jetzt war er auf Niedlichs Erklärung gespannt.

»Dann schießen Sie mal los.«

Niedlich kniff die Augen zusammen und bewegte den Laserpunkt zur Rom-Karte, auf der jede Menge Kreuze abgebildet waren. Jedes Kreuz stand für eines der bekannten Gotteshäuser.

»Es gibt Hunderte davon in Rom, doch unser Täter wählte keine einzige Kirche als Präsentationsort.« Der leuchtende Punkt ging zur Textnachricht. »Er zitiert auch nicht aus der Bibel, dabei liefert gerade sie kryptische Textvorlagen für jede Gelegenheit. Ergo, unser Mörder hat kein religiöses Motiv.«

»Mein Gedanke«, entgegnete Böhm. »Unser Mann ist vom Schlag Sittenwächter und Sadist.« Niedlich wandte sich ihm zu. Der rote Leuchtpunkt traf seine Brust, als befände er sich im Visier eines Scharfschützen.

»Mir ist da noch was aufgefallen«, bemerkte sie und tippte mit der freien Hand auf Böhms schriftliche Zusammenfassung der damaligen Ermittlungen. »Wie hier steht, wurde Pietà vor 14 Jahren von einer angesehenen Galerie vertreten, ohne dass diese wusste, wen sie vertrat. Das ist doch sicher nicht üblich, oder?«

Böhm zuckte mit den Achseln. »Es ist nicht alltäglich, kommt aber vor. Wie zum Beispiel bei diesem Banksy.«

»Wem?«

»Banksy, dieser britische Graffiti-Künstler, der seine Identität seit vielen Jahren geheim hält. Eines seiner Kunstwerke ist das *Balloon Girl*. Sie wissen schon, das kleine Mädchen in Schwarz-Weiß, das einen roten, herzförmigen Ballon in den Himmel aufsteigen lässt.« Da Niedlich offensichtlich keinen Schimmer hatte, wovon er sprach, googelte er das Kunstwerk für sie. Himmel, seine Assistentin hatte von Kunst ebenso wenig Ahnung wie von Büchern. »In der Branche kommt es durchaus vor, dass Käufer oder Künstler anonym bleiben wollen.«

Niedlich ließ Böhms Worte auf sich wirken. »Aber wollen Künstler nicht berühmt werden?«

»Banksy ist berühmt.«

»Hm, dann liebt er es, ein Phantom zu sein. Vielleicht kommt er mit der Gesellschaft nicht gut klar.«

»Möglich. Dafür findet sich aber Pietà sehr gut in unserer Gesellschaft zurecht. Er ist kein impulsiver Soziopath. Er plant, bevor er handelt.«

Niedlich nickte, stopfte sich eine Handvoll Rosinen und Nüsse in den Mund und kaute darauf herum wie auf einem trockenen Stück Streuselkuchen. Nachdem sie den Brocken mit kaltem Kaffee runtergeschluckt hatte, meinte sie: »Dann ist er also der nette Nachbar von nebenan, für den Folter und Mord Selbstverwirklichung sind.«

»Hm«, brummte Böhm, »klingt irgendwie gut katholisch.«

Niedlich grinste und ließ den Strahl des Laserpointers nachdenklich über die Ermittlerwand wandern. Böhm fühlte sich langsam wie eine Katze, so wie seine Augen dem roten Leuchtpunkt nachjagten. Er war gespannt, auf was Niedlich als Nächstes kam.

»Er wählt also Männer und Frauen unterschiedlicher Generationen aus, die zu ihren Lebenszeiten nichts miteinander zu schaffen hatten, konfrontiert sie mit den Leiden von Maria und Jesus, kreuzigt den Mann und macht die Frau zur Schmerzensmutter …«

Schmerzensmutter? Wo hatte sie diesen Begriff schon wieder aufgeschnappt? Dann schossen Niedlichs Augenbrauen nach oben. Zweifelsohne eine Eingebung. Der Lichtpunkt schnellte zum Foto mit der römischen Pietà zurück.

»Wie war eigentlich das Verhältnis zwischen Jesus und seiner Mutter?«

Wie bitte?

Sie tippte etwas in ihren Computer, scrollte durch die Resultate und las ein paar der Äußerungen, die Jesus gegenüber seinen Eltern und Geschwistern vom Stapel gelassen hatte, vor:

»*Was geht's dich an, Frau, was ich tue?* Dies zu seiner Mutter. *Wenn jemand zu mir kommt und hasst nicht seinen Vater, Mutter, Frau, Kinder, Brüder, Schwestern und dazu sich selbst, der kann nicht mein Jünger sein.* Dies zu seiner Familie. *Wer Vater oder Mutter mehr liebt als mich, der ist meiner nicht wert.* Dies zu seinen Jüngern und potenziellen Followern.«

Wow! Böhm wäre fast vom Stuhl gekippt. Das alles sollten Äußerungen vom Verkünder der Nächstenliebe sein, der für die Menschheit am Kreuz gestorben war? »Der Typ muss zu Lebzeiten ja ein echtes Arschloch gewesen sein.«

Dann dämmerte ihm, dass er selbst nie das beste Verhältnis zu seiner Familie gehabt hatte, vor allem in jungen Jahren. Wann immer möglich, war er seiner kleinkarierten Verwandtschaft aus dem Weg gegangen. Daher wohl kein Wunder, wenn ein visionärer, revolutionärer Geist wie dieser Jesus ab einem gewissen Punkt nur noch Verachtung für seine Familie und die Gesellschaft übrig gehabt hatte. Zum Serienmörder war er allerdings nicht geworden. Zumindest nicht, soweit Böhm bekannt war. Oder müsste man den Tag des Jüngsten Gerichts als künftige Straftat bewerten?

Er atmete tief durch und spürte mit einem Mal einen gewissen Druck in der Brust. Nichts Weltbewegendes, aber er musste auf der Hut sein. Heute war erst sein erster Arbeitstag und anstrengendere würden folgen. Dann hörte er Niedlich sagen: »Die Pietà steht also auch für Mutter und Sohn … *Das* könnte für unseren Täter etwas zu bedeuten haben.«

Böhm runzelte die Stirn. »Ein Ödipuskomplex?« Absurd. Maria und Jesus hatten gewiss nichts mit Blutschande am Hut gehabt.

»Nicht ganz. Aber, wo Sie es schon mal erwähnen … Wäre das so undenkbar?«

Er nahm einen Schluck Wasser, bevor er sprach. »Im Fall von Maria und Jesus, ja. Im Fall von Pietà … Ich habe keine Ahnung.«

»Es könnte einen starken Konflikt mit der Mutter geben. Vielleicht mit der Lebenspartnerin. In der Folge hätte sich eine Menge Wut und Hass aufgestaut.«

Böhm grub tief in seiner Vergangenheit. Irgendwann in der Steinzeit hatte er mal ein zweistündiges Seminar im Profiling besucht, so eine Art Hannibal-Lecter-Kurs für Einsteiger. Ein bisschen was davon war bei ihm hängen geblieben. »Sie denken an den Rachetyp, der sich auf Ersatzobjekte konzentriert. Der Hass auf die Mutter, der sich auf andere Frauen überträgt.«

Niedlich nickte. »Statt des Hasses auf sündige Paare, ein Mutter-Sohn-Ding.«

Auch wenn Böhm es ungern zugab, da konnte was dran sein.

»Noch etwas«, fuhr Niedlich fort. »Der Mörder hat Emma vielleicht nicht nur ausgewählt, weil sie jung ist. Sie weiß auch, was Schmerz heißt: ein gleichgültiges Elternhaus, dann der Autounfall, bei dem sie ihre Freunde verlor…« Sie hielt inne. »Da fällt mir ein, existiert diese Galerie in Rom noch, die Pietàs Skulpturen ausstellte? Könnte Ihr Commissario dort mal vorbeischauen?«

Du liebe Güte. Was für ein Gedankensprung. Diese Frau kam von Kuchenbacken auf Arschbacken, als hätte sie einen Turbo in ihrem kleinen Kopf. Vielleicht waren ihre Zöpfe ja Antennen! Böhm starrte auf die Rosinen-Nuss-Mischung neben seiner Tastatur. Oder konnte dieses Trockenfutter solch eine puschende Wirkung haben?

Er versicherte Niedlich, Rossi darum zu bitten, bei der Galerie vorbeizuschauen, und kam noch einmal auf den Gedanken zurück, dass Emma wusste, was Schmerz bedeutete. Der konnte nämlich darauf hinweisen, dass Pietà ihre Krankenakte und die psychologischen Gutachten kannte.

»… dann wäre da noch Emmas Bücherliebe«, überlegte er. »Pietà könnte in einer Buchhandlung auf sie aufmerksam geworden sein, bevor er sie entführte.«

Bildete er es sich nur ein oder schaute Niedlich ihn an, als könnte sie es kaum fassen, dass von dem alten Knacker auch mal was Brauchbares kam.

»Wir sollten Emma gleich morgen nach den Buchläden fragen, in denen sie sich rumtreibt«, bestätigte sie, als plötzlich der klassische Telefonsound von Böhms Handy durchs Kabuff dröhnte.

Er stand auf und fummelte das Telefon aus seinem Mantel, der am Kleiderständer hing. Patricia! Erneut verstärkte sich der Druck in seiner Brust, wenn auch eher als wohliges Gefühl.

»Hallo Magnus, ich hoffe, ich störe nicht beim Abendessen.«

Abendessen? Er schielte auf die Tüte Trockenfutter.

»Wir brüten noch über dem Fall. Keine Sorge.«

»Das trifft sich gut, denn ich hab Neuigkeiten für euch. Wir konnten das Gebiss des Toten identifizieren.«

Für diese Information hätte eigentlich eine Textnachricht gereicht. Dass Patricia trotzdem anrief, weckte eine gewisse Hoffnung in ihm.

»Du bist noch in der Gerichtsmedizin?«

»In einer Minute nicht mehr. Aber da die Meldung gerade reinkam, wollte ich sie gleich an dich weiterleiten. Unser männliches Opfer hieß Patrick Galinat. Immobilienmakler.«

Patrick! Genau wie Emma gesagt hatte.

Patricia gab ihm die Adresse, wünschte viel Glück bei den weiteren Ermittlungen und vergaß nicht, ihn daran zu erinnern, dass morgen auch noch ein Tag war. Von ihrem Anruf entzückt, bemerkte Böhm erst nach etlichen Sekunden, dass Niedlichs Aufmerksamkeit ganz auf ihm ruhte. Hatte sie etwa sein Interesse an Patricia bemerkt? Eine verräterische Hitze stieg in ihm auf. Herrje, er war doch kein Teenager mehr!

Niedlich beugte sich mit großen Augen vor. »Und?«

»Opfer Nummer zwei ist identifiziert.« Er reichte ihr die Notiz. »Ein reicher Immobilienheini. Das passt zu Pietàs Profil …«

Weiter kam er nicht, sein Handy schrillte erneut.

Ilse Knoob, seine Nachbarin. Was wollte die denn um diese Zeit von ihm? Heute war nicht ihr monatlicher Einkaufstag im Supermarkt. Im Geiste sah er sie in einer ihrer geblümten, vielleicht mal vor einem halben Jahrhundert angesagten Kittelschürzen und ihren Einkaufstaschen vor sich stehen.

»N'Abend, Magnus. Und? Haben'se schon unsere neuen Nachbarn gesehen? Ich sag's Ihnen, da kommt einiges auf uns zu!«

»N'Abend, Ilse.« Die über 70-Jährige regte sich wohl über die einziehenden Kinder auf. Mit einem jovialen *Warten wir es erst mal ab* versuchte er, sie zu beruhigen und sich aus der Affäre zu ziehen. Doch die alte Knoob ließ nicht locker.

»Ich mein's todernst, Magnus. Die wohnen auch noch direkt über mir. Fragen Sie mich nicht, wo die herkommen. Aus Schweden jedenfalls nicht.«

»Tut mir leid, Ilse, ich hab noch zu tun und bin spät dran …«

»Auf Fuerteventura?«

Er schluckte. Seine betagte Nachbarin wusste ja noch gar nichts von seinem Glück, hinter einem Serienmörder her zu sein.

»Aber weswegen ich überhaupt anrufe«, plärrte sie durch den Lautsprecher. »Wir haben einen Rohrbruch. Die Kälte, das Eis und alte Rohre halt. Unsere beiden Wohnungen und die im Erdgeschoss haben einiges abgekriegt. Ich hab den Hauptwasserhahn zugedreht und versucht, die Hausverwaltung zu erreichen. Mit dem Klempner-Notdienst wird's noch gut 'ne Stunde dauern.«

Ein Wasserrohrbruch? Er stand da wie betäubt. Das hatte gerade noch gefehlt. Erst die geklauten Reifen – und jetzt das.

»Hallo? Sind Sie noch da?«, brüllte seine Nachbarin durch den Hörer, als telefonierte sie mit einem Schwerhörigen auf der anderen Seite der Welt.

»Ich mach mich auf den Weg«, brachte er endlich heraus.

»Von Fuerteventura??«

»Ich bin in Kreuzberg. Wird aber eine gute halbe Stunde dauern.«

»Ach so. Na dann … Halten Sie mal drauf.«

Er wandte sich Niedlich zu, doch die winkte bereits ab.

»Kümmern Sie sich um Ihren Wasserschaden. Ich werde schauen, was ich über Patrick Galinat herausfinden kann.«

31

Als Arvid Sartorius in seine *Galerie Nullstunde* zurückkehrte, hatte er die Buchhalter-Verkleidung längst in seinem geheimen Refugium in Alt-Moabit abgelegt. Nun war er wieder der kultivierte, global vernetzte Kunstkenner und Geschäftsmann, der mit schwerreichen Sammlern aus Amerika oder Nahost ebenso umzugehen verstand wie mit geistlosen Spekulanten, die in Kunstobjekten kaum mehr als eine vorübergehende Investition sahen.

Trotzdem konnte auch seine Galerie seit einigen Jahren nicht mehr allein vom Berliner Publikum existieren. Im Kunsthandel überlebte nur, wer breit aufgestellt war, und so besaß er neben der *Nullstunde* auch je eine Galerie in England und Frankreich. Das hatte ihn unabhängiger vom deutschen Kunstmarkt und seinen Messen gemacht. Viele seiner Kollegen standen unter erheblichem finanziellem Druck, hatten ihre Galerien sogar schließen müssen. Steigende Mieten, Kunden, die den Galerieräumen fernblieben, weil sie lieber im Internet nach gewünschten Objekten surften, und Messen, die zwar hohe Kosten verursachten, jedoch kaum etwas einbrachten, machten der Branche zu schaffen. Es war alles andere als leicht auf einem Markt, auf dem sich alles auf einige wenige Global Player konzentrierte. Zu Zeiten seines Vaters war es noch ein Clou gewesen, wenn das Gemälde eines berühmten Künstlers den Besitzer für einen niedrigen siebenstelligen Geldbetrag wechselte. Heutzutage brachte ein Picasso oder ein da Vinci mehrere Hundert Millionen US-Dollar ein, weswegen Kunstobjekte oft nur noch als Ware angesehen wurden. Künstliche Hypes, manipulierte Auktionen und Spekulationsblasen waren auf dem Kunstmarkt ebenso Realität wie auf anderen Märkten.

Sartorius' Mitarbeiterin, Carla Olczak, die während seiner Auslandsreisen die *Nullstunde* managte, befand sich gerade im hinteren Ausstellungsraum in einem Kundengespräch. Sartorius nickte ihr kurz zu und verschwand in seinem Büro.

Carla verstand es ausgezeichnet, Kunst an potenzielle Käufer zu bringen sowie junge Künstler zu entdecken und zu Marken aufzubauen. Sie vertrat die Galerie auch auf den beiden großen deutschen Kunstmessen im Frühjahr und Herbst und hielt so das Image des deutschen Standorts hoch. Es war klar, dass Carla über kurz oder lang auf den Gedanken kommen würde, ihre eigene Galerie zu eröffnen, deshalb gedachte Sartorius, sie zur Teilhaberin zu machen. Auch wenn sein Geist und sein Instinkt für das lukrative Thema der Galerie, *Das Böse in der Kunst,* verantwortlich zeichnete, so war es doch Carla gewesen, die zusätzlich den Kontakt zu vielversprechenden Performance- und Internetkünstlern hergestellt hatte, während er noch auf klassisch orientierte Maler und Bildhauer fixiert gewesen war. Carla Olczak lebte am Puls der Zeit und bewegte sich ebenso sicher in der Welt des Glamours. Eine Welt, für die er bestenfalls Geduld aufzubringen vermochte.

Auf seinem aus Glas und Stahl designten Schreibtisch lag die aktuelle Ausgabe der *Zeit*. Carla hatte die Zeitung dort aufgeschlagen, wo sich ein Interview befand, das er vor wenigen Tagen mit einer Journalistin auf einer Vernissage geführt hatte. Er las es und stellte zufrieden fest, dass die Reporterin zwar einiges gekürzt, seine Aussagen aber nicht verwässert hatte. Vor allen Dingen hatte er in dem Interview herausgestellt, wie wertvoll die Berliner Galerieszene als Wirtschaftsfaktor für die Stadt war. Damit hatte er sich auch für die Kollegen starkgemacht. So etwas kam in der konkurrierenden Gemeinschaft gut an.

»Exzellentes Interview, mein lieber Doktor«, meinte Carla, als sie sein Büro eine Viertelstunde später betrat und verkündete, soeben das Werk eines *Nullstunde*-Newcomers für 150.000 Euro verkauft zu haben. Das Gemälde *Das Blut der Jungfrau* habe nur auf diesen gut betuchten Kunden aus Moskau gewartet.

Daran zweifelte Sartorius nicht. Carla gelang es, Bedürfnisse zu wecken, Gewalt im künstlerischen Ausdruck mit Erotik zu verbinden und verbal gut zu verpacken, denn in der heutigen Zeit stand die Darstellung von Grausamkeit vor allem in Europa stark in der Kritik. Zerstückelte Körper wie bei Goya oder ein Enthaupteter wie bei Picasso passten nicht mehr zum Menschenbild der aktuellen Alltagsrealität, auch wenn im Fernsehen und im Internet tagtäglich jede Menge Terror und Gewalt übertragen wurden. Die Wertvorstellungen hatten sich in den letzten beiden Jahrhunderten nun mal geändert, und damit der weitläufige Kundengeschmack. Deshalb bediente die *Nullstunde* auch eine speziellere Klientel. *Das Blut der Jungfrau* bot dem Betrachter mehr als nur einen Bruch mit der sozialen Norm. Ohne Umwege führte es von der Moderne zurück in die Barbarei. Dazu ein bisschen dekadent-absurdes Psychoanalyse-Gequatsche, wie Carla es bilderbuchhaft über die Lippen brachte, und schon war ein Kunde der spezielleren Art von der eigenen subtilen Transformation zum Bösen hin überzeugt.

Carla kam auf das Interview zurück. »Am Ende stimmst du noch den Wirtschafts- und Kultursenat um und erreichst eine Wiederbelebung der Messeförderung.«

Sartorius lächelte, als fühlte er sich geschmeichelt. Als ob ihn diese paar staatlichen Peanuts jemals interessiert hätten. Es war aber gut, wenn selbst Carla glaubte, dass es sein Bestreben war, den Senat umzustimmen und dadurch auch die Kassen seiner schwächeren Kollegen zu füllen.

Wie ein lebendes Kunstwerk bewegte sich Carla in ihrem mintgrünen Businesskostüm zur Bar. Ihr aurorafarbenes Haar floss in Wellen auf ihre Schulter und umrahmte ihr schmales Gesicht. Es passte hervorragend zu dem Kostüm. Nonchalant füllte sie zwei Gläser mit kalt gestelltem Champagner. »Das regt den Kreislauf an«, wie sie zu sagen pflegte. Wenn jemals etwas Carla in die Bredouille brachte, dann ihre Schwäche für stattliche Männer und Alkohol. Sartorius wusste sehr wohl, dass sie ein Auge auf ihn geworfen hatte, doch er stellte sich dumm und blieb auf Distanz. Geschäftliches und Privates vermischte er nicht.

»Hier, mein Lieber.« Sie reichte ihm ein Glas *Grand Rosé brut*, erhob das ihre und sprach einen Toast aus. »Auf die *Nullstunde*. Auf unsere Zukunft!«

Er machte sich nichts aus Schaumwein, doch aus Solidarität stieß er mit ihr an. Er würde den Teufel tun, es sich mit dieser Frau zu verscherzen, die nie eine Kunsthochschule von innen gesehen hatte und doch sein bestes Pferd im Stall war. Carla war Autodidaktin, eine Selfmadefrau und auf ihre Weise ein Genie. Und er hatte nun mal eine Schwäche für Genies. Was sie wohl denken würde, wenn sie wüsste, wie oft er sie in seiner Fantasie schon in eine seiner Statuen verwandelt hatte? Carla hatte nicht die geringste Ahnung, wie schnell sich Leiden und Schmerz in blutige Romantik verwandeln ließen.

Mit einem Lächeln, das jedes Männerherz zum Schmelzen gebracht hätte, begegnete sie seinem Blick, und er prostete ihr zu und spürte, wie ein wohliger Schauer durch ihren Körper lief. Oh ja, es knisterte. Carla war bereit, die professionelle Grenze zu überschreiten. Doch er lächelte nur unschuldig und setzte das leer getrunkene Glas ab. Gott sei Dank liebte sie dieses Spiel und fühlte sich nicht erniedrigt, wenn er sie abwies. Aber irgendwann würde sie den Spieß umdrehen, und dann würde es Zeit für ihn, zu handeln.

»Übrigens hätte ich heute mal wieder deine *Trauernde Witwe* verkaufen können«, erklärte sie seufzend zwischen zwei Schlucken. »Derselbe Kunde. Er hat sein Angebot sogar verdoppelt. Aber ich weiß ja, dass *deine* Witwe unverkäuflich ist.«

Er nickte, als dankte er für ihr Verständnis. Diese Skulptur hatte einen Wert und keinen Preis. »Es gibt nun einmal Dinge, die sind mit Geld nicht aufzuwiegen.«

Erneut seufzte sie tief. »Ich weiß, ein Familienerbstück. Aber du kannst es unseren Kunden nun mal nicht verübeln, wenn ihnen dieses Unikat ins Auge fällt.«

Die *Trauernde Witwe*, eine lebensgroße Frauenskulptur, stand im hinteren Bereich der Galerie. Carla sprach so gedämpft, als könnte die Figur sie hören, vom Sockel steigen und sie zur Rede stellen. Die *Witwe* flößte ihr Respekt ein. Gut so.

Sie stellte ihr leer getrunkenes Glas neben das seine, schnappte ihre Handtasche und gab ihm einen sanften Kuss auf die Wange.

»Dann mache ich mich mal auf den Heimweg, mein Lieber. Viel Spaß bei der Abendschicht. Und vergiss nicht, die Alarmanlage einzuschalten, wenn du gehst.«

Er lächelte schuldbewusst. Sollte sie mit ihrem gutmütigen Spott ruhig glauben, etwas gegen ihn in der Hand zu haben.

Er setzte sich mit dem Laptop an die Rezeption und überprüfte, was es an Neuigkeiten über Pietà gab. Zwei weitere belanglose Onlineberichte sowie etliche Hirngespinste in den sozialen Medien, Spekulationen über den Toten und die Überlebende. Was für ein tragisches Liebespaar. Aus Patrick wurde ein Heiliger, aus Emma ein Engel, aus Pietà ein hässliches, abartiges Monster mit Pferdehuf und Hörnern. Aber es war das bösartige Monster, das sie am Ende alle am meisten faszinierte. Was würden diese geistlosen Narren erst von sich geben, wenn sich der Vorhang zum zweiten Akt hob?

Der Abend in der Galerie verlief ruhig. Lediglich zwei Pärchen schauten noch vorbei. Nachdem eine der Damen eine ganze Weile vor der *Trauernden Witwe* gestanden und sich schließlich verzückt abgewandt hatte, entflammte das Herz ihres Begleiters für eine andere Skulptur. *Das Herz des Teufels*, ein blutiger, organisch wirkender Steinbrocken, umgeben von künstlichem Eis und Feuer. Am Ende hatte das Paar das steinerne Teufelsherz von der Größe einer Weinkiste gekauft und die Galerie mit einem seligen Lächeln verlassen. Das Kunstwerk würde ihnen schon am nächsten Tag zugestellt werden. Sie wussten schon genau, wo das Herz das Interieur ihrer noblen Adresse aufwerten würde.

Gegen 21 Uhr drehte Sartorius die Abschlussrunde durch die *Nullstunde* und entdeckte dabei zwei neue von Carla erworbene Objekte mit impressionistischem Touch, die ihn darin bestärkten, sie an sich zu binden. Eines der Kunstwerke traf sogar seinen Geschmack, was bei moderner Kunst selten vorkam.

Bevor er die Alarmanlage aktivierte und die Galerie verließ, schaute er noch einmal bei der *Trauernden Witwe* vorbei.

Er hatte die Faszination und Angstlust in den Augen der *Teufelsherz*-Kundin gesehen. *Die Erotik des Bösen.* Es war sehr wahrscheinlich, dass sie in der Nacht davon träumte und am Morgen den Mut sammelte, zurückzukehren und sich nach dem Preis zu erkundigen, nichts ahnend, welch innige Geschichte diese Figur mit Sartorius verband.

Er hatte der *Witwe* eine wahrlich beeindruckende Bühne in der *Nullstunde* geschaffen, und das lag auch an der metaphysischen Wirkung der Lichtinstallation, an den erzeugten Schatten, durch die die *Witwe* mehr Plastizität erhielt. Von der einen Seite wirkte sie wie eine ätherische Schattenfrau, ja fast wie ein Engel, der sich in die Welt der Menschen verirrt hatte. Von der anderen erschien sie dem Betrachter wie eine personifizierte Höllenfürstin, die alles im Blick hatte. Bodenlos gierig. Am ganzen Leib zitternd vor Verlangen. Alles in einer imaginären, ewigen Eiseskälte erstarrt.

Ja, es stimmte, dass es eine Liebe gab, die mit dem Tod nicht endete. Ebenso verhielt es sich mit dem Hass. Jeder dieser beiden Aspekte hatte seine ureigene universelle Kraft und deshalb verlor diese Skulptur auch nie ihre magische Wirkung.

Sartorius dämpfte das Licht und lächelte der Skulptur zu.

»Gute Nacht, Mutter.«

32

Schwester Helena hatte noch zweimal nach Emma geschaut, ehe der Schichtwechsel auf der Station eingeläutet worden und die bärbeißige Nachtschwester aufgetaucht war. Schwester Kristina besaß die Arme und den Rücken eines Preisboxers, und sie bedachte alles und jeden mit einem harten, unversöhnlichen Blick. Sie trat Emma entgegen, als wäre diese eine Schwerverbrecherin, die nur darauf wartete, dass der Strom ausfiel und sämtliche Lichter ausgingen, damit sie die Angestellten nacheinander mit einem Skalpell abmurksen konnte.

Auch der Polizist vor der Tür war ausgewechselt worden. Jetzt saß da ein junger Mann, der sich in seiner Uniform ungemein wichtig vorkam, den seine Aufgabe aber langweilte. Ständig fingerte er an seinem Smartphone herum und verzog sich zwischendurch auf die Toilette. Was er dort trieb, wollte sie lieber nicht wissen. Schwester Kristina sagte zwar nichts, aber Emma hatte den Eindruck, dass das Verhalten des jungen Polizisten ihr ein Dorn im Auge war. Sobald sich die Gelegenheit bot, würde die Krankenschwester den Nichtsnutz garantiert bei seinen Vorgesetzten madigmachen.

Emmas Hand ruhte auf dem Taschenbuch, das dieser Kommissar Böhm ihr dagelassen hatte. Das Lesen hatte ihr gutgetan, auch wenn sie nach einer Weile vor Erschöpfung eingeschlafen war und sich die Geschichte des elenden Verrats an dem jungen Seemann Edmond Dantès mit ihren Träumen aus der Höllenkammer vermischt hatte. Am Ende hatte Pietà ihre Traumwelt einmal mehr dominiert. Seine Stimme wollte einfach nicht aus ihrem Kopf verschwinden. Und das machte sie wütend, ließ ihr Herz brodeln, gab ihr das Gefühl, jede Sekunde zu explodieren, wie eine Atombombe, die in einem wahnwitzigen Feuerball alles um sich herum vernichtete. Einschließlich sich selbst – und Pietà.

Sie schnappte nach Luft und versuchte, ruhig und gleichmäßig zu atmen. Doch selbst in dieser sterilen Umgebung stieg ihr der Geruch von Blut in die Nase. Nicht der irgendeines, sondern Patricks Blut. Vor ihrem geistigen Auge hing er von der Decke herab, an ein Kreuz aus groben Holzbrettern gebunden, und dieses Bild ließ ihr Herz in der Brust noch mehr dröhnen.

»Es ist nur ein Schlag«, frohlockte *die Stimme*, als befänden sie sich in einem großen, weiten Saal mit erwartungsvollem Publikum. »Du hast es schon zweimal vollbracht.«

Pfützen von Schweiß sammelten sich unter dem Kreuz. Patricks Körper sah aus wie mit einem Eimer Schweineblut übergossen. Zwei der großen, rostigen Nägel aus der Ledertasche steckten in seinen Beinen über den Fußgelenken. Die

Beine waren seitlich am Kreuz fixiert. Emma erinnerte sich nicht, die Nägel durch seine Knochen getrieben zu haben. Nein, das konnte sie nicht getan haben. Das hätte sie niemals fertiggebracht. Hätte sie dann nicht auch seine Schmerzensschreie hören müssen? Selbst durch den dreckigen Knebel? Niemals hätte sie diese Schreie vergessen können!

Patrick biss und biss und biss auf den schmutzigen Lappen, als könnte er ihn mit den Zähnen zerbeißen und ausspucken. Seine blut- und tränenverschmierten Augen waren auf Emma gerichtet und sahen doch ganz woanders hin. Emma wünschte sich Abertausende von Kilometern fort von diesem Ort, fort in eine andere Welt, in eine andere Galaxie. Stattdessen kamen die verfluchten Kellerwände auf sie zu, um sie wie einen schleimigen Wurm zu zerquetschen.

Dumpf fiel ihr die Droge wieder ein. Ließ die Wirkung nach oder verstärkte sie sich? Sie hätte es nicht sagen können. Hatte *die Stimme* auch Patrick unter Drogen gesetzt? Erklärte sich so sein Durchhaltevermögen?

»Es ist nur ein Schlag«, wiederholte *die Stimme*. »Kunterbuntes Kinderglück.«

Mit dem Fäustel und dem dritten Rostnagel in der Hand stand Emma da, ohne sich zu rühren.

»Nein.«

Hatte sie gerade *Nein* gesagt? Das Wort war über ihre Lippen geglitten, ohne dass sie es hätte aufhalten können. Wie ein kleines, trotziges, aus vier Leuchtbuchstaben bestehendes Wesen, das man in die finsterste, kälteste Hölle entließ. Die darauffolgende Stille war so überwältigend, dass Emma für einen Moment vergaß, wer und wo sie war.

»Nein?«, wiederholte *die Stimme*. Sie klang weder kalt noch amüsiert noch neugierig, wickelte sich vielmehr wie ein unsichtbares, raues Seil um Emmas Hals.

Doch Emmas Zorn war groß.

»Nein!«, beharrte sie, obwohl sie sich so hilflos wie ein Kalb im Schlachthof fühlte. Was hatte dieses Scheusal nur daran, Menschen dermaßen zu quälen und sich Foltergeräusche anzuhören, als wären sie himmlische Musik?

Und dann erinnerte sie sich, wie sie sich mit dem Hammer in der Hand umgedreht und zur Tür gerannt war, wie sie mit dem schweren Schlegel wieder und wieder gegen das dicke, alte Holz geschlagen hatte, bis es barst und splitterte, während Patrick aus seinem Delirium erwachte und hinter dem feuchten Knebel fast schon triumphierend schrie …

Plötzlich schlug etwas polternd auf dem Boden auf. Emma hatte gar nicht bemerkt, dass sie die Hand angehoben hatte und das Buch von der Bettdecke geglitten war. Der Polizistentrottel sah kurz durchs Fenster, tauchte aber sofort wieder in seine digitale Welt ein. Na, der würde als Bulle nicht weit kommen.

Sie dachte an die junge Kommissarin mit dem drolligen Namen und musste wider Erwarten grinsen. Annetta Niedlich. Es war nett von ihr gewesen, ihr das Buch zu organisieren. Wie war noch mal der Name ihres Kollegen? Irgendetwas mit Böhmischen Dörfern … Dann fiel es ihr wieder ein: Magnus Böhm. Die beiden gaben ein ziemlich schräges Pärchen ab. Ein altersschwacher Choleriker, dem die Kraft zum Brüllen fehlte, und eine Pippi Langstrumpf, die wohl mehrmals die Woche an irgendwelchen Sportgeräten hing. Na egal, Emma war heilfroh, dass die zwei ihr am Ende den Dumas dagelassen hatten, was nichts daran ändern würde, dass sie Bullen nicht ausstehen konnte. Letztendlich mischten sich Polizisten immer in Dinge ein, die sie nichts angingen, und verursachten dadurch Probleme, die alles noch komplizierter machten.

Und so würde es auch dieses Mal sein. Was sollten die beiden schon mit Emmas spärlichen Informationen anfangen? Der Tag der Entführung war sogar komplett aus ihrem Gedächtnis gelöscht. *Die Stimme* war den beiden Polizeischoßhunden doch haushoch überlegen. Und was Emma im Höllenkeller erlebt hatte, ging sowieso niemanden etwas an. Sie würde kein zweites Mal mit den Bullen reden. Sie wollte mit der ganzen verfluchten Scheiße einfach nichts mehr zu tun haben. Doch schon bei dem geringsten Gedanken daran stiegen Übelkeit, Angst und Wut in ihr hoch. Irgendwann würde sie sich dem Erlebten stellen müssen, wenn sie den Verstand nicht komplett verlieren wollte, so viel hatte sie während der Reha und der Therapie nach dem Unfalltod ihrer Freunde gelernt. Aber dafür brauchte sie erst einmal Ruhe und Abstand. Und dabei half ihr das Lesen. Also hob sie in Windeseile das Buch vom Boden auf.

Die Geschichte in Dumas' *Der Graf von Monte Christo* legte sich trotz der krassen Story wie eine wohltuende Salbe auf ihre Seele, ordnete das innere Chaos und verlieh ihrem Denken wieder Struktur. Und das bewahrte sie davor, unüberlegt zu handeln. In gewisser Weise verband diesen Edmond Dantès und sie ein ähnliches Schicksal. Edmond war nur drei Jahre älter, als er der Intrige eines eifersüchtigen und missgünstigen Freundes zum Opfer gefallen war, die sein Leben völlig zerstörte. Wie Edmond war auch Emma verraten worden. Wie Edmond hatte sie in einem elenden Kellerloch gesessen, und wie Edmond hatte sie diesen Kerker überlebt.

Emma spähte durch den Lammellenvorhang in den Flur. Der Polizist war ebenso süchtig nach dem Handy wie einer ihrer früheren Gang-Mitstreiter. Der hatte gar nicht mehr die Willenskraft aufgebracht, das Teil auch nur mal für eine Viertelstunde auszuschalten. Wie eine Ratte im Labor, die bis zur totalen Erschöpfung einen Knopf drückt. Da war sie doch lieber nach guten, alten Büchern süchtig.

Ihr Blick ging zum Fenster nach draußen. Schneewehen tanzten und wirbelten im Laternenlicht umher, als spielte ein Orchester. Unheimlich schön.

Ihre Finger strichen bedauernd über den Einband des Dumas. Der Buchrücken hatte vom Sturz eine Delle. Mist. Sie hatte das Buch unversehrt zurückgeben wollen.

Sie überflog noch einmal den Klappentext. Obwohl es eine gekürzte Ausgabe war, handelte es sich um einen ziemlich dicken Schinken. Sie hatte sich erst einmal mit dem altmodischen Erzählstil anfreunden müssen, aber einmal daran gewöhnt, hatte sie die Kapitel regelrecht verschlungen. Vor allem der Romananfang war unglaublich packend. Okay, jetzt im Mittelteil wurde es gerade etwas zäh, aber etliche dieser Passagen ließen sich ganz gut überfliegen, ohne den Faden zu verlieren. Einige der Anfangsszenen hatten sich dafür in ihr Gedächtnis gebrannt. Sie war zuversichtlich, dass die Story nach dem Mittelteil noch einmal ordentlich Fahrt aufnehmen würde.

Dieser Edmond war aber auch ein beeindruckender Kerl. Der hatte Format. Mit nur 19 Jahren hatte er kurz davor gestanden, Schiffskapitän zu werden und die Liebe seines Lebens zu heiraten. Ein echter Machertyp. Im Gegensatz zu den eifersüchtigen, missgünstigen Männern, die er für seine Freunde gehalten und die ihn um alles gebracht hatten, was er sich aufgebaut hatte. Seine Verlobte, sein Vermögen, überhaupt seine ganze Zukunft.

Emma sah Parallelen zu ihrem eigenen Schicksal. Mit 14 Jahren hatte sie in der Gang ihre Konkurrenten übertrumpft. Fatima, Karol, Gibran und Matteo, die jede Gelegenheit nutzten, andere runter und sich selbst wichtig zu machen. Vor allem Matteo liebte es, seine Mitmenschen zu erniedrigen, um sich selbst zu erhöhen. Matteo war einfach ein ausgewachsenes Arschloch. Falls Pietà ihn in die Höllenkammer gesteckt hatte, würde Emma ihm keine Träne nachweinen.

Ihr war klar, dass Matteo am meisten von ihrer Entführung profitieren würde. Sie hatte die Gang zwar verlassen, aber das bedeutete nicht, dass dieser Kotzbrocken nicht jede Gelegenheit ergriff, um ihr eins reinzuwürgen. Emma hatte ihn wohl einfach zu oft dumm dastehen lassen. Dennoch hatte sie keinen Beweis dafür, dass es eine Verbindung zwischen Matteo und Pietà gab. Ebenso gut konnte Pietà eines der anderen Gangmitglieder entführt und so von Emmas Gangnamen erfahren haben. Und dann war da noch ihr Tagebuch. Bei dem Gedanken lief es ihr eiskalt den Rücken hinunter.

Erneut überkam sie diese bleierne Müdigkeit. Sie schloss die Augen, und als sie eine Stunde später wieder erwachte, schaute sie sich zuerst misstrauisch um, aber es war noch alles beim Alten. Schwester Kristina warf ihren routinemäßigen Blick durch die Lamellen, und der Uniformierte vertrieb sich die Zeit mit seinem Handy. Also griff Emma nach dem Buch und las die nächsten Kapitel, um zu verhindern, dass die Höllenkammer erneut Besitz von ihr ergriff und sie in Patricks blutunterlaufene Augen sehen musste.

Edmond hatte während der Kerkerhaft diesen klugen Abbé aus dem Nachbarverlies kennengelernt, der ihn vor dem Selbstmord bewahrt und ihn an seinem immensen Wissen hatte teilhaben lassen. Mit Hilfe Abbés hatte Edmond schließlich herausgefunden, weshalb er unschuldig im Gefängnis saß. Emma war gespannt, wie es weiterging, auch wenn sich die Geschichte nach dem Tod des Abbé und Edmonds Flucht aus dem Verlies gerade zog wie Kaugummi. Edmond lebte nun das langweilige Leben eines reichen, dekadenten Grafen, schmiedete aber auch einen gnadenlosen Racheplan für sein erlittenes Unrecht, und dieser Racheplan ließ auf ein grandioses Finale hoffen.

Emma hatte sich gerade wieder in die Geschichte vertieft, als die Tür aufschwang und Schwester Kristina hereinkam, als betrete sie eine Arena. Die kleinen, eng beieinanderliegenden Augen musterten Emma misstrauisch.

»Der Umschlag wurde für Sie abgegeben. Es steht zwar darauf *Bitte als Überraschung dem Frühstück beilegen*, aber da Sie schon wach sind … bitte schön.« Die Nachtschwester legte einen weißen Umschlag auf den Beistelltisch, als fürchtete sie, sich in Emmas Nähe eine ansteckende Krankheit einzufangen.

»Danke«, meinte Emma schlicht. Die Krankenschwester schaute drein, als hätte sie so viel Höflichkeit von einer wie ihr gar nicht erwartet.

Nachdem die Schwester gegangen war, nahm Emma den Umschlag und öffnete ihn. Sie hatte kein gutes Gefühl dabei.

Eine Beileidskarte?

Sie schluckte und las den Aufdruck.

Das Bewusstsein eines erfüllten Lebens und die Erinnerung an viele gute Stunden sind das größte Glück auf Erden. Cicero.

Klar. Warum nicht. Schließlich wusste Emma, dass es Schlimmeres im Leben gab als das.

Sie faltete die Karte auf, las die Widmung – und eine Schockwelle dröhnte durch ihren Körper. Beim Lesen der Worte hörte sie in jedem einzelnen *seine* Stimme. Weich und zart wie das Fell eines Welpen, hart und kalt wie Stahlbeton. Für einen Moment spaltete sich ihre Welt in zwei Realitäten auf. In der einen sprang sie schreiend aus dem Bett und trommelte verzweifelt mit den Fäusten an die Wand, in der anderen rührte sie sich nicht von der Stelle, zitterte wie Espenlaub und hielt den Atem an.

Seine Stimme. Freundlich und erbarmungslos.

Emma hielt die Karte fest umklammert, außerstande, sich abzuwenden, und stieß einen Seufzer aus, als hielte er ihr Herz in der Faust.

Die Botschaft war niederschmetternd.

Hast du deine Lektion noch immer nicht gelernt? Dabei ist sie so einfach: Wenn du durch die Hölle gehst, geh weiter. Ruhe dich nicht aus. Bleib nicht stehen. Höre nicht auf das, was die Schwachen dir sagen. Halte deinen Kurs und bleib stark!

Wir sehen uns wieder.

33

Die Räumdienste kamen kaum nach, die Straßen von Schnee und Eis freizuräumen. Böhm hatte die kürzeste Route über die Schönhauser Allee nach Pankow gewählt, trotzdem dauerte es eine Ewigkeit, bis er es auch nur in die Nähe seines vierstöckigen Wohnhauses schaffte. So viele Staus hatte er schon lange nicht mehr erlebt.

Der Wasserrohrbruch fehlte ihm gerade noch in der Sammlung. Dabei konnte er froh sein, dass die alte Knoob den Schaden bereits gemeldet hatte. Als er das Wohnhaus erreichte, strömte dort zwar, wie befürchtet, kein Wasser über die Außenstufen, aber der Bürgersteig war stellenweise spiegelglatt. Die alte Knoob fuchtelte in dicken Winterhandschuhen und einem Mantel über der Kittelschürze mit einer alten Eisenschippe herum und verteilte Asche auf dem Gehweg. Hoffentlich von niemandem, den Böhm kannte. Doch das

Zeug hatte nicht den Hauch einer Chance gegen die aus dem Himmel fallenden Schneemassen.

»Das ging aber flott«, meinte sie mit bissiger Stimme. Als rollte sie den roten Teppich aus, schüttete sie eine Ladung Asche direkt vor Böhms Schuhe. »Eins der Rohre im vierten Stock ist geplatzt. Hab die Hausverwaltung erreicht. Die schicken einen Klempner. Wird aber noch dauern.«

Böhm folgte ihrem Redeschwall, stand ansonsten aber da wie das sprichwörtliche Kind beim Dreck. Wasserrohrbrüche waren Heimsuchungen, von denen er bisher verschont geblieben war. Wahrscheinlich hätte er anstelle der Knoob nicht einmal den Hauptabsperrhahn gefunden, um der Bewässerung ein Ende zu setzen. Dass seine Nachbarin dermaßen auf Draht war, hätte er nicht gedacht. Sie hatte was gut bei ihm. So viel stand fest.

»Was kann ich tun?«, fragte er verunsichert, während er feststellte, dass das Streugut wie Haferschleim an seinen glatten Schuhsohlen kleben blieb.

»Na, am besten Sie schauen nach Ihrer Wohnung. Unsere neuen Mitmieter sind noch ganz verstört. Dabei sind die auf ihrer Hausseite noch mal heil davongekommen. Die haben in ihrer Heimat sicher nie einen Winter mit Rohrbruch erlebt.«

Was sollte das nun wieder heißen?

»Ich schau dann mal nach.«

Im Hausgang wartete er einen Moment, bis sich seine Augen an die Dunkelheit gewöhnt hatten. An der linken Wand standen mehrere mit Wasser gefüllte Plastikeimer. Daneben lagen ausgewrungene kleine und große Lumpen. Die alte Knoob hatte sich ganz schön ins Zeug gelegt. Stramme Leistung für eine Frau ihres Alters. Kein Wunder, dass die Zeit für sie wie im Flug vergangen war. Einer der Lumpen lag ausgebreitet als Fußabtreter auf dem Steinboden. So gut es ging, streifte Böhm das Streugut daran ab, ehe er bemerkte, dass er auf einem Planetensystem herumtrampelte. Wo hatte die Knoob denn diese sonderbaren Tücher her?

Als er den Treppenabsatz der ersten Etage im spärlichen Licht erreichte, erblickte er eine vornübergebeugte Schattengestalt, die einen vollgesogenen Lappen in einen Plastikeimer auswrang. Die Person machte ihm Platz. Böhm erkannte eine kleine, kugelrunde Frau in dunklem Hausanzug aus. Als sie sich umdrehte, sah er, dass sie schwarz war. Das also hatte die alte Knoob mit ihren unleidigen Bemerkungen gemeint. Er bedankte sich, wollte sich am Geländer vorbeiziehen, blieb dann aber fast am Eimer hängen.

Als er zum nächsten Treppenabsatz aufschaute, bemerkte er ein weiteres, kleineres Augenpaar, das wie zwei winzige Scheinwerfer in der Dunkelheit strahlte.

Die neue Mieterin schob den Eimer ein Stück beiseite und meinte: »Jetzt sollten Sie gut vorbeikommen.«

Böhm stand da wie ein Volldepp, ehe er ein unbeholfenes Danke und einen weiteren Satz hervorbrachte. »Tut mir leid, dass Ihr Einzug so unschön verläuft.«

Auf dem oberen Treppenabsatz tauchte vor ihm noch ein zweites kleines Augenpaar auf, und jetzt fiel etwas Licht durch den Türspalt ins Treppenhaus. Die beiden kleinen Augenpaare blinzelten und schauten ihn mit unverhohlener Neugierde an.

»Es gibt Schlimmeres«, meinte die Frau.

Böhm spürte, dass das nicht einfach nur so dahergesagt war. Mit einem Male wirkte sie wie eine Löwin, die über ihre Jungen und deren Unterschlupf wachte.

»Mein Name ist Sani. Femi Sani. Das sind meine beiden Kinder, Victor und Sophia.«

Die Kleinen beobachteten ihn, ohne sich in ihren kleinen gelben Micky- und Minnie-Maus-Gummistiefeln von der Stelle zu rühren. Dann trat eines der kleinen Augenpaare doch noch vor und meinte mit Piepsstimme: »Mama ist heute mit uns eingezogen. Unsere Wohnung ist gaaaaanz groooooß!«

Böhm stutzte, denn er hatte keine Ahnung, wie man mit kleinen Menschen umging. Dann fiel ihm doch noch ein, was er sagen konnte. »Ich habe euren Umzugswagen vor dem Haus gesehen. Dann mal willkommen. Ich heiße Böhm.«

»Böhm?«, wiederholte die Piepsstimme. »Das ist aber ein komischer Name.«

»Nana«, meinte die Mutter. »Böhm ist ein Nachname, Sophia.«

»Och … so wie Müller, Schmitt und Meier?«

»Genau«, bestätigte Femi. Böhm hatte sich den kompletten Namen aufgrund seines schlechten Namensgedächtnisses nicht merken können, aber der würde ja bald neben der Klingel und am Briefkasten stehen.

Er rang sich ein Lächeln ab, von dem er hoffte, dass es Mutter und Kinder nicht vergraulte, und setzte sich wieder in Bewegung. Da fiel sein Blick auf die offenen Umzugskartons, deren Boden völlig aufgeweicht war und in denen Bettzeug und Handtücher lagen, das hieß, ein kümmerlicher Rest davon, wie der Bezug einer Kinderzudecke. Schlagartig wurde ihm klar, wer das ganze Wasser im Treppenhaus aufgewischt hatte. Und womit.

Femi bemerkte sein Zögern. »Ich habe eine große Waschmaschine und einen Trockner. Und für die Nacht Decken und Schlafsäcke.«

»Ah ja … das ist gut«, brachte er hervor, als wäre die große Leere ein Markenzeichen seines Gehirns, aber dann hatte er doch noch einen Geistesblitz. »Notieren Sie sich alles, was unter dem Rohrbruch gelitten hat. Die Versicherung wird dafür aufkommen.«

Femi zuckte mit den Schultern. »Danke. Wir haben nur etwas Wasser im Flur. Und in den Umzugskisten waren eh nur Handtücher und Bettzeug.« Sie hob den Lappen an, den sie gerade ausgewrungen hatte, und Böhm identifizierte ihn als Kinderkopfkissenbezug mit Planetenmotiv.

»Halten Sie den Schaden trotzdem schriftlich fest«, beharrte er und setzte seinen Weg fort.

Die Panzerverriegelung an seiner Tür öffnete sich mit lautem Knarzen. Er würde das Schloss demnächst mal einfetten. Er schaltete das Licht ein, betrat den Flur und stand auf dem platschnassen, orientalischen Läufer, den er von seinen Eltern geerbt hatte. Über die alten Dielenbretter zog sich ein dünner Wasserfilm. Der Schuhschrank und die Garderobe aus Holz mussten schleunigst aus dem Wasser raus. Ganz zu schweigen von den anderen Möbeln. Er wollte sich lieber nicht vorstellen, wie es ein Stockwerk tiefer bei der alten Knoob aussah.

Im Uhrzeigersinn ging er die Räume ab. Bade- und Schlafzimmer im hinteren Bereich waren von dem Desaster verschont geblieben, aber in den vorderen Räumen hatte es die Außenwände des Wohnzimmers und der Küche erwischt. Als er auf seine kleine, aber feine Bibliothek schaute, wurde ihm das Herz schwer. Die Bücher im obersten Regal hatten sich wie Schwämme mit Wasser vollgesogen, aber auch das Papier der Bände darunter hatte sichtlich gelitten. Seine Bücheroase war zerstört. Da biss die Maus keinen Faden ab. Müde glotzte er einen Moment lang vor sich hin, dann zog er einen der Titel aus dem Regal und begutachtete ihn. Die Sonderausgabe von A. L. Philipps' *Scotland Yard* aus den 50er-Jahren war dahin. Und auch bei den anderen Büchern war nichts mehr zu machen.

»Du siehst traurig aus. Sind die kaputt?«

Fast wäre er erschrocken zusammengefahren, dabei war es nur Sophias Piepsstimme, die er hinter sich gehört hatte. Und es war ihm, als meinte sie mit der Traurigkeit und dem Kaputtsein nicht die Bücher, sondern sein Herz. Er warf den aufgequollenen Papierbrocken auf den Boden vor das Regal. »Leider ja.«

»Das ist schlimm«, piepste sie. »Aber dein Fernseher, der sieht noch ganz aus.«

Das stimmte. Die Flimmerkiste war mit heiler Haut davongekommen, weil sie auf der trockenen Seite des Zimmers stand. Die Bücher waren jedoch sein Ein und Alles. So niedergeschlagen war er schon lange nicht mehr gewesen. Wobei, vorzeitig in Rente geschickt zu werden, hatte sich auch nicht besonders toll angefühlt. Er holte tief Luft und inspizierte jedes einzelne Buch, als hätte er dafür alle Zeit der Welt. Unterbewusst nahm er wahr, wie sich Sophia in ihren kleinen bunten Gummistiefeln entfernte. Platsch. Platsch. Platsch.

Es klopfte zackig an die Wohnzimmertür.

»Und? Wie schaut's aus?«, erkundigte sich die alte Knoob. »Ach, Ihr Fernseher ist noch in Ordnung. Na, da hatten Sie mehr Glück als ich.«

Sie drehte sich zu dem jungen Mann um, der hinter ihr mit mehreren Großpackungen Toilettenpapier stand. Böhm hob die Augenbrauen. Litt das Haus jetzt etwa unter Dauerdurchfall?

»Verteilen Sie die mal in Ihrer Wohnung. Saugen das Wasser wie nix auf.«

Ein paar Minuten später nahm der weiße Zellstoff seine Saugtätigkeit auf. Dann kehrte Böhm zu seiner Bibliothek zurück. Einige Titel hatten doch noch überlebt. Gut, ein paar Wellen würde das Papier am oberen Rand schon schlagen, aber die alte Knoob hatte sicher eine Idee, wie er die Bücher am besten trocknen konnte.

Während er so überlegte, hörte er die kleinen Gummistiefel zurückkehren.

»Hör mal, Böhm«, meinte Sophia und trat vor ihn hin. »Du musst nicht mehr traurig sein, weißt du. Ich teile meine Bücher mit dir. Die sind soooooooo spannend.«

Böhm schaute auf die Piepsstimme hinab. Sophia war so klein, dass er sich tief zu ihr hinunterbeugen musste, als sie sich streckte, um ihm zwei ihrer Bücher zu übergeben. *Disneys Lustige Taschenbücher*. Böhms Herz wurde vor Rührung schwer.

Er sprach ein *Dankeschön* und las dann die Titel.

Das Phantom und *Donald in tausend Nöten.*

34

Emmas Blickfeld verengte sich zu einem finsteren, langen Tunnel, an dessen Ende Pietà mit der Werkzeugtasche in der Hand auf sie wartete. Ihr Herz raste wie das eines Hasen, der von einem Fuchs über ein Feld gejagt wurde. Mehr schlecht als recht steckte sie die Karte zurück in den Umschlag und stopfte sie in die Schublade des Beistellwagens. Danach lag sie da wie gelähmt und wagte kaum zu atmen.

Konzentriere dich!

Die Stimme musste durch die regionale Presse und aus dem Internet von ihrem Überleben erfahren haben. Emma hätte jedoch nicht gedacht, dass sie sie in der Charité aufspüren würde. Hörte dieser Albtraum denn niemals auf?

Wie hatte *die Stimme* überhaupt herausgefunden, wo sie lag?

Jemand von den Bullen oder vom Krankenhauspersonal musste gequatscht haben. Wahrscheinlich hatte sich eine der blöden Krankenschwestern mit ihrem Insiderwissen wichtig gemacht, vielleicht sogar Geld dafür kassiert. Es gab immer eine undichte Stelle. Das hatte Emma schon während ihrer Zeit in der Gang und in der Schule gelernt.

Sie musste hier weg. Schleunigst!

Verdammte Scheiße!

Ihr Blick fiel auf die Rückansicht ihres Aufpassers im Flur, *Mr. Very Wichtig*. Inzwischen hatte sich herausgestellt, dass der Kerl gar kein langer Lulatsch war, sondern ein Sitzriese mit langem Oberkörper und kurzen Beinen wie dieser Johann Wolfgang von Goethe.

Wie spät es wohl war?

Sie seufzte. Im Zimmer war keine Uhr und der Fernseher funktionierte auch nicht. Aber sie schätzte, dass der Smartphone-Suchti bald wieder aufstehen und sich die Beine vertreten würde. Spätestens wenn Schwester Kristina ihren nächsten Routinegang absolviert hatte. Die Gelegenheit, um abzuhauen.

Es gab da nur ein Problem. Sie konnte schlecht mit nacktem Hintern im Krankenhauskittel durch die Nacht laufen. Auch nicht mit bloßen Füßen. Nicht bei dieser Witterung. Sie brauchte ein paar Klamotten. Schuhe. Dann würde sie die Strecke zu ihrem Geheimversteck schon schaffen.

Nach Hause zu ihren Eltern zu gehen, kam nicht infrage. Wenn *die Stimme* ihren Gangnamen kannte, kannte sie auch deren Adresse. Und wenn *die Stimme* die Adresse kannte, war sie auch über Emmas Gewohnheiten informiert. Nein, nach Hause konnte sie ganz sicher nicht. Dort würde auch die Polizei zuerst nach ihr suchen.

Konzentriere dich, verdammt noch mal!

Es war seltsam, einerseits lähmte die Angst ihren Geist, andererseits beschleunigte sie ihr Denken.

Wo und wann hatte *die Stimme* sie eigentlich entführt? War es der Dienstag gewesen? Der Mittwoch? Dienstags ging sie zur Bibliothek. An den anderen Tagen stöberte sie oft in den Bücher-Antiquariaten in der Prenzlauer Allee oder beim Botanischen Museum. Nur noch selten zog es sie ins *KaDeWe*. Wieso, zur Hölle, konnte sie sich an nichts erinnern?

Du musst hier weg. Konzentriere dich auf die Flucht!

Was, wenn *die Stimme* ihr geheimes Versteck in den Kellern der ehemaligen Stadtbibliothek kannte? Konnte ihr Entführer von dem Zugang aus dem Zweiten Weltkrieg erfahren haben? Sie hatte keinem ihrer früheren Freunde davon erzählt. Und sie hatte dieses Versteck auch nicht in ihrem Tagebuch erwähnt. Jedenfalls nicht direkt. Aber konnte sie dieses Geheimnis unter Drogeneinfluss preisgegeben haben?

In ihrem Versteck unter der Bibliothek befand sich ein abgelegener Raum, den sie bereits vor dem Unfall genutzt hatte, wenn sie mal für ein, zwei Tage hatte untertauchen wollen. An diesem Ort hatte sie neben ein paar Habseligkeiten und Klamotten auch einen kleinen Revolver samt einer Schachtel Munition versteckt. Für einen Appel und ein Ei hatte sie die Waffe einem Junkie abgekauft und dann im Keller eines verlassenen Industriegebäudes ein paar Schießübungen mit Plastikflaschen und alten Matratzen veranstaltet. Eigentlich war die Zielschießerei mehr eine Art Sport gewesen, aber jetzt war der Zeitpunkt gekommen, wo die Waffe für sie den Unterschied zwischen Leben und Tod machen konnte.

Eine gefühlte Ewigkeit später – in Wahrheit mochten höchstens 10, 15 Minuten vergangen sein – glotzte endlich Schwester Kristina ins Zimmer und wechselte ein paar unverständliche Worte mit *Mr. Wichtig*. Emma stellte sich schlafend, die Decke über den Kopf gezogen, sodass ihr Haar nicht hervorschaute. Nun war ihre Körpergröße von Vorteil, denn sie konnte komplett unter der Bettdecke verschwinden. Das würde ihrer Tarnung zugutekommen, wenn sie mit Hilfe des Kissens vorgab, noch im Bett zu liegen, während sie längst über alle Berge war.

Zwei, drei Minuten nachdem Schwester Kristina ihre Runde beendet hatte, verließ der Nachwuchsbulle seinen Posten.

Emma glitt leise aus dem Bett, schob das Kissen unter die Decke und schlich zur Tür. Nach einem kurzen Blick zurück beschloss sie, den auf dem Bett liegenden *Grafen von Monte Christo* nicht zurückzulassen. Wenn sie schon die nächsten Tage in dem einsamen Kellerloch würde sitzen müssen, wollte sie wenigstens wissen, wie Edmonds Geschichte ausging.

Das Buch fest in der Hand spähte sie in den Gang. Zur Linken, Richtung Schwesternzimmer, war niemand zu sehen, als sie den Kopf dann aber nach rechts drehte, traf sie der Schlag. *Mr. Wichtig* stand in der Ecke vor dem hohen Fenster und knutschte doch glatt mit einer der Krankenschwestern herum. *Verdammter Mist!* Wo kam die denn auf einmal her? Emma konnte von Glück sagen, dass die beiden viel zu sehr miteinander beschäftigt waren, um sie zu entdecken.

Genervt kehrte sie ins Zimmer zurück und schaute hinter der Jalousie aus dem Außenfenster. Beobachtete *die Stimme* sie vielleicht? Ein Meer aus fetten Schneeflocken fiel vom Himmel, als wäre Frau Holle völlig durchgeknallt. Eins stand jedenfalls fest, das Fenster lag viel zu hoch, um einfach rauszuspringen. Außerdem war da noch immer das Nackter-Hintern-Problem.

Sie riss sich von dem Ausblick los und begutachtete das Bad, aber außer Seife, ein paar Handtüchern, einer Zahnbürste, einer kleinen Tube Zahncreme und einem Plastikkamm aus dem Klinikbestand war da nichts. Auch die eine Hälfte des doppelten Einbauschranks im Zimmer war bis auf eine Wolldecke und ein Extrakissen leer. Aber in der anderen

Hälfte – sie konnte es kaum fassen! – hing ein dicker, langer Männer-Morgenmantel und im unteren Regalfach standen ein paar weiße Sneaker neben einer soliden Edelstahl-Bettpfanne mit Griff.

Sie streifte den Mantel über, band ihn zu und schlüpfte in die Sneaker. Die Dinger boten keinen Halt, waren zu groß. Das Laufen würde darin schwierig werden. Noch einmal spähte sie in den Gang. Sowohl *Mr. Wichtig* als auch die von ihm Abgeknutschte waren verschwunden. Fragte sich nur, wohin? Gab es im hinteren Bereich eine Toilette, ein freies Zimmer oder ein Treppenhaus?

Mucksmäuschenstill, in der einen Hand das Buch, in der anderen die Bettpfanne, schlich Emma auf den Flur und in der Hoffnung, ein Treppenhaus zu entdecken, zum Aussichtsfenster. Die Treppe entpuppte sich als Aufzug, dessen Tastatur angab, dass er ohne Zwischenstopps in den Keller führte. Keine Leute, die auf dem Weg nach unten zustiegen. Das war schon mal nicht schlecht.

Sie drückte die Ruftaste, inständig hoffend, dass der Aufzug leer war, doch als die Tür zurückfuhr, starrte *Mr. Very Wichtig* sie an, als wäre sie ein leibhaftiger Geist.

»Du?«, meinte er grinsend, nachdem er den ersten Schock überwunden hatte.

Scheiß drauf, dachte Emma. Die Situation unterschied sich keinen Deut von ihren Konfrontationen in der Gang.

Postwendend warf sie ihm den *Grafen* zu, und noch während der Trottel das Buch reflexartig fing und ihm aufging, dass das ein Fehler gewesen war, hechtete sie auch schon vorwärts, holte mit der Bettpfanne aus und drückte die Taste für den Keller.

35

Schnee und nochmals Schnee. Böhm seufzte. Sein Leihwagen war von den anderen zugeschneiten Autos kaum mehr zu unterscheiden. In der Früh würde er die Kiste freischaufeln müssen. Am besten, er ließ den Wagen einfach stehen und nahm sich ein Taxi ins Präsidium. Nach der ganzen Arbeit rund um den Rohrbruch fühlte er sich so groggy, als steckte die Beulenpest in ihm. Er kehrte ins Bad zurück und putzte sich die Zähne.

Der Klempnernotdienst war erst am späten Abend aufgetaucht. Zwei Gesellen und ein Azubi, die sich seit dem Mittag in der Stadt von Rohrbruch zu Rohrbruch durchgearbeitet hatten. Die vom Wasserschaden betroffenen Möbel hatte Böhm mit einem Möbelhund, den er seit Jahren zusammen mit einem altersschwachen Drahtesel im Keller aufbewahrte, und Femis Hilfe aus der Gefahrenzone geschafft. Im Laufe des Vormittags sollten dann Mietgerätschaften wie Kondensations- und Absorptionstrockner installiert werden. Darum wollte sich zu Böhms Erleichterung aber die alte Knoob kümmern, da er ins Präsidium musste. Und natürlich hatte sie diesen Notstand nicht unkommentiert gelassen: »Dann haben die die Polizei jetzt so weit kaputtgespart, dass sie sogar die Rentner zurückholen müssen? Ich sag's ja, diese Stadt ist am Ende.«

Da die Verschuldung Berlins samt all den sogenannten Taugenichtsen in der Politik eines der Lieblingsthemen der Knoob war, hatte er sich davor gehütet, darauf einzugehen, und nur genickt, denn ihr zweitliebstes Thema war die Verschuldung der Stadt aufgrund von vermeintlich viel zu vielen Sozialhilfegeldern.

Er stellte die Elektrozahnbürste zurück ins Ladegerät, klappte die Türen vom Hängeschrank über dem Waschbecken zu – und stutzte. War das da wirklich sein Spiegelbild? Die Falten um Augen und Mund waren die reinsten Tiefseegräben, seine Sehorgane so gerötet, als hätte er die letzten Stunden durchgesoffen.

Du wirst langsam alt, Junge. Besorg dir schon mal einen Grabstein mit einem coolen Spruch. Am besten so etwas wie Ich bin dann mal weg! *oder* Wer früher stirbt, ist länger tot!

Er streifte die Schlafanzugjacke über und ging durch den Flur, um die Wohnungstür abzuschließen. Ein leichter Druck im Brustkorb erinnerte ihn an das Herzproblem, das ihm im letzten Jahr mehrmals klar gemacht hatte, wie sich sein Sterben einmal anfühlen könnte. In gewisser Weise hatte er sich mit der eigenen Endlichkeit arrangiert. Er hoffte, dass es, wenn es einmal so weit war, wenigstens schnell ging. Aber vielleicht kam ja alles ganz anders. Es gab schließlich viele Arten, ins Gras zu beißen. Der Flieger, in dem man saß, konnte abstürzen. Ein Betrunkener, der die rote Ampel an einer Kreuzung überfuhr. Man konnte auch einfach in der vollen Badewanne absaufen oder in einem Teller mit Erbsensuppe ersticken. Aber auch wenn es viele Arten zu sterben gab, so starb jeder nur einmal. Er glaubte nicht an Himmel oder Hölle. Oder an Verwandte und Freunde, die einen auf der anderen Seite mit einem warmen Lächeln empfingen. Genau genommen glaubte er an gar nichts. Nicht einmal an das Schicksal.

Er lauschte noch einmal in den Hausgang hinein, bevor er die Wohnungstür zuschloss. Aus Femis Wohnung drangen gedämpfte Geräusche. Sie räumte wohl noch Kisten aus. Während der Möbelrückerei waren er und Femi ins Gespräch gekommen und so hatte er erfahren, dass ihre Eltern, Christen, aus Nigeria geflohen waren, um Terror, die Scharia und eine korrupte Regierung hinter sich zu lassen. Sicherheit hatten ihre Eltern gesucht und in Deutschland gefunden. Femis Vater arbeitete seit vielen Jahren als Lagerist für eine Drogeriekette. Ihre Mutter halbtags für ein Reinigungsunternehmen. Femi selbst – sie war zwölf Jahre alt gewesen, als sie nach Deutschland gekommen war – war von Beruf Ergotherapeutin.

Von Sophia und Victor war kein Mucks mehr durch den Hausflur zu hören. Wie es aussah, schliefen die Kinder jetzt. Schon vor gut zwei Stunden hatte Femi versucht, sie zu Bett zu schicken, aber für die Kleinen war das alles ein Riesenabenteuer. Sophia hatte Böhm dann auch ihr großes Weltraumbuch gezeigt. Ihre Mutter hatte versprochen, mit ihr zum *Planetenum* zu fahren. »Planetarium«, hatte Femi korrigiert. Im Gegensatz zu Böhm kannte Sophia das Sonnensystem mit allem Drum und Dran. Astronautin wollte sie einmal werden. Dann könnte sie zu den Sternen fliegen und fremde Welten erforschen. So wie Mister Spock, ihr großes Vorbild. Nein, Prinzessin spielen sei nicht ihr Ding. Prinzessinnen mussten zu viel zu Hause hocken und auf den Prinzen warten.

Böhm hatte nach dem ganzen Rummel mit der Möbel-Plackerei für alle das Abendessen spendiert. Zwei Pizzen in der Größe von Wagenrädern mit allem Möglichen belegt. Und als Ausgleich einen Salat, den jedoch nur Femi und er angerührt hatten. In Böhms Waschmaschine und Trockner lief gerade die zweite Runde zur Reinigung von Femis Bettwäsche und Handtüchern zu Ende. Das war das Mindeste, was er hatte tun können, um sich für ihre Hilfe nach dem Wasserschaden zu revanchieren.

Sie waren mit dem Pizza-Essen kaum fertig gewesen, als Annetta Niedlich angerufen und ihm berichtet hatte, was sie über Patrick Galinat, das männliche Opfer, herausgefunden hatte. 49 Jahre alt. Inhaber einer mittelgroßen Immobilienagentur mit 15 Mitarbeitern, deren Umsatz im letzten Jahr noch einmal ordentlich gestiegen war. Ein Geschäftsmann ohne

Rücksicht auf Verluste, der ursprünglich einmal Linguistik in Frankfurt studiert hatte. Ein Verfechter des freien Marktes, auf dem Angebot und Nachfrage den Preis bestimmten und wohnungssuchende Otto Normalverdiener keine Rolle spielten. Des Weiteren hatte Niedlich herausgefunden, dass Galinat in zweiter Ehe geschieden, Single und ein ziemlicher Workaholic gewesen war. Ein echter Selfmademan, über den es im letzten Jahr sogar einen Artikel im *Manager Magazin* gegeben hatte. Das klang nach dem perfekten Ziel für einen Killer wie Pietà. Böhm fragte sich jedoch, worin, in Pietàs Augen, Galinats Unmoral bestanden hatte. Hatte er hinter den Kulissen mit der organisierten Kriminalität oder Prostitution zu tun gehabt?

»Gute Arbeit«, meinte Böhm, verblüfft darüber, dass er sich zu einem Lob hatte hinreißen lassen.

Gleich morgen früh würde er zur *Galinat Immobilien GmbH* aufbrechen, um die Mitarbeiter zu befragen. Da Galinat wohl kaum erst letzte Nacht entführt worden war, war er gespannt darauf, zu erfahren, weshalb niemand den Mann, der in seinen Kreisen nun wahrlich kein Unbekannter war, als vermisst gemeldet hatte.

Auf dem Weg ins Bett machte er noch einen Schlenker in die Küche, um ein Glas Wasser zu trinken und das Licht auszuschalten. Dabei fiel sein Blick auf das Weihnachtsgeschenk der alten Knoob, das er heute Morgen ausgepackt hatte. Der Abreißkalender mit den Tageshoroskopen. Tja, vor dem Rohrbruch hatte das Horoskop Böhm jedenfalls nicht gewarnt. Ebenso wenig vor Pietà.

Stirnrunzelnd erinnerte er sich allerdings, dass der Kalendertext ihn noch auf dem Laufband in der Herzklinik beschäftigt hatte. War das nicht verrückt?

Er schlug das Tageshoroskop von heute noch einmal auf.

Eine Begebenheit aus Ihrer Vergangenheit bringt Sie wieder in Kontakt mit einer großen Organisation. Rasche Resul-

tate sind gefragt. Sie könnten Ihr Alter spüren. Die gute Nachricht: Ein jüngerer Mensch überrascht Sie.

Hm. Das klang gar nicht mal so verkehrt. Irgendwie sogar gruselig. Einen Moment lang spielte er mit dem Gedanken, das morgige Horoskop zu lesen, ließ es dann aber sein. Auf sich selbst erfüllende Prophezeiungen hatte er nun wirklich keinen Bock. Aber morgen Abend würde er trotzdem mal nachsehen, wie der Tag nach Horoskop hätte verlaufen sollen.

Todmüde schlurfte er ins Schlafzimmer.

36

Die Nachricht auf der Beileidskarte hatte sich in Emmas Gehirn eingebrannt wie ein Brandstempel und wurde auf ihrer Flucht zum Mantra.

Hast du deine Lektion noch immer nicht gelernt? Dabei ist sie so einfach: Wenn du durch die Hölle gehst, geh weiter. Ruhe dich nicht aus. Bleib nicht stehen. Höre nicht auf das, was die Schwachen dir sagen. Halte deinen Kurs und bleib stark!

Wir sehen uns wieder.

Aufgrund der Schneemassen kam sie nur langsam voran. Dann entdeckte sie neben einem Copyshop ein altes, ungesichertes Mountainbike mit dicken Allroundreifen und setzte ihre Flucht damit fort. Über die Luisenstraße fuhr sie geradewegs nach Süden und überquerte bei eisigem Wind die Spree, um schließlich im Zickzackkurs über die Dorotheen- und Friedrichstraße an der rumänischen Botschaft und dem Dussmann Kulturkaufhaus vorbei Richtung Osten zu fahren. Die winterliche Pracht nahm sie vor allem als Risikofaktor wahr, denn es war viel zu hell für ihr nächtliches Unterfangen, weshalb sie besonders auf potenziell gefährliche Leute, Streifenwagen oder den Räumdienst achtete.

Mit einem Schmunzeln kam ihr die Situation am Aufzug mit *Mr. Very Wichtig* wieder in den Sinn. Nie würde sie – nach seinem dreckigen Grinsen – die Verblüffung in seinem Froschgesicht vergessen, als sie ihm den Dumas zugeworfen und mit der Bettpfanne zugeschlagen hatte. Ohne einen Laut – vom vollen Klang der Bettpfanne einmal abgesehen – war der Typ gegen die Rückwand des Aufzugs getaumelt und wie ein Zementsack in sich zusammengesunken. Emma hatte nur noch hoffen können, dass Schwester Kristina den Gong nicht gehört hatte, denn die Lifttür hatte sich für ihr Empfinden viel zu langsam geschlossen und der Aufzug sich viel zu gemächlich in Bewegung gesetzt.

Im Keller sondierte sie erst einmal die Lage, bevor sie *Mr. Wichtig* ganz aus dem Aufzug zog. Schräg gegenüber machte sie eine Glastür aus, die zu einer Treppe führte, aber etwa 30 Meter entfernt schob gerade ein Klinik-Mitarbeiter ein leeres in Klarsichtfolie gehülltes Bett auf den Gang. Als der Mitarbeiter verschwand, schleifte sie *Mr. Wichtig* wie einen Sack Kartoffeln zur Glastür und die Treppe hinunter, die, dem Geruch nach, zu einem Maschinenraum führte. Sicher kein sehr belebter Ort um diese Zeit und ideal zum Klamottentausch. Zudem bot der Treppenabsatz unter den Stufen einen guten Sichtschutz.

Emma verbarg das auffällige Polizeilogo, indem sie die Jacke auf links drehte. Die Stiefel und die Hose würden bei dem Wetter kaum auffallen. Dann fesselte sie *Mr. Wichtig* mit seinem Schlips und seinen Baumwollstrümpfen und knebelte ihn mit seinem Taschentuch. Seine Papiere ließ sie da, steckte aber die 70 Euro Bargeld ein, die sie in der Hosentasche fand. Mit dem Bademantel deckte sie ihn zu. Keine Frage, er würde mit einer ziemlich fiesen Beule und ebenso fiesen Kopfschmerzen aufwachen. Aber das gehörte nun mal zu seinem Job-Risiko. Die nächste Bewachung würde er sicher ordentlicher durchführen.

In der Nähe der alten Bibliothek stieg sie vom Rad und ließ es hinter einem Busch in den tiefen Schnee sinken, bevor sie hinüber zur Universitätsstraße lief, eine der vier Straßen, die die Bibliothek umrahmten. Noch immer standen etliche Baustellencontainer dort, da Teile des Gebäudes saniert wurden, dazwischen Straßengullys mit Leitern, die in die Kanalisation führten. Um sich in der Dunkelheit zurechtzufinden, hatte Emma in der Backsteinwand eines Seitenschachts der Kanalisation eine LED-Lampe in einer Plastiktüte versteckt. Auch an zwei weiteren Orten hatte sie kleine LED-Lampen mit Ersatzbatterien deponiert. Die Vorkehrungen zahlten sich nun aus. Seit sie denken konnte, hatten sie verlassene, geheimnisvolle Orte fasziniert. Schon während ihrer Zeit in der Gang war sie mit Matteo, als dieser noch nicht völlig übergeschnappt gewesen war, nachts in einsame Tunnel- und Bunkersysteme eingestiegen.

Vor einem Dreivierteljahr hatte sie dann Vadim Jerschow, einen mittelgroßen, drahtigen Burschen kennengelernt. Er war der Inhaber eines Gebrauchtbuchladens in Schöneberg. In der Leseecke mit den abgewetzten Ledersesseln hatten an den Wänden neben Bildern von Schriftstellern auch solche von verfallenen, geisterhaften Orten gehangen. Nach einigen Wochen hatte Emma Vadim darauf angesprochen. Vadims Leidenschaft waren neben Büchern Lost Places – Emma hatte den Begriff damals das erste Mal gehört – und daher veranstaltete er im kleinen Kreis gelegentlich Erkundungstouren, die in seinem Buchladen starteten und auch dort endeten.

An einer dieser Touren hatte Emma teilgenommen, und es war nicht bei diesem einen Trip geblieben. Von Vadim hatte sie von den ungeschriebenen Gesetzen der Szene erfahren und gelernt, wie man in den Untergrund und sogar in aktive Stadtgebäude einstieg. Die Hauptregeln lauteten, niemals einen Lost Place allein aufzusuchen, niemals etwas mitzunehmen, außer selbst gemachten Fotos, und nichts zu hinterlassen, außer Fußabdrücken.

Gegen die erste Regel hatte Emma schon bald verstoßen. Oft war sie trotz der Risiken allein in verfallenen Industriegebäuden oder Abwassersystemen unterwegs gewesen. Natürlich hatte sie sich schlaugemacht, worauf sie achten musste, denn sie hatte keinen Bock gehabt, aufgrund irgendwelcher Gase in einem der Abwasserstollen und -schächte das Bewusstsein zu verlieren und als Leiche mit jeder Menge Scheiße zu irgendeiner Kläranlage gespült zu werden. Auch hatte sie stets ein Auge auf zerbrochenes Tür- und Fensterglas gehabt und sehr genau darauf geachtet, wohin sie trat. Davon abgesehen konnte man während eines solchen Trips auch sehr unangenehmen Leuten begegnen. Deshalb bewegte sie sich äußerst vorsichtig durch die Dunkelheit und achtete stets auf ungewöhnliche Geräusche oder Lichter. Auf einem ihrer Solotrips hatte sie schließlich einen Zugangsschacht als Teil des Belüftungssystems der Bibliothek entdeckt. Kein ausgewachsener Mensch hätte hindurchgepasst. Aber Emma schon. So hatte sie im unteren Bereich des zweistöckigen Kellers, westlich des Lesesaals, ihr Geheimquartier gefunden. Inzwischen kannte sie nicht nur den Untergrund der Bibliothek, sondern auch die Gewohnheiten der Mitarbeiter und des Hausmeisterteams.

Als sie ihr abgelegenes Versteck, durch das ein Teil der Heizungsrohre lief, endlich erreichte, war sie durchgefroren wie ein Eisblock und spürte kaum noch ihre Finger und Zehen, dazu tobte ein dröhnender Kopfschmerz hinter ihrer Stirn. Sie breitete die Isomatte und den Bundeswehrschlafsack, die sie mit anderen Sachen hinter einem alten Magazinschrank versteckt hatte, auf dem Boden aus und ließ sich erschöpft darauf nieder. Eine ganze Weile saß sie nur da, massierte Finger und Zehen und starrte die grauen Steinwände im fahlen weißen Schein eines kleinen Knicklichts an.

War es dumm gewesen, aus der Klinik abzuhauen?

Gut möglich.

Wäre es dumm gewesen, in der Klinik zu bleiben?

Definitiv.

Eine Lusche wie Mr. Very Wichtig hätte sie ganz sicher nicht vor *der Stimme* schützen können. Und diese Annetta Niedlich – zugegeben, sie war ziemlich aufgeweckt – und ihr abgewrackter Partner waren *der Stimme* sicher auch nicht gewachsen. Die beiden wirkten jedenfalls nicht wie das einfallsreiche, kampferprobte Polizisten-Duo *Murtaugh und Riggs* in *Lethal Weapon*. Emma fühlte sich dann schon eher in diesem Kellerraum sicher, den selbst der Hausmeister und die Putzkolonne vergessen hatten. Außerdem liebte sie den Lesesaal über dem Keller und die wohlklingende Adresse Unter den Linden.

Als sie die Bibliothek das erste Mal betreten hatte, hatte sie im Eingangsbereich und in den Gängen die Bildergalerie und die Informationen zur Geschichte der Bibliothek in den Schaukästen studiert. Im Zweiten Weltkrieg war die Kuppel durch Bombentreffer zerstört worden. Auch ein Großteil der übrigen Gebäude des Areals war nicht unbeschadet geblieben. Die umfassendsten Wiederaufbaumaßnahmen waren aber erst nach der deutschen Wiedervereinigung erfolgt. Ihnen verdankte das alte Gemäuer den futuristischen würfelförmigen Lesesaal im Mittelteil.

Nachdem Emma Finger und Zehen wieder spürte und sich klarer im Kopf fühlte, überprüfte sie ihre Vorräte. Hartkekse, Proteinriegel und ein paar Wasserflaschen boten zwar keine große Abwechslung, aber damit würde sie die nächsten Tage schon zurechtkommen. Sie schlüpfte in den warmen Trainingsanzug, den sie zusammen mit anderen Kleidungsstücken und ein paar ausgelatschten Ledersportschuhen in einer beigen Sporttasche aufbewahrte. *Mr. Wichtigs* Polizeistiefel stopfte sie mit Zeitungspapier aus und stellte sie zum Trocknen auf ein Stück Pappe. Gut möglich, dass sie die viel zu großen Dinger noch einmal brauchen würde.

Nachdem sie ein paar von den Keksen gegessen hatte, deckte sie den Leuchtstab ab, nahm die Taschenlampe und machte einen Patrouillengang. Obwohl der Keller keinerlei Ähnlichkeit mit Pietàs Folterkammer hatte, war ihr, als könnte ihr Entführer seine Drohung wahrmachen und jede Sekunde aus einer der vielen finsteren Ecken heraustreten. Das war zwar absurd, trotzdem hämmerte ihr Herz so hart, dass sie befürchtete, das Gebäude über ihr müsste dröhnen wie der Resonanzkörper einer riesigen Trommel. An einer Kreuzung blieb sie stehen, um sich zu beruhigen, dann führte sie den Patrouillengang zu Ende. Ihr Leben konnte davon abhängen.

Sie benutzte schließlich den kleinen Waschraum im Untergeschoss, säuberte Toilette und Waschbecken und nahm die Einwegpapierhandtücher in einer Plastiktute mit, falls jemand auf die Idee kam, die Abfallkörbe zu überprüfen. Leise wie eine Maus kehrte sie in ihr Versteck zurück und schlüpfte in den Schlafsack hinter dem Magazinschrank.

Um ihre Nerven zu beruhigen, las sie im *Grafen von Monte Christo* weiter. Edmonds Schicksal berührte sie. Die vielen schrecklichen Jahre auf der Gefängnisinsel, die ihn fast in den

Wahnsinn und in den Selbstmord getrieben hätten, wäre da nicht der Abbé in der Nachbarzelle gewesen, der schließlich sein Freund und Mentor wurde. Der Abbé erzählte Edmond schließlich von einem geheimen Schatz in den Grotten von Monte Christo und klärte auf, wer Edmond betrogen hatte. Nach dem Tod des alten Abbè, nach über 14 Jahren, floh Edmond aus dem Verlies, barg den Schatz und schmiedete seinen erbarmungslosen Racheplan zu Ende.

Als der Erste der skrupellosen Verräter zur Rechenschaft gezogen wurde, stellte sich bei Emma ein unglaubliches Gefühl der Genugtuung ein und sie spürte, wie sich ihre Furcht vor Pietà in Wut verwandelte und die Wut sie mit dem Gedanken an Rache erfüllte. Wie konnte sich dieser Kerl erdreisten, über ihr Leben zu bestimmen? Wie konnte dieses Scheusal es sich herausnehmen, unschuldige Menschen mit heimtückischen Gedanken über den eigenen Tod zu quälen? All das Gerede über die unzähligen Arten des Sterbens, dass ein Tod im Krieg sowohl grausam als auch Erlösung sei. Die ebenso eindringliche wie lapidare Feststellung, dass jeder einmal sterben musste. Das Philosophieren darüber, was das Sterben eines alten Menschen wohl von dem eines jungen unterschied. All das Geschwafel von der Reise an die Grenze von Leben und Tod und von Erleuchtung.

Wenn Sie Angst haben, Patrick, reden Sie darüber.

Oder: Lächeln Sie, Patrick, lächeln Sie. Wenn Sie es schon nicht für mich tun, dann tun Sie es für Easy.

Und schließlich: Du bist fast fertig, Easy. Noch ein Schlag – und du bist frei!

Die Stimme hatte sie dazu gebracht, die Kontrolle über sich zu verlieren, ihre Angst und die Wut auf einen Hammer und einen Nagel zu konzentrieren – und einen unschuldigen Mann zu töten. Wie im Folter- und Kriegswahn. Am Ende hatte sie nur noch gewollt, dass es endlich aufhörte!

Und Patrick hatte gelitten. Angst, Blut und Wasser geschwitzt, durch den Knebel in seinem Mund vor Wahn und Schmerz geschrien. Dennoch hatte er Emma kein einziges Mal hasserfüllt angeblickt. Er hatte ihr keinen Vorwurf gemacht. Nicht ein einziges Mal hatte er ihr die Schuld gegeben. Das hatte sie in seinen Augen gesehen. Und das machte es noch unerträglicher für sie. Ihre Hilflosigkeit, ihre Schwäche hatte sie als tausendmal grausamer empfunden als alles, was *die Stimme* sie gezwungen hatte, Patrick anzutun.

Sie kochte innerlich. Sie würde es ihrem Peiniger heimzahlen! Sie schwor Rache. Schonungslose, vollkommene Rache. Wie Edmond es in seinem einsamen, kalten Verlies getan hatte.

Sie legte das Buch ab, beugte sich im Schlafsack zur Seite und langte mit der Hand hinter den abgenutzten Schrank, in dem früher einmal Listen, Karteikarten, Marker und anderer Bürokrams gelagert hatten. Ein kleines, ordentlich zusammengewickeltes Plastikbündel kam zum Vorschein. Sie wickelte den Inhalt aus. Die Waffe in ihrer Hand war kein Schreckschussrevolver oder Spielzeug. Damit konnte man einem menschlichen Körper furchtbaren Schaden zufügen, ja, ihn sogar töten.

Sie öffnete die Schachtel mit der Munition, lud den Revolver und wog ihn in der Hand. Ein seltsames Gefühl nach all der Zeit, in der sie keinen Gedanken mehr an die Waffe verloren hatte. Sechs Patronen befanden sich in der Kammer, zwei Dutzend Patronen in der Pappschachtel. Sie hatte den Revolver noch nie gegen ein Tier, geschweige denn einen Menschen gerichtet, doch jetzt erfüllte sie die Vorstellung, *die Stimme* damit ein für alle Mal zum Schweigen zu bringen, mit schierem Glücksgefühl.

Als der Rausch abklang, entdeckte sie ein kleines grünes Stück Pappe zwischen den Buchseiten hervorlugen. Die Visitenkarte, die die junge Polizistin ihr dagelassen hatte. Die hatte sie völlig vergessen. Nun sah Emma sich den Aufdruck genauer an. Die Homepage der Berliner Polizei stand drauf, darunter Annetta Niedlichs Telefonnummer sowie handgeschrieben die Telefonnummer ihres nörglerischen Kollegen, Magnus Böhm.

Sie steckte die Karte in den Parka, den sie zusammen mit dem Schlafsack gebraucht in einem Bundeswehrshop gekauft hatte. Der Parka hatte viele praktische Taschen.

Auch für einen Revolver.

37

Der Wecker schrillte, als wollte er das Jüngste Gericht einläuten. Böhm fühlte sich wie ein Bettlägeriger, der sich von einem Krankenlager erhob. Minutenlang starrte er zur Decke und lauschte mit dröhnendem Gehirn der deprimierenden Schmerzsymphonie seiner Muskeln und Gelenke. Eine geschlagene halbe Stunde brauchte er im Bad, auch um sich für Patricia aufzuhübschen, sollte sie ihm über den Weg laufen. Dieses Mal wollte er nichts verkehrt machen. Keine dummen Äußerungen in der Art, dass er für eine Beziehung nicht geschaffen sei, kein Schiss vor der eigenen Courage. Also riss er sich zusammen und holte das Beste aus seinem angeschlagenen Äußeren heraus, auch wenn das einem Kampf gegen Windmühlen gleichkam.

Als er das Präsidium gegen acht Uhr betrat, bedachten ihn die Kollegen an der Rezeption mit einem eigentümlichen Grinsen.

»Ist was?«, fragte er.

Keiner antwortete.

Dann erinnerte er sich an die beiden viel zu neugierigen Kollegen im Streifenwagen, als seine Karre auf den Abschleppwagen gehievt worden war. Wie's aussah, war die Sache mit den geklauten Rädern wohl doch durchgesickert. Scheiß drauf! Was kümmerte es ihn, was diese Narren über ihn dachten?

Im Kabuff hing Niedlichs Parka bereits über dem Stuhl. Auf sein mundfaules *Hallo* reagierte sie mit einem Blick, als hätte er einen altersschwachen Witz vom Stapel gelassen. Immerhin empfing sie ihn nicht mit diesem hämischen Grinsen.

»Was macht der Rohrbruch?«

Er hängte Baseballkappe und Mantel an den Kleiderständer und erstattete ihr einen kurzen Bericht mit dem Fazit, dass er Glück im Unglück gehabt habe, weil ihm zwei hilfsbereite Mitmieterinnen und zwei Knirpse zur Seite gestanden hatten.

»Solche Nachbarn sind Gold wert«, meinte Niedlich, als lebte sie einsam und verlassen auf einem abgelegenen Eiland.

Als sie die Brille abnahm, um sich die Nasenwurzel zu massieren, zeigten sich tiefe Augenschatten. Selbst ihre Zöpfe hingen wie welke Blumen herab. Trotzdem hatte sie noch immer etwas von einem wachsamen Erdmännchen, das, auf die Hinterbeine gestellt, auf unliebsame Überraschungen gefasst war.

Böhm setzte sich an seinen Schreibtisch. »Haben Sie die Nacht etwa durchgearbeitet?«

»Nicht ganz.« Das war gewiss eine große Untertreibung. Sie seufzte. »Mit den Handyvideos ist es wie mit den Zeugenaussagen. Jeder konzentrierte sich auf die Opfer. Sollte Pietà unter den Schaulustigen gewesen sein, werden wir es wohl nie erfahren.«

Schaulustige und ihre Handys ... einer der Flüche der modernen Zeit, auch wenn sie als Zeugen manchmal von Nutzen waren.

»Überlassen wir das mal Müller und seinen Leuten«, winkte er ab. »Wir haben anderes zu tun.«

Er bemerkte die Tüten mit dem Studentenfutter. Im Gegensatz zu seiner unberührten Tüte war die Niedlichs fast leer. Hatte das Vogelfutter sie bis heute Morgen durcharbeiten lassen?

Böhm bemerkte den neuen Anhang an der Ermittlerwand. Patrick Galinat. Niedlich hatte alles, was sie über ihn herausgefunden hatte, stichwortartig zusammengefasst. Eins musste er ihr lassen, sie war nicht nur auf Zack, sondern auch top organisiert.

Sein Blick ging zu Pietàs Nachricht, die sie noch immer nicht hatten entschlüsseln können. Der ominöse Grundriss bedeutete etwas, half ihnen vielleicht, den Text zu begreifen. Hoffentlich meldete sich bald einer dieser Experten aus dem Bauarchiv.

Er hatte sich gerade aufgerappelt und sich die Informationen zu Galinat noch einmal zu Gemüte geführt, als Toni Vörg auf der Bildfläche erschien, aufgebrezelt wie ein Gigolo auf dem Weg zu einer Tanzveranstaltung. Stellte der Faulpelz sich etwa so einen unauffälligen zivilen Hilfsermittler vor?

»Moin. Was steht an, Chef?« Vörg tippte sich an den Kopf, als trüge er eine Polizeischirmmütze. »Zeugenbefragung? Toxikologischer Bericht? Die Aufnahmen der Überwachungskameras ...«

Chef? Was sollte diese Arschkriecherei?

»Das männliche Opfer ist identifiziert«, fuhr Niedlich ihm in die Parade. Sie deutete auf das Board und musterte Vörg dabei wie das unappetitliche Resultat einer gerichtsmedizinischen Obduktion.

Vörg ignorierte den Seitenhieb, überflog Galinats Profil und wandte sich erneut Böhm zu. »Wo soll ich zuerst hin, Chef? Zur *Immobilien GmbH* oder zu den Galerien?«

Okay, Vörg gedachte also, Niedlich eins auszuwischen, indem er sie ignorierte und ihn *Chef* nannte. Böhm wandte sich an seine Assistentin.

»Sie und Vörg nehmen sich die Galerien vor.« Und an Vörg gewandt: »Niedlich hat das Sagen, ist das klar?«

Vörg schluckte. Dieses Mal kein zackiges *Ja, Chef*.

Böhm fuhr fort. »Ich schaue selbst bei Galinats Firma vorbei und fahre noch einmal in die Klinik, um mit Emma Zabek zu sprechen. Noch Fragen?«

Niedlich und Vörg schauten ihn stumm an. Sie wirkten wie die Mitglieder zweier verfeindeter Gangs, die man in eine Zelle stecken wollte, damit sie sich gegenseitig an die Gurgel gingen. Was für ein Dream-Team!

»Sollte ich in der Klinik nicht besser dabei sein?«, tastete Niedlich sich vor. Sie ging wohl davon aus, dass Emma weiterhin nicht mit ihm reden würde.

»Nein.«

»Und was ist mit dem toxikologischen Bericht?« Auch Vörg suchte nach einem Ausweg. Der Bericht brauchte in der Regel zwei bis drei Tage, und Tag zwei war noch lange nicht zu Ende.

»Celan und Lewandowski werden sich melden, sobald etwas vorliegt. Sonst noch etwas?«

Vörg stand da, als hätte er einen Stock verschluckt. Niedlichs Blick deutete darauf hin, dass sie im Geiste die Hände um Vörgs Hals legte und zudrückte.

Es klopfte an die sich öffnende Tür und eine mollige Frau in einem weinroten Kostüm, runder Hornbrille und brauner Pagenfrisur trat ein. Die Frau war noch kleiner als Niedlich.

»Kriminalhauptkommissar Böhm? Ich bin Doktor Agnes

Xeller, die Analytikerin. Sie haben mir auf den AB gesprochen.«

Böhm erinnerte sich an die pinkfarbene Visitenkarte mit Schnörkelschrift, die Lewandowski ihm in die Hand gedrückt hatte. Dass er Dr. Xeller eine Nachricht hinterlassen hatte, hatte er allerdings vergessen.

»Natürlich. Danke, dass Sie so schnell kommen konnten.«

»Ich war schon gestern da, habe Sie aber nicht angetroffen.« Dr. Xeller rümpfte die Nase. Ihr Blick ging vom Stinkeschrank zur Ermittlerwand mit den Fotos, Zeitungsartikeln und den ersten Ermittlungsresultaten. »Für ein aussagekräftiges Täterprofil brauche ich Zugang zum Tathergang und den Ermittlungen. Auch zu denen vor 14 Jahren. Haben Sie alles bereit?«

Böhm räusperte sich. Du lieber Herr Gesangsverein, die Gute dachte wirklich, er könnte hexen.

»Wir lassen Ihnen die Unterlagen noch heute zukommen.«

»Das ist nicht nötig. Ich kann genauso gut hier arbeiten. Geben Sie mir einfach ein freies Büro.«

Ein freies Büro? Dass Böhm nicht lachte.

Niedlich schaltete sich ein. »Sie können hier arbeiten. Wir sind eh gleich unterwegs. Polizeimeister Vörg wird Ihnen gerne für Weiteres zur Verfügung stehen.«

Vörg atmete tief durch und starrte Böhm an, doch Dr. Xeller ließ weder ihn noch Böhm zu Wort kommen.

»Das klingt doch mal sehr vernünftig. Welchen Schreibtisch nehme ich?«

Niedlich machte ihren Sessel frei. »Ich bin schon weg.«

Böhm wollte Vörg auffordern, sie zu begleiten, und noch ein paar klärende Worte mit Dr. Xeller wechseln, als der klassische Klingelton seines Handys schrillte und ihn wie einen ertappten Schuljungen zusammenfahren ließ.

Das Krankenhaus. War Emma Zabek etwa bereit, zu reden?

Doch dann erfuhr er, dass seine erste und einzige Zeugin im Pietà-Fall in der letzten Nacht still und leise getürmt war.

38

Im Vergleich zum Vortag war nun auf Emmas Station der Teufel los. Schwestern und Pfleger huschten von Zimmer zu Zimmer, und eine resolute Putzfrau stand mit ihrem Reinigungswagen im Warteareal. Im hinteren Bereich des langen Flurs sprachen zwei uniformierte Polizeibeamte mit einer Krankenschwester. Als Böhm sich der Gruppe näherte, winkte der Kleinere der Beamten höflich, aber bestimmt ab.

»Kehren Sie bitte in den Wartebereich zurück. Wir ermitteln hier.«

Böhm zeigte seinen Ausweis. »Kriminalhauptkommissar Böhm. Direktion Fünf. Ich ermittle im Pietà-Fall.«

Als wären sie die *Men in Black,* stellte der Kleinere sich und seinen Kollegen, trotz der Namenshinweise auf ihren Uniformen, mit Yilmaz und Pietsch vor. »Tja, tut uns leid, Herr Kriminalhauptkommissar, aber Ihre Zeugin hat in den frühen Morgenstunden das Weite gesucht.«

Auch wenn Böhm die Nachricht nun schon zum zweiten Mal hörte, traute er seinen Ohren noch immer nicht. Eine Flucht bei diesem Scheißwetter?

»Unser Kollege Friedrichsen«, Yilmaz deutete auf den leeren Stuhl, als säße der Kollege von der Nachtschicht noch dort, »wurde heute früh bewusstlos in Unterwäsche von einem Heizungstechniker im Keller entdeckt.«

»Sie wollen mich auf den Arm nehmen.«

Yilmaz schüttelte den Kopf. »Friedrichsen liegt mit einer Gehirnerschütterung eine Station tiefer, ist inzwischen aber zu sich gekommen. Ihre Zeugin hat ihn niedergeschlagen und seine Uniform geklaut.«

Bei diesen Worten unterdrückte der Kollege Pietsch einen Lachanfall. War der etwa bekloppt? Dann fiel Böhms Augenmerk auf den großen, unförmigen Beweismittelbeutel in seiner Hand, in dem eine Edelstahl-Bettpfanne sichergestellt worden war.

»Das Corpus Delicti, mit dem Friedrichsen außer Gefecht gesetzt wurde«, erklärte Yilmaz.

Böhm benötigte einen Moment, um den Anblick der Bettpfanne samt dem damit verbundenen Szenario zu verdauen.

»Hat jemand gesehen, wie sich die Patientin vom Klinikgelände entfernt hat?«

Pietsch schüttelte den Kopf. »Fehlanzeige. Der Hausmeisterdienst hat die letzten Spuren im Schnee auf den Gehwegen in der Früh beseitigt. Aber einige Bereiche werden videoüberwacht.«

Die Krankenschwester schaltete sich ein, eine Frau mit einem Oberkörper, um den sie so mancher Möbelpacker beneidet hätte. »Wie ich Ihren Kollegen schon gesagt hab, ist Ihr junger Polizeimeister an der ganzen Misere schuld. Der hat seinen Posten bestimmt ein Dutzend Mal verlassen. Wenn Sie mich fragen, hat der den Ernst der Lage gar nicht begriffen.«

Böhms Blick wanderte zum Namensschild auf ihrer Brust. *Kristina* wollte so gar nicht zu der kalten Reibeisen-Stimme passen. »Wurde Ihre Aussage aufgenommen, Schwester?«

Schwester Kristina deutete auf die beiden Beamten, und Yilmaz meinte sofort: »Wir haben jede Silbe dokumentiert.«

Die Schwester schien beruhigt, dass der Zwischenfall somit nicht auf ihre Kappe ging.

»Wurde das Zimmer untersucht?«, fragte Böhm.

»Wir sind noch dabei. Die Patientin hat die Flucht gut getarnt. Sie hat mit ihrem Kissen vorgetäuscht, dass sie noch im Bett liegt.«

Das klang aus Yilmaz' Mund, als hätte sich Emma Zabek über Monate hinweg unter Aufbietung all ihrer Kräfte mit einem Suppenlöffel einen Weg durch den gefrorenen Untergrund ins Freie gegraben. Die Bettpfanne deutete jedoch eher auf ein improvisiertes Manöver hin.

»Hm«, meinte Böhm, und nochmals »Hm«, ehe er stockte. Fing er etwa schon an, Niedlich zu imitieren? Das hätte ihm gerade noch gefehlt. Er schnappte sich ein Paar der bereitstehenden Latexhandschuhe und verschwand in Emmas Krankenzimmer. Zwei Minuten später hatte er den kargen Raum, das Bad und die Schränke bis auf den Beistellwagen inspiziert. In der Schublade entdeckte er einen zerknüllten Briefumschlag, in dem eine weiße Beileidskarte mit schwarzem Aufdruck steckte. Kein Absender. Keine Briefmarke.

Er las den Text.

Das Bewusstsein eines erfüllten Lebens und die Erinnerung an viele gute Stunden sind das größte Glück auf Erden. Cicero.

Hm. Cicero in allen Ehren, aber wer schickte so etwas einem Teenager?

Er öffnete die Karte und spürte, wie ihm beim Lesen der restlichen Nachricht mulmig wurde.

Hast du deine Lektion noch immer nicht gelernt? Dabei ist sie so einfach: Wenn du durch die Hölle gehst, geh weiter. Ruhe dich nicht aus. Bleib nicht stehen. Höre nicht auf das, was die Schwachen dir sagen. Halte deinen Kurs und bleib stark!

Wir sehen uns wieder.

Nun war klar, weshalb Emma bei Eis und Schnee abgehauen war. Lieber wollte sie erfrieren, als diesem Monster noch einmal in die Hände zu fallen.

Er fotografierte Karte und Text ab, steckte alles in einen Beweismittelbeutel und händigte diesen Yilmaz aus.

»Zu Ralf Lewandowski ins Labor.«

Als er sich umdrehte, bemerkte er Schwester Kristinas Reaktion auf den Fund. Ihr fleischiges Gesicht wirkte nach wie vor streng, doch in ihren Augen flackerte für eine Sekunde Schuldbewusstsein auf.

»Können Sie mir etwas zu der Karte sagen, Schwester?«

»Na ja, Schwester Helena meinte, es sei ein Überraschungspräsent, das wir der Patientin mit dem Frühstück übergeben sollten. Da Fräulein Zabek aber schon so früh wach war und nicht schlafen konnte, gab ich es ihr früher. Ich dachte, eine kleine Freude täte ihr gut.«

»Ein Überraschungsgeschenk von wem?«

Sie zuckte die Achseln. »Das hat Schwester Helena nicht gesagt, aber die Karte stammt sicher vom Kiosk im Erdgeschoss. Der Kartenständer ist voll davon.«

Das klang interessant.

»Wann öffnet der Kiosk?«

»Um neun. Wegen der Lieferung ist der Mitarbeiter aber oft schon früher da.«

Böhm ließ die Schwester stehen, bat Yilmaz, ihm das Beweismittel für ein paar Minuten zu überlassen, und machte sich auf den Weg ins Erdgeschoss.

*

Der Kiosk entpuppte sich als eine Art Tante-Emma-Laden, in dem die Patienten so ziemlich alles kaufen konnten, was ihnen den Klinikaufenthalt erleichterte, sofern man gut bei Kasse war. Daneben befand sich ein geräumiges Café mit Speisen und Getränken, das mit seinen weißen Stühlen und den Esche-Imitat-Tischen alles andere als einladend wirkte.

Böhm hielt auf die Kiosktheke zu, hinter der ein gut genährter Mann in engen Jeans, einem knappen Hoody mit Pink-Floyd-Motiv und einem 70er-Jahre-Gedenkhaarschnitt – blonde Matte mit krassem Seitenscheitel – mit dem Sortieren von Zeitschriften beschäftigt war.

Böhm legte den Beweismittelbeutel auf die Verkaufstheke und stellte sich vor.

»Erinnern Sie sich an den Kunden, der diese Karte gekauft hat?«

Der Mann nickte. »Klar doch. Das war gestern Nachmittag. So ein Typ im grauen Anzug und Mottenfiffi auf dem Kopf.«

»Mottenfiffi?«

»Na, wenn die Haarpracht echt war, fress ich 'nen Besen. Hat sich zum Bistrotisch verzogen, was in die Karte geschrieben und mich dann gebeten, die Karte als Geschenk zu verpacken und zu einer Schwester Helena auf die Bettenstation zu bringen. Dafür hat er mir glatt einen Zwanziger extra in die Hand gedrückt.«

»Können Sie den Mann beschreiben?«

»Klar. Grauer Anzug, Durchschnittsgesicht, brauner Mottenfiffi.«

»Ich bräuchte es schon etwas genauer.«

»Dann fragen Sie am besten die Security. Teile der Klinik werden videoüberwacht.«

Eine Minute später wartete Böhm vor dem Security-Büro und hätte den Wachmann fast übersehen, weil dessen Arbeitskluft mehr an die Kleidung von normalem Service- und Hausmeisterpersonal erinnerte als an die eines Security-Mannes. Wie der Mann erklärte, wollte man bei Patienten, Besuchern und dem Personal mit der Anwesenheit eines Sicherheitsdienstes kein unnötig mulmiges Gefühl erzeugen.

Das Sicherheitsbüro war modern, Hightech, und der Mann wusste, was er tat. Zuerst ließ er sich von Böhm die Zeit zur Eingrenzung der Videosuche geben, dann drückte er ein paar Computertasten und präsentierte Böhm schließlich das Ergebnis auf dem Bildschirm.

»Da hätten wir den Zeitraum, von dem Kiosk-Toni gesprochen hat.« Er drückte auf Start und ließ die Filmaufnahme laufen.

Böhm verfolgte, wie Klinikpersonal, Besucher und Patienten sich mit Getränken, Zeitschriften, Zigaretten, Süßigkeiten oder Telefonkarten eindeckten. Kiosk-Tonis kleiner Laden brummte. Dann tauchte der Kerl mit dem Mottenfiffi auf, beschäftigte sich kurz mit den Taschenbüchern und ging dann zum Kartenständer hinüber.

Als er sich mit der Cicero-Karte in der Hand umdrehte und zur Theke ging, stockte Böhm der Atem. Es gab keinen Zweifel. Das war der komische Typ, der Niedlich und ihm gestern auf Emmas Station über den Weg gelaufen war!

Schuf der Mensch den Teufel
nicht nach seinem Bilde?
(Pietà)

39

Sartorius hatte Celine in der Nacht aus dem Kühlhaus geholt und ihren Körper dem heutigen Anlass gemäß herausgeputzt. Sie war eine Hure und sie sah schön aus, selbst nach Tagen vollkommener Regungslosigkeit. Sie würde der Hingucker sein, nicht ihr Partner. Sie wirkte wie eine Steinbüste, die jede Sekunde zum Leben erwachen, sich unvermutet von ihrem Sitz erheben und den Betrachter mit ihrem Blick lähmen konnte. Celine würde für Gesprächsstoff sorgen. Mit ihr hatte Sartorius die Kunst des makellosen Stillstands während des Akts perfektioniert.

Er hatte Celines Haut sorgfältig vorbereitet, sie musste vor der Kosmetik vollkommen haar- und fettfrei sein. Er hatte die Kopfhaare mit einer Creme entfernt, die es überall im Drogeriehandel zu kaufen gab. Danach hatte er ihren Körper mit Schaum und seinen besten Rasierklingen rasiert und die Haut mit Kosmetik-Alkohol behandelt. Nur so war es möglich, gleichmäßige Farbflächen und saubere Farbverläufe mit der Airbrush-Pistole zu erstellen. Die Fältchen in Celines Haut hatte er mit den Fingern der einen Hand glatt gespannt, während er sie mit der anderen besprühte. So wurden sie unsichtbar und Celines Schönheit erschien noch jugendlicher. Den Trick hatte er sich auf einer Messe bei einem Visagisten abgeschaut. Selbst das Entsetzen angesichts ihres eigenen Todes hatte Sartorius aus ihrem Gesicht gewischt. Ihr Mund war leicht geöffnet, wirkte aber trotz des Akts, den sie mit ihrem unter sich sitzenden Partner vollzog, nicht vulgär. Ihre halb geschlossenen Augen schauten durch ihren Partner hindurch, auf ein unsichtbares Publikum, erfüllt von einer Gefühlswelt, die nur sie wahrzunehmen imstande war.

Celine war die Märtyrerin der Lust und des Schmerzes, der unmoralischen Liebe. Sie war die Verderbtheit, die Leid und Tod nach sich zog. So brachte Sartorius die intimsten Dinge ohne Zensur in die Köpfe eines hohlen, voyeuristischen Publikums. Maria und Jesus in stiller, skandalöser Zwiesprache. Eine käufliche Hure als Schmerzensmutter und ein geldgeiler Drogenbaron als ungehorsamer Schmerzenssohn im Tode miteinander vereint. Die höchste Sublimierung des Begehrens.

Mit 27 hatte Sartorius die Grenze zur Selbstverwirklichung das erste Mal überschritten, in dem er seine Mutter an einem stürmischen Herbstwochenende strangulierte, konservierte und in eine Skulptur verwandelte, weil er ihren unziemlichen Lebenswandel nicht mehr ertrug. Wie konnte eine so begnadete Künstlerin solch eine Nutte sein? Wie konnte überhaupt ein Mensch, der ein so tiefes Verständnis von der menschlichen Natur und Kunst hatte, so verdorben und oberflächlich sein? Aber auch ihr ewiges Herumschwadronieren, sie habe keine Angst vor dem Alter und schon gar keine Angst vor dem Tod, hatte ihn zunehmend herausgefordert.

Auch Youniss, ihr Lover, ein uninspirierter, talentfreier geiler Bock und vier Jahre jünger als Sartorius, war eine verderbte Seele gewesen, die vor allem die eigene Karriere im Auge gehabt hatte, denn Sartorius' Mutter hatte in der Kunstszene den Ruf einer Königsmacherin genossen, einer Schöpferin, die selbst kreativen Mist durch ein paar ergänzende Pinselstriche und charismatische Worte in Gold verwandelte.

Als Muse und eloquente Rednerin hatte sie Youniss' damaliges Kunstwerk *Die Zeitlose* aufgewertet, während sie ihrem eigenen Sohn jedwedes Kunstverständnis abgesprochen hatte. Sartorius spüre die Seele der Kunst einfach nicht. Er lebe nicht in diesen wahrhaftigen Sphären. Kunst sei nun mal mehr als eine Ware. Kunst sei die Vision hinter dem, was man gemeinhin sah, hörte, schmeckte, berührte oder fühlte.

Seine Mutter hatte ihn wie einen hoffnungslosen Idioten behandelt, und dies vor allem, als er Youniss' Genialität in Zweifel gezogen hatte.

»Mein lieber Junge, was verstehst du schon vom schöpferischen Akt? Du würdest ein Wunder nicht einmal erkennen, wenn es dir in einer Hölle voller Dummheit wie ein Blitz ins Gehirn schlagen würde. Wahre Wunder haben keinen Preis. Sie sind nicht von dieser Welt. Sie entstehen, wenn man für das Unmögliche eintritt.«

Einige Monate später hatte Sartorius *Die Zeitlose* anonym über eine Galerie erworben – und vernichtet, nachdem er sie genau studiert und mit dem Leichnam seiner Mutter nachgebildet hatte.

Heftigen Widerstand hatte er von seiner gebieterischen Mutter erwartet, doch sie hatte sich in den letzten Augenblicken ihres Lebens wie ein kleiner, zerbrechlicher Vogel an ihn geschmiegt, gefangen in einer Faust, aus der es kein Entrinnen gab. Da war ihm klar geworden, dass sie das Leuchten der Kunst des Tötens schon lange vorher in seinen Augen gesehen hatte. Sie hatte tatsächlich keine Angst vor dem Tod gehabt.

So war aus der *Zeitlosen* schließlich *Die trauernde Witwe* geworden, eine maßgeschneiderte Gruft aus Spezialgips, die nun im hinteren Bereich der *Nullstunde* stand und vor allem Betrachterinnen sowohl ein mulmiges Gefühl als auch Respekt einflößte.

Ein Jahr darauf hatte Sartorius Youniss ins Jenseits befördert, da dieser die Suche nach der verschwundenen Geliebten nicht hatte aufgeben wollen. Youniss hatte mit Zähnen und Klauen bis zum Letzten gekämpft. Vergebens. Ein Handmeißel hatte die Konfrontation schließlich nach zähem Ringen beendet. Seit über zwei Jahrzehnten schmückte die Youniss-Skulptur nun unter dem Titel *Der Lüsterne* eine exklusive Privatsammlung in Dubai.

Sartorius legte letzte Hand an Celine an, die ebenso züchtig wie lüstern auf ihrem Partner Henrik saß. Etliche Stunden hatten beide in Sartorius' Klangwelt verbracht und Geräuschen und Stimmen aus den Kriegen und Folterkammern der Welt gelauscht, bevor es an das letzte Ritual gegangen war. So vorbereitet sollten sie sich dem Schöpfer aller Dinge wirklich nahe fühlen.

Doch niemand hatte das alles besser verstanden als Emma. Sie hatte ihm am Ende sogar als Einzige Widerstand geleistet. Vielleicht hatte es daran gelegen, dass sie nicht das erste Mal mit dem Tod konfrontiert worden war. Ihr eigenes kurzes Verweilen auf dessen Schippe und der Verlust ihrer Freunde hatten sie auf den Totentanz vorbereitet.

Sartorius war ihr gefolgt, seit er ihr Wesen im Lesesaal der Bibliothek erspürt hatte. Er hatte neben ihr in der überfüllten U-Bahn gestanden und ihr gegenüber in vollen, stinkenden Bussen gesessen, während sie in ihren Büchern gelesen und sich in höhere geistige Sphären geträumt hatte. Er hatte mit ihren früheren Freunden Bier getrunken und war so mit ihnen ins Gespräch gekommen, und er war mit ihr bis zu der kleinen, nach Moder, Staub und Mäusekot riechenden Buchhandlung gefahren, wo sie ihre Schmöker erwarb. Er hatte ihre Wege, Gewohnheiten und Routinen studiert. Ja, er erinnerte sich an jeden Buchtitel, den sie in die Hand genommen und gekauft, an jedes Wort, das sie mit dem schmuddeligen Buchhandler und den anderen Freaks gewechselt hatte, ohne auch nur zu ahnen, wie viel sie dadurch von ihren kleinen, schmutzigen Geheimnissen preisgab.

Sie hatte sich für das Sterben interessiert, für den Tod, für verlassene Orte, zu denen sich nur wenige wagten, und das schon gar nicht allein. Außerdem hatte sie begriffen, dass es Schlimmeres gab als den Tod, den Verlust von Freunden, die man nie wiedersah, und die damit verbundenen Schuldgefühle.

Sartorius hatte auch mit ihrem Vater telefoniert – es war um eine vermeintliche Buchbestellung gegangen –, einem einfältigen, arbeitsscheuen Kerl, der unter der Fuchtel seiner versoffenen Frau stand. So hatte er Emmas soziales Umfeld sondiert.

»Ist dort der Anschluss von Emma Zabek in der Adele-Kurtz-Straße?«

»Ich bin ihr Vater«, erklang es verschlafen vom anderen Ende der Leitung. »Wieso?«

»Ich hab hier ein Päckchen für Ihre Tochter. Es ist schon eine Weile unterwegs, konnte bis jetzt aber nicht zugestellt werden, weil die Hausnummer nicht lesbar ist.«

»Was für ein Päckchen?«

»Keine Ahnung. Ein Päckchen halt. Wie lautet Ihre Hausnummer?«

Gemauschel und Gerangel am anderen Ende der Leitung, bis sich Emmas Mutter mit rauer Stimme meldete, als wäre sie gerade aus dem hintersten Eck eines nach Pisse und Samen stinkenden Puffs gekrochen.

»Wie lautet der Absender?«, wollte sie wissen.

»Z – V – A – B ...« Er nannte die Adresse in München.

»ZV ... was? Was soll das sein?«

»Keine Ahnung«, log er. Gemeint war das *Zentrale Verzeichnis antiquarischer Bücher*. »Aber Ihre Tochter hat dort etwas bestellt.«

Sie seufzte laut, so als hätte sie gerade erfahren, dass ihr Sechser im Lotto nichts wert war. »Sicher wieder so ein Bücherschund. Dieses nichtsnutzige Kind ...«

»Geben Sie mir bitte die Hausnummer, damit wir das Päckchen zustellen können ...«

»Wir? Wer ist *wir*?«

»Der Lieferdienst …«

Mit einem letzten Grunzen hatte die alte Schlampe einfach aufgelegt. Die Bestellung ihrer Tochter interessierte sie einen Dreck, ebenso wenig wie sie ihre Tochter interessierte.

Aber genau diese mangelnde Fürsorge hatte Emma für ihn so wertvoll gemacht, hatte die schillernde Dämonin in ihr hervorgeholt, die Botin der Hölle, die es wert war, als aufsehenerregende Skulptur von sich reden zu machen. Er hatte ihr ein Denkmal setzen wollen. Ihr und sich selbst.

Die perfekte Win-win-Situation.

Sartorius kehrte zu Celine zurück, blickte in ihre halb geschlossenen Augen. So voller Stille, so voller süßer Ekstase. Und mit einem Mal wurde ihm klar, dass Emma ihm diese Stille und Süße nie gewährt hatte. Nicht einmal, nachdem sie den letzten Nagel in Patricks Knochen getrieben hatte und eins mit Sartorius geworden war. Selbst als Skulptur hatte sie ihn noch trotzig angeschaut.

Erst jetzt begriff er, dass er sie zwar geformt, aber nie besessen, geschweige denn gebrochen hatte, dass sie die einzige Seele in seiner Sammlung war, die Widerstand geleistet und überlebt hatte.

Oh, es würde ihm Vergnügen bereiten, noch einmal mit ihr zur Musik der Hölle zu tanzen.

40

Weniger als vier Stunden Schlaf, trotzdem fühlte Emma sich wacher denn je. Sie hatte eine Entscheidung getroffen. Sie würde Edmonds Beispiel folgen. Angriff war die beste Verteidigung, erst recht, wenn es um Rache ging!

Schon in der Frühe hatte sie ihren Schlafsack zusammengerollt und mit dem Kleidersack und dem Rest ihrer Habe, einschließlich des Dumas, hinter den alten Magazinschrank gepackt. Falls sich von der Security oder dem Hausmeisterservice jemand in diesen abgelegenen Kellerbereich hinter dem Lesesaal verirrte, sollte niemand bemerken, dass sie sich hier einquartiert hatte. Anschließend hatte sie die hinter einem Ziegelstein versteckte Bargeldreserve von 500 Euro eingesteckt und war aus dem Keller geschlichen, bevor die Bauarbeiter in der Seitenstraße aktiv wurden.

Ihren ursprünglichen Plan, mit dem Bus nach Schöneberg zu fahren, um in Vadim Jerschows Buchladen einen Unterschlupf bis zum Mittag zu finden, hatte sie jedoch verworfen. Sie hatte keine Ahnung, wann und von wo *die Stimme* sie entführt hatte, aber da ihr Peiniger einiges über sie wusste, schien er ihre Alltagsgewohnheiten zu kennen. Er hatte sie sogar in der Klinik ausfindig gemacht, von daher war es gut möglich, dass er schneller von ihrer Flucht erfuhr, als ihr lieb war, und ihren Lieblingsbuchladen beobachtete. Dort hinzufahren war ebenso wenig eine Option wie bei ihren Eltern aufzukreuzen.

Emma versuchte, sich an die Kunden in Vadims Buchladen zu erinnern und einen davon in Einklang mit *der Stimme* zu bringen. Da waren schon ein paar schräge Vögel darunter gewesen, aber keiner von denen hatte wie ein irrer Sadist gewirkt oder ihr auch nur ansatzweise Unbehagen bereitet. Auch konnte sie keine der Stimmen mit seiner Stimme in Verbindung bringen. Das offenbarte allerdings auch, wie gering ihr Interesse an Menschen inzwischen war. Sie hätte nicht einmal mit Vadim geredet, wäre der nicht der Ladenbesitzer gewesen und aufgrund ihrer Leseinteressen auf sie zugekommen. Dadurch war sie etwas aufgetaut, hatte sich mit ihm über Bücher, Gott und die Welt unterhalten, war gewissermaßen ein Mitglied seines Literatur- und Lost-Places-Zirkels geworden. Es war also gut möglich, dass *die Stimme* einiges aufgeschnappt hatte, auch wenn sie sich an keine lauschende Gestalt in dem kleinen labyrinthischen Laden mit seinen deckenhohen Regalen erinnern konnte.

Pietà, so hatte die junge Kommissarin *die Stimme* genannt.

Pietà.

Emma stapfte durch den Schnee, als wäre der ihr erbittertster Feind. Verdammt! Trotz ihrer schrecklichen Zeit in dem Kellerloch wusste sie so gut wie nichts über diesen Pietà. Es gab nichts, was ihr bei der Suche helfen, geschweige denn einen Vorteil verschaffen konnte. Dass er ein perverser Scheißkerl war, lag auf der Hand, auch dass er klug mit Worten umging und gebildeter als der Durchschnitt war. Und er kannte sich mit Drogen aus, zumindest mit dem Zeug, das er Patrick und ihr gespritzt hatte. Schon vor dem Gespräch mit der Kommissarin hatte Emma geahnt, dass Patrick und sie nicht Pietàs erste Opfer gewesen waren. Dafür war dieser Psycho viel zu selbstsicher und versiert vorgegangen.

Bei dem Gedanken an die Menschen, die dieser Irre über die Jahre hinweg gequält und ermordet haben musste, an all die Frauen, in die er seine teuflische Seele hineingestoßen hatte, wurde ihr speiübel. Dieser Dreckskerl musste jedes Schmerzensgebrüll und jedes Gnadengebet kennen, zu dem man ein menschliches Wesen treiben konnte. Dabei hatte er verinnerlicht, wie Menschen tickten, was sie zutiefst fürchteten, wie sie auf Schmerz reagierten, und daraus hatte er dann die scheußliche Tonkulisse für seine Geräuschkammer kreiert. Aber auch Pietàs Worte trafen direkt ins Herz und drängten seine Opfer zu Einsichten, die diese sich nicht einmal im Traum hätten vorstellen können. Für Emma war es gewesen, als hätte sie in einen Spiegel des Grauens hineingeschaut, in ein Abbild, aus dem sie ihre böse, verdorbene Zwillingsschwester anstarrte. Verdammte Scheiße, dieser Arsch hatte sie dazu gebracht, einen Mann bei lebendigem Leib an ein Holzkreuz zu nageln!

Ihre Knie wurden weich. Bevor sie in den Schnee sackte, hielt sie einen Moment inne, lehnte sich an den rissigen Putz einer mit schwungvollen Graffitis verzierten Hauswand, während noch mehr Eiseskälte in ihre ausgelatschten Sportschuhe kroch.

Von ihren Erfahrungen im Kellerloch abgesehen existierte alles, was sie über diesen Pietà zu wissen glaubte, nur in ihrer Fantasie. Da gab es nichts, womit sie konkret etwas hätte anfangen können. *Die Stimme* konnte ebenso gut ein attraktiver Typ im schicken Anzug sein wie ein vollgefressenes Sackgesicht, das die ewigen Rollenspiele am Computer leid war und nun echte Menschen in einem stinkenden Kellerlabyrinth fertigmachte.

Die Frage war nun: Wie, um alles in der Welt, sollte Emma ihren Racheplan angesichts dieses Unwissens umsetzen?

Racheplan?

Sich rächen zu wollen, war noch lange kein Plan. So wie die Dinge standen, war *ihr Plan* ein einziger großer, unausgegorener Mist. Trotzdem konnte sie nicht einfach dastehen und nichts tun. Pietà hatte sie durch diese Nachricht wissen lassen, dass sie keine Ruhe finden würde, bis sie tot war. So viel stand fest.

Emma entschied schließlich, nach Marzahn zu fahren, zum Eastgate, das sie seit dem Autounfall gemieden hatte, um Matteo und seinem Trupp hirnverbrannter Möchtegern-Krimineller aus dem Weg zu gehen. Das Shopping-Center war ihr vertraut und es bot aufgrund seiner Größe und der vielen Menschen einen gewissen Schutz. Aber vor allem dachte sie daran, eines der Mädchen aus der Gang abzufangen, um herauszufinden, ob sie verraten worden war. Oder ob jemand vermisst wurde. Von irgendjemandem hatte Pietà schließlich ihren Gangnamen erfahren, aber wohl kaum von Vadim, denn der Buchhändler wusste nichts über ihre Vergangenheit vor dem schweren Autounfall.

Emma kaufte sich an einem Kiosk nahe der Bushaltestelle eine Flasche Wasser und eine Tüte Kekse und steckte sich, um nicht als Schwarzfahrerin aufzufallen, am Automaten eine Fahrkarte. Mit dem Bus fuhr sie bis zum Hauptbahnhof, stieg dort in die U-Bahn bis zum Alexanderplatz und wechselte in die Tram. Etliche Leute trugen Kopfhörer und waren mit ihren Smartphones beschäftigt. Eine Frau las in einem dicken Historienschmöker, eine andere war in eine Zeitschrift über den Klatsch und Tratsch von Königshäusern vertieft. Mit der Ruhe war es vorbei, als eine Familie mit zwei Kleinkindern einstieg, die sich um den nächstbesten Fensterplatz balgten. Irgendwo draußen heulten Sirenen. Hoch, tief, hoch, tief. Die Feuerwehr. Emma schlug die Kapuze wieder hoch und starrte aus dem Fenster. Trotz der im Wagen herrschenden Wärme ließ der Anblick der Schneemassen sie frieren. Sie würde sich im Eastgate einen Schal und einen Packen Wintersocken zulegen.

Als sie gegenüber dem Shopping-Center ausstieg, setzte sie ihren Rucksack auf und zog die Kapuze tiefer ins Gesicht. Ihre Klamotten waren den Leuten, die sie hier hätten erkennen können, nicht vertraut, was schon mal einen Vorteil darstellte. Eine Fußgängerschneise führte zum Eingangsbereich. Emma heftete sich an ein Paar in mittleren Jahren, als würde sie zu deren Familie gehören. Vormittags trieb sich hier nämlich auch die Streifenpolizei auf der Suche nach Schulschwänzern herum.

Das Einkaufszentrum war so geisterhaft leer wie nach einer Zombieapokalypse. Das schleifende Geräusch einer Rolltreppe schien zuzunehmen, als eine ältere Dame mit ihrem Dackel auf dem Arm ins Obergeschoss fuhr. Das Paar, dem Emma sich angeschlossen hatte, spazierte an einer Drogerie und mehreren Klamottenläden vorbei, um schließlich auf einen Schuhladen zuzusteuern. Bingo! Emma kaufte sich ein Fünferbündel warmer Socken. Nach dem teuren Winterschuhkauf zog es das Paar glatt in den Buchladen, sodass Emma sich fühlte, als hätte sie den Jackpot geknackt. Sie entdeckte eine im Preis reduzierte Taschenbuchausgabe von Stephen Kings *Die Verurteilten*. Wie schon im Schuhladen ließ sie sich eine Papiertüte geben. Mit den Tüten in der Hand wirkte sie jetzt wie eine Kundin.

Auf der Toilette im Obergeschoss zog sie sich ein Wintersockenpaar an und fühlte sich gleich wohler. Außerdem rutschten ihre Füße nicht mehr in den alten Sneakers herum. Beim Verlassen des WC-Bereichs war sie wieder besonders auf der Hut. Hier kreuzten sich viele Wege.

Gegen Mittag tastete sie sich zur Food-Lounge vor, bestellte sich eine Pizza und eine Coke und setzte sich in eine Ecke, von wo aus sie die beiden Zugänge halbwegs überblicken konnte. Bisher hatte sie noch niemanden aus der Gang entdeckt. Immerhin kam allmählich etwas Leben in die Mall und auch jüngere Leute streiften durch die Gänge. Selbst während sie trank und aß, blieb sie wachsam, machte aber weder Fatimas Amy-Winehouse-Frisur noch Karols platinblonden Pagenkopf aus.

Nachdem sie sich in der Drogerie ein Paar Handtücher, Zahncreme, Zahnbürste sowie eine Waschlotion und eine leicht getönte Brille zugelegt hatte, steuerte sie auf den windgeschützten Ausgangsbereich zu, wo sie fast der Schlag traf. Nur zwei Meter entfernt und mit dem Rücken zu Emma drückte ihre Mutter in hautengen Jeans und Glitzerdaunenjacke eine Fluppe im Aschenbecher aus, um danach durch die Schleusentür zu stolzieren, als wäre sie die Königin von England beim Einkaufsbummel im Harrods. Ihr ausladendes Hinterteil – vermutlich das Ergebnis vom jahrelangen Binge-Watching stumpfsinniger Realityshows und Seifenopern – brachte in Emma prompt eine Szene aus ihrer Kindheit zum Vorschein.

»Was schleppst du jetzt wieder an?«

»Herbstblätter für ein Schulpro…«

»Ist das der nutzlose Blödsinn, den man Kindern heutzutage in der Schule verklickert? Lernt ihr denn gar nix mehr Vernünftiges?«

Und schon war die Tüte mit Ekel im Blick im Küchenabfall gelandet, so als hätte Emma gebrauchte Kondome im Treppenhaus aufgesammelt.

»Das ist für Biologie.«

»Biologie? Na, die sollen euch lieber mal rechtzeitig aufklären, damit du uns am Ende nicht noch ein Balg anschleppst. Geh und spül lieber das Geschirr.«

In der Küche hatte sich das dreckige Geschirr vom Frühstück und vom Vorabend angehäuft. Emma setzte die Schultasche ab und hängte ihren Anorak an den Kleiderhaken im Flur. »Was willst du essen?«

Keine Antwort. Ihre Mutter war längst wieder in die TV-Show vertieft, in der sich zwei dürre Zicken wegen eines Typs ankeiften. Emma wiederholte die Frage.

»Was?«

»Was du essen willst.«

»Egal. Ist eh nur noch das Nudel-Fertiggericht im Schrank. Reicht für uns zwei. Dein Vater isst was an der Currybude. Aber erst bringst du den Müll raus und gehst mir Zigaretten holen. Und diese Scheißblätter kommen mir nicht mehr ins Haus!«

Emmas Blick verharrte noch einen Moment auf dem Rücken ihrer Mutter, als auf der anderen Seite des Ausgangs ein ungelenkes, vertrautes Bewegungsmuster ihr Gesichtsfeld streifte. Sie schaute genauer hin. Gibran kaute den letzten Happen eines Burgers und steuerte rappend zum Vorplatz. Als die Automatiktür auffuhr, schlug er den Kragen seiner abgewetzten Jeansjacke hoch und zog eine Baseballkappe aus der Gesäßtasche seiner Jeans. Emma ließ ihre Mutter ziehen und heftete sich vorsichtig an Gibrans Fersen, sich dessen bewusst, dass jederzeit Matteo oder ein anderes Gangmitglied aufkreuzen konnte. Gibran stieg schließlich in einen der Busse, die an den Plattenbauten des Ottfelder Rings vorbeifuhren, und Emma schwante, was sein Ziel war.

Einer ihrer früheren Kumpels, Andreij Tarrasow, betrieb dort in den Hochhauskellern einen illegalen Friseursalon, in dem er auch Drogen vertickte. Haschisch, Opium, Koks und bunte Partypillen. Dabei stellte sich Andreij sehr clever an, ließ seinen Salon zwischen den Hochhäusern zirkulieren wie einen Marktstand. Diese Beweglichkeit half ihm, vor neugierigen Mietern und der Hausmeisterei verborgen zu bleiben. Auch kam ihm die Anonymität in den Hochhaussilos zustatten. Außerdem hatte sein Wesen zwei Seiten. Er konnte unglaublich einnehmend und hilfsbereit sein, aber auch knallhart, wenn man seine Freundlichkeit mit Dummheit und Schwäche verwechselte. Selbst die brutaleren Gangführer des Viertels hatten vor ihm Respekt. Es hieß, dass er nicht einen einzigen Cent Schutzgeld entrichtete. Emma vermutete allerdings, dass er mit Informationen handelte. Seine Freundlichkeit versetzte so manchen seiner Gäste in unheilvolle Plauderstimmung.

Emma nahm vier Sitzreihen hinter Gibran Platz, und tatsächlich stieg Gibran am Ottfelder Ring aus, wo er ein Stück weit entfernt in einem windgeschützten Hauseingang von Matteo empfangen wurde. Die beiden hatten schon immer ein komisches Gespann abgegeben. Matteo dünn und weiß wie ein männliches Schneewittchen, Gibran, klein und irgendwie so proportioniert, wie sie sich ein Rumpelstilzchen vorstellte. Ein dreister Herr und sein dienender Hund. Wobei Emma schätzte, dass der Hund um einiges cleverer war als der Herr. Gibran bevorzugte es, seinen Grips zu verbergen.

Nahe dem Eingang erspähte Emma einen von Andreijs Leuten, der Schmiere stand, und kaum dass Matteo und Gibran im Eingang verschwunden waren, überquerte ein Duo in schwarzen Lederjacken die Straße und steuerte auf das Haus zu. Emma erkannte Kurt Bente, einen 16-jährigen Rowdy, mit dem nicht gut Kirschenessen war. Nachdem auch Bente im Keller verschwunden war, gab sie sich dem Türsteher zu erkennen und drückte ihm nach alter Tradition einen Zehner in die Hand.

Eine steile Betontreppe führte in die Tiefe, an deren Ende eine eiserne Tür in das über zwei Stockwerke gehende Kellerreich führte. Jeder Raum war mit einer Metalltür verschlossen. Andreijs Laden befand sich im U2 im letzten Drittel des Labyrinths, wo es eine für die Hausmeisterei bestimmte Tür zum benachbarten Kellerlabyrinth gab. Die würde Andreij nutzen, sollte es einmal notwendig sein, sich zu verdünnisieren.

Emma folgte dem schummrigen Gang und unterdrückte die Vorstellung, Pietà könnte aus einem der dunklen Seitenflure auftauchen. Langsam und mit Bedacht setzte sie einen Fuß vor den anderen und lauschte in die Stille. Das Letzte, was sie jetzt gebrauchen konnte, war, ohne Vorwarnung irgendwelchen Idioten in die Arme zu laufen.

41

Inzwischen hatte Annetta ein Dutzend Galerien abgeklappert, die als Agenturen Living Dolls und christliche Kunst vertraten, und ihr war mehr denn je klar geworden, dass sie für dieses ganze Kunstgedöns ebenso blind war wie ein Maulwurf für einen romantischen Sonnenuntergang. Kein noch so klitzekleines Kunst-Gen hatte sich in ihr Erbgut verirrt. Das war schon im Kindergarten und in der Grundschule offensichtlich gewesen. Weder hatte sie in der Musik einen geraden Ton noch beim Malen und Gestalten die richtige Form getroffen. Und als würde sie nach all den Jahren noch einmal Bestätigung für dieses Defizit benötigen, musste sie nun auch noch das dünkelhafte Blablabla dieser überheblichen Galeristen über sich ergehen lassen.

»Unsere Galerie geht auf die unterschiedlichen Bedürfnisse von Kunstliebenden ein«, hatte der letzte Typ dieser Spezies im Brustton der Überzeugung erklärt. Dabei hatte er Annetta in ihrem roten Parka gemustert, als hätte er das lebende Gegenstück einer altsteinzeitlichen Urmutter vor sich. Jedenfalls hatte Annetta sich mit einem Mal gefühlt wie die üppige *Venus von Willendorf*, von der sie in einer naturhistorischen TV-Doku erfahren hatte. Annetta interessierte sich für das Leben in der Steinzeit. »Aber ich werde Ihnen darüber natürlich keine langen Vorträge halten … blablabla … Nutzen Sie die Zeit und schauen Sie sich um …«

Die sogenannte Galerie war ein regelrechtes Sammelsurium aus allem Möglichen gewesen, und als hätte Annettas Mienenspiel den Galeristen besonders gereizt, hatte dieser noch vollmundig hinzugefügt, was doch für eine Riesenchance in all dieser Vielfalt liege, sofern man sie als Kenner im richtigen Kontext zu betrachten verstand. Bei diesen Worten hatte Annetta gerade reichlich genervt vor der Skulptur einer modernen Muttergottes innegehalten, die aussah, als hätte sie die vergangenen Nächte ohne Rücksicht auf Verluste durchgefeiert. Und obwohl Annetta all das über sich hatte ergehen lassen, war sie am Ende dieser ermüdenden Kuriositätenkabinett-Erfahrung kriminalistisch kein Stück weitergekommen. Keine der Skulpturen hatte dem Stil derer in den alten römischen Fotos geähnelt. So viel Sachverstand glaubte sie nun doch zu besitzen.

In der nächsten Galerie hatte sie dann etwas mehr ermittlerisches Durchgreifen an den Tag gelegt und der Galeristin sofort die alten Fotos aus Rom unter die Nase gehalten. Doch auch sie hatte nur den Kopf geschüttelt.

»Tut mir leid. Diese Skulpturenkunst wurde mir bisher nicht angeboten.«

»Und das können Sie so aus dem Stegreif sagen?«

Die Dame hatte auf die Fotos gedeutet und nachdrücklich genickt. »Jedes Kunstwerk trägt den unverkennbaren Stempel seines Urhebers und besitzt damit eine ganz eigene Ausstrahlung. Das fängt bei der Idee an und wird bei der Wahl des Materials und der Gestaltung sichtbar. Diese aggressiv-dynamische Offenheit in der Form wäre mir im Gedächtnis geblieben. Nein, tut mir leid. Ich kenne weder den Künstler noch seinen Agenten.«

Also war Annetta mit den Fotos in der Tasche weitergezogen. In der nächsten Galerie hatten immerhin zwei kleinere Pietà-Skulpturen in einer Art Urnengrabwand gestanden. Eine stammte allerdings aus dem Ende des 19. Jahrhunderts, die andere aus der ersten Hälfte des 20. Und keine hatte auch nur die geringste Ähnlichkeit mit den Dingern auf den Fotos. Allerdings waren die beiden Skulpturen so grobschlächtig, als hätte sich ein Gelegenheitssteinmetz am Steineklopfen versucht.

Auch die anderen Galerien erwiesen sich als Flops. Keinem der anwesenden Damen und Herren kam die Kunst auf den Fotos bekannt vor. Aber alle schienen davon beeindruckt.

Nach einer kurzen verspäteten Mittagspause – in der sie sich einen Gemüse-Kebab samt Cola gönnte – stand Annetta schließlich vor dem Eingang der Kunsthandlung *Nullstunde*, aus der gerade eine mondän in Grün gekleidete Frau heraustrat, ihr kurz zulächelte und auf eine weiße Limousine zuhielt. Vermutlich eine gut betuchte Kundin.

Das Schaufenster der Kunsthandlung machte einen durchgestylten Eindruck. Nichts wirkte hier zusammengestückelt oder überladen. Annetta trat ein und ging entlang einer Wand mit unheimlichen Gemälden zur Rezeption. In drei Ecken machte sie Überwachungskameras aus, die ihr nicht aufgefallen wären, hätte sie nicht danach gesucht. Obwohl niemand am Empfang erschien, wusste man sehr wahrscheinlich von ihrer Anwesenheit, wollte ihr aber Zeit geben, sich umzuschauen. Sie konnte es noch immer nicht fassen, dass der gewerbliche Handel mit diesem Zeug lukrativ war. Zumindest an diesem Tag schien sie die einzige Besucherin in all diesen Galerien gewesen zu sein. Nun ja, vielleicht spielte sich das Hauptgeschäft ja zu einer anderen Tageszeit ab.

Annetta arbeitete sich langsam an weiteren düsteren Gemälden – ein unheimlicher Wald, anatomische Fragmente, Totenschädel – zum hinteren Bereich des Ausstellungsraums vor, dorthin, wo lauter leidende, gequält dreinschauende Figürchen und Figuren standen. Eine Skulptur sah aus, als kröche eine Frau aus einer Wand heraus. Eine andere wirkte wie ein Gehirn aus bröckeligem Stein. Eine weitere wie ein Mensch, den man in der Mitte aufgeschnitten und auseinandergeklappt hatte und der nie wieder zu schreien aufhören würde. Dann entdeckte sie eine Frauenskulptur, die auf einem niedrigen Sockel saß und mit einem entrückten, gequälten Lächeln zur Decke schaute, als suchte sie dort etwas Außergewöhnliches. Ihr Oberkörper war nackt. Der Unterleib mit einem Stück Tuch und einer runden Schale bedeckt, die wie ein weissagender Spiegel auf dem Schoß ruhte. Was hatte die Skulptur in der Schale gesehen? Annetta trat näher und entdeckte darin eine angedeutete Flüssigkeit und eine Gravur. Nein, keine Gravur, sondern einen Handabdruck mit einem Satz.

Wer gelebt hat, hinterlässt Spuren.

»Die Erleuchtete«, erklang eine unglaublich charmante männliche Stimme hinter ihr. »Die Uhr tickt. Alles ist vergänglich. Selbst die Sterne und Galaxien am Firmament. – Nicht meine Worte, sondern die des Künstlers.«

Annetta spürte, wie ihr allein schon beim Klang dieser Worte eine Gänsehaut über den Rücken lief. Unglaublich. Der Mann sollte im Radio sprechen. Sie drehte sich um. Im Radio? Diese elegante, attraktive Erscheinung gehörte auf die Theaterbühne! Ihr Gegenüber war von einem Kaliber, für das so manche Frau auf der Stelle ihre Unabhängigkeit aufgegeben hätte. Größer als der Durchschnitt, mit dunklem, angegrautem Haar und Augen mit einem festen Blick, aufmerksam und sympathisch. Kein Wunder, dass die Dame vorhin so entzückt gewirkt hatte. Das Gesicht des Mannes erinnerte

Annetta an jemanden, und das irgendwie in Verbindung mit ihrem schauspielernden Bruder, doch sie kam beim besten Willen nicht darauf, an wen.

Er reichte ihr die Hand, als wäre er Gregory Peck und sie Audrey Hepburn in einem der Lieblingsfilmklassiker ihres Bruders *Ein Herz und eine Krone*. Ein sanfter, kühler Griff, der ihr das Gefühl gab, die Kontrolle zu haben und zugleich der bedeutendste Mensch an diesem Ort zu sein. Einen Moment lang vergaß Annetta, weswegen sie hier war.

»Ich bin Doktor Arvid Sartorius, der Inhaber dieser Galerie. Wie kann ich Ihnen helfen, meine Dame?«

Meine Dame … Annetta spürte, wie ein Teil ihrer Seele kurz davorstand dahinzuschmelzen, doch sie fing sich, zog ihre Hand zurück und räusperte sich. Arvid Sartorius stand wohlwollend vor ihr und wartete. Natürlich musste er ahnen, dass eine salopp gekleidete Besucherin wie sie nicht wegen der schönen Künste hier war.

Annetta zückte ihren Ausweis, als wäre dieser ein Ticket in die geheimsten Hinterzimmer des BND. »Kommissarin Annetta Niedlich. Ich ermittle in einem Fall und hätte ein paar Fragen an Sie.«

Dr. Sartorius wirkte kein bisschen erstaunt. »Dann sind Sie von der Abteilung *Kunstdelikte?*«

»Nein.« Sie schüttelte den Kopf und zeigte ihm die Fotos, die sie bereits seit Stunden vergebens hervorkramte. »Haben Sie diese oder stilähnliche Skulpturen schon einmal gesehen?«

»Natürlich. Davon gibt es viele. Michelangelos Stil wird bis heute gerne kopiert, variiert oder als Inspirationsvorlage genommen.« Er deutete zu der Frauenskulptur mit der Schale auf dem Schoß und erklärte, dass auch sie sich an Michelangelos Kunst anlehnte.

Als Annetta einen neuerlichen Blick auf die Skulptur warf, glaubte sie tatsächlich, eine gewisse Ähnlichkeit zu bemerken. Wieso hatte sie das vorhin nicht erkannt? Ach ja, kein Kunst-Gen.

»Könnten die Kunstwerke auf diesen Fotos und diese Frauenskulptur vom gleichen Künstler stammen?« Wahrscheinlich eine völlig bekloppte Frage, doch was immer Dr. Sartorius davon hielt, er ließ sich nichts anmerken.

»Höchst unwahrscheinlich«, bemerkte er. »Aber darf ich die Fotos noch einmal genauer sehen?«

Das ließ Annetta sich nicht zweimal sagen.

Er betrachtete die Bilder eingehend, runzelte die Stirn und schüttelte dann den Kopf. »Ich bedauere. Beide Künstler haben sich zwar von Michelangelo inspirieren lassen, das steht für mich außer Frage, aber die fließenden Bewegungen der Skulpturen auf den Fotos und deren Ausdrucksformen für die innere Gefühlslage als Spiegel der Seele ... Das ist außergewöhnlich. Ich würde diesen Stil jederzeit wiedererkennen. So reich an Lebendigkeit *Die Erleuchtete* auch ist, es handelt sich nicht um den gleichen Künstler.«

Annetta kam nicht umhin, ein wenig enttäuscht dreinzuschauen. Schließlich holte sie die beiden Living-Doll-Fotos hervor, um ihre letzte Frage zu stellen. Das erste Foto zeigte den Fahrer des Transporters in seiner Verkleidung, das zweite das nackte, körperbemalte Pietà-Paar auf der Plastikbank. Bevor sie das erste Foto überreichte, erklärte sie: »Wie ich auf der Website Ihrer Galerie gesehen habe, vertreten Sie auch lebende Statuen.«

Eine Sekunde lang schien Dr. Sartorius irritiert, doch dann begriff er, was Annetta meinte. »Ach so ... Ja, diesen Bereich managt meine Mitarbeiterin Carla Olczak. Sie steht in Kontakt mit unseren Performance- und Internetkünstlern. Sie haben sie leider gerade verpasst.«

»Die elegante Dame in Grün?«

Er nickte. »Exakt. Sie ist zu einem unserer Künstler unterwegs, dessen Werk Teil einer Sammelausstellung sein wird. Vor morgen früh wird sie nicht zurück sein.«

»Ach, wie schade. Könnten Sie ihr bitte mitteilen, dass Sie mich anrufen soll? Ich lasse Ihnen meine Karte hier.«

»Selbstverständlich.«

Sie überreichte ihm das zweite Foto.

»Oha«, meinte er schockiert. »Sie ermitteln in diesem abscheulichen Mordfall am Brandenburger Tor, der durch die Presse geht.«

»So ist es. Es tut mir leid, Ihnen diese Bilder zeigen zu müssen, aber kommt Ihnen irgendetwas darin vertraut vor? Der Wagen? Eine der Personen? Die Art der Präsentation?«

Er starrte auf die Fotos, winkte leicht benommen ab und gab die Bilder zurück. Annetta wusste, auf dem zweiten Foto war jede Menge Blut zu sehen, auch wenn es Schwarz-Weiß-Bilder waren.

»Nein, nichts«, sagte er. »Bei Gott, so etwas Abscheuliches ist mir noch nicht unter die Augen gekommen.«

»Ja, kein schöner Anblick.« Sie steckte die Bilder wieder ein.

»Ich bedauere, dass ich Ihnen nicht weiterhelfen kann«, meinte er zerknirscht. »Der Kerl muss gestoppt werden. So viel ist sicher.«

Annetta nickte in dem Gefühl, dass dieser Mann alles in seiner Macht Stehende getan hatte, um der Lösung des Falls näher zu kommen. Sie händigte ihm ihre Visitenkarte aus, die er in der obersten Schublade an der Rezeption verstaute.

Als Annetta sich zum Gehen umdrehen wollte, erspähte sie weiter hinten im Laden die grazil aus einer Nische herausragenden Hände einer Skulptur, die ihr bis jetzt nicht aufgefallen war. »Die möchte ich mir gerne noch anschauen.«

»Aber natürlich.« Dr. Sartorius geleitete sie zu dem Kunstwerk.

Auf dem Sockel war der Name in Bronze angebracht. *Die trauernde Witwe.* Auch wenn Annettas Kunstsinn gegen Null strebte, so löste die Skulptur doch die unterschiedlichsten Empfindungen in ihr aus. Ein Teil von ihr wollte der Figur ganz nahe sein, ein anderer Teil am liebsten die Flucht ergreifen. Obwohl die Skulptur von den Haaren bis zu den Zehen durch und durch aus Stein bestand, erschien sie Annetta so lebendig, als wäre sie aus Fleisch und Blut. Mit einem Gesicht, das je nach Perspektive ebenso Albträume wie süße Träume hervorzulocken vermochte.

»Berühren Sie sie ruhig.« Dr. Sartorius' Stimme war kaum mehr als ein Hauchen.

»Wie bitte?«

»Berühren Sie sie. Das bricht den Bann.«

Annetta hob die Hand, tastete sich durch die Luft wie durch einen finsteren Schacht, streifte die fordernden, anklagenden Finger der *Trauernden Witwe* und ließ ihre eigenen Finger über die polierte Oberfläche gleiten. Und dabei spürte sie weder Härte noch Eiseskälte. Vielmehr erwachte in ihr der Eindruck, eine andere Welt, eine andere Dimension zu berühren.

»Schließen Sie die Augen«, flüsterte Dr. Sartorius. »Nur Mut.«

Sie schloss die Augenlider – und die Intensität der Berührung nahm zu. Jetzt fühlte sie Samt und Seide, geschmeidig weich, aber auch etwas anderes, Unerklärliches, das ihr eine Gänsehaut bescherte und sie in Alarmbereitschaft versetzte.

Sie schnappte nach Luft, zog die Hand abrupt zurück und besann sich auf ihren Status als Polizistin und die Ermittlung. Dr. Sartorius hatte sich nicht von der Stelle gerührt, stand da wie eine der Skulpturen in seiner Galerie.

»Wer ist der Künstler?«, fragte Annetta, nachdem sie sich wieder gefangen hatte.

»Friedo Almkvist. Ein Schwede. Wir haben die Skulptur in Kommission.«

Ein Schwede? Nein, das passte nun wirklich nicht zu Pietà, der mit ziemlicher Sicherheit Südeuropäer war.

»Danke für die Erfahrung«, sagte sie mit Blick auf die *Witwe*, erschauderte noch einmal und wandte sich endgültig zum Gehen um. Draußen auf der Straße sah sie noch einmal durch das Schaufenster. Dr. Sartorius nickte ihr ermutigend zu. Dankend nickte sie zurück und machte sich auf den Weg zur nächsten Galerie.

42

Arvid Sartorius beobachtete, wie der knallrote Parka – eine Beleidigung für jedes sehende Auge – durch den gefrorenen Schnee davonschlitterte und stolperte. Schon über die Videoüberwachung hatte er die Besucherin wiedererkannt und sich auch an den trotteligen Typen erinnert, der ihm im Klinikflur entgegengekommen war.

Inzwischen klapperte die Polizei also die Galerien ab und hatte die Verbindung nach Italien hergestellt. Nun denn, solange die Vertreter der Kripo alle so einfältig waren wie dieses Exemplar, sah Sartorius keine Gefahr im Verzug. Dafür hatte er seine Spuren zu gut verwischt. Einen Moment lang hatte er nach dem Besuch der Kommissarin zwar darüber nachgedacht, die *Trauernde Witwe* aus dem Ausstellungsraum zu entfernen, doch dann war ihm klar geworden, dass er damit schlafende Hunde wecken konnte. Er war in der Tat gut beraten gewesen, die Skulptur unter einem Künstlerpseudonym zu führen. Friedo Almkvist, ein Allerweltsname in Schweden, war einst ein Kollege seines Vaters in Stockholm gewesen.

Er ging zur Rezeption, um sich die scheußlich grüne Visitenkarte noch einmal genauer anzuschauen. Es war immer gut zu wissen, mit wem man es zu tun hatte.

Kriminalkommissarin Annetta Niedlich
Mordkommission
Polizeidirektion 5

Auf der Rückseite standen Adresse und Telefonnummer.

Er legte die Karte in seine Brieftasche und informierte sich übers Internet, was es an Neuigkeiten im Pietà-Fall gab. Laut den aktuellen Polizeinachrichten war östlich von Spandau in der Jungfernheide ein ausgebrannter Lieferwagen samt Leichnam gefunden worden. Sartorius lächelte zufrieden. Keine Zeugen. Keine Spuren. Niemand würde diese einzelgängerische Pantomime, die nie mit Carla Olczak zu tun gehabt und keinen festen Wohnsitz besessen hatte, vermissen.

»Sie sind sehr viel in der Welt herumgekommen«, hatte Sartorius angesichts des Lebenslaufs des jungen Mannes festgestellt. Sie hatten sich auf Englisch unterhalten. »Wien, Paris, Brüssel, London, Kopenhagen, Sofia …«

»Ich bin gerne mit dem Koffer unterwegs und liebe es, mich in steinerne Denkmäler zu verwandeln. Ich habe eine Pantomimen-Ausbildung in Barcelona gemacht und beherrsche mehrere Techniken. In meinem letzten Job habe ich als lebende Kleiderpuppe für einen großen Jeansshop performt und einige Jugendliche aus der Fassung gebracht. Davor war ich eine Weile in Japan unterwegs.«

»Das klingt alles sehr interessant.«

»Das ist es. Ich genieße mein Leben als Verwandlungskünstler.«

»Ich sehe Ihnen Ihre Begeisterung an. Und Ihre Familie stammt aus Dublin?«

»Dort bin ich geboren. Aber ich lebe schon seit vielen Jahren allein.«

Das war der Schlüsselsatz gewesen, der Finn O'Brian schließlich zum Favoriten für den lukrativen Job am Brandenburger Tor gemacht hatte. Fahren. Abliefern. Kurz in die Überwachungskamera lächeln. Fahren. Danach hatte Sartorius die Zusammenarbeit mit Finn natürlich beenden müssen. Mochte er nach dem Höllenfeuer im Transporter in Frieden im Jenseits ruhen.

Sartorius überlegte, dass die Gerichtsmedizin längst den Plastikzylinder in Patricks Podex gefunden haben musste. Ein Fund, mit dem die Kripo wohl kaum an die Öffentlichkeit gehen würde. Insiderwissen der Ermittler. Sartorius war gespannt, wie lange diese Annetta Niedlich und ihr Kripo-Kollege brauchen würden, um das darin verborgene Rätsel zu lösen. Schwierig war es nicht, aber die beiden waren nicht die hellsten Kerzen auf der Torte.

Aber vor allem war er darauf gespannt, wie die Öffentlichkeit auf seine allerneueste Kreation reagieren würde. Celine würde sowohl beim gemeinen Publikum als auch der Polizei einen bleibenden Eindruck hinterlassen. Da war er sich sicher.

43

Matteo klopfte Gibran erwartungsvoll auf die Schulter. Sie hatten in der letzten Woche ordentlich Kohle mit Fahrrad- und Taschendiebstählen gemacht. Die Leute waren einfach zu blöd und selbst schuld, wenn sie billige Fahrradschlösser kauften und ihr Zeug nicht im Auge behielten. Erst heute Mittag hatte Matteo einem alten Fettarsch in kurzer Daunenjacke die Brieftasche mit allem Drum und Dran an einer Bratwurst-Bude aus der Gesäßtasche gezogen. Der Alte war so ins Fressen vertieft gewesen, dass er nichts mitbekommen hatte. Und jetzt ging es runter zu Andreij. Ein bisschen Stoff kaufen und dann den Rest des Tages abhängen.

Der unterbelichtete Türsteher, ein langhaariger Typ mit dem Spitznamen Kosmo, verdiente dazu im Vergleich nur Peanuts. Was konnte man auch von jemandem erwarten, der seine Zeit mit so etwas Bescheuertem wie Sternegucken vertat? Wen interessierten schon ein paar Lichtpunkte im Himmel, wenn die Party doch hier unten auf der Erde stattfand? Wie hohl musste man sein? Aber das würde er Kosmo natürlich nie ins Gesicht sagen. Jedenfalls nicht so lange, wie der in Andreijs Mannschaft spielte.

Matteo ging mit Gibran an den nummerierten Kellertüren entlang. Die Beleuchtung war mies, reichte gerade aus, um den Weg zu finden. Läge eine Leiche in einem der Gänge, würde man die erst finden, wenn sie anfing zu stinken. Nach der halben Strecke wurde Matteo plötzlich bewusst, dass er gar nicht wie sonst die schwerfällige Eisentür zum Keller hatte zuschlagen hören, dabei war das Dröhnen eigentlich nicht zu überhören. Die Vorfreude auf Andreij hatte wohl seine Aufmerksamkeit getrübt, denn jetzt drangen hinter ihm ausgerechnet Stiefelschritte an sein Ohr, und ehe er sichs versah, wurde Gibran gepackt und in den nächsten Seitengang geschleudert. Ein Tritt gegen den Kopf setzte seinen Kumpel restlos außer Gefecht.

Verfickte Scheiße! Was war jetzt los?!

Im gleichen Augenblick verspürte er einen brutalen Tritt in den Rücken, sodass er im Sturzflug neben Gibran landete. Ein kräftiger Arm packte ihn und zog ihn hoch. Matteo hätte sich vor Angst fast in die Hosen geschissen.

»Hallöchen. Warum so eilig, Pisser? Kannst es wohl kaum erwarten, dein Geld beim Friseur zu lassen.«

Kurt Bente, der Boss einer verfeindeten Gang, starrte ihm in die Augen, als wollte er ihm diese gleich rausreißen.

»Was hast du dem Bullen gestern gesagt?«

Matteo hing an Bentes Faust wie ein Hampelmann. Aber was sollte ihm in Andreijs Keller schon großartig passieren, wo jeden Moment ein Kunde auftauchen konnte? So bescheuert, es sich mit dem Russen zu verderben, würde nicht einmal Bente sein. Doch Matteo irrte sich. Bente ließ ihn los, schlug mit der Faust zu, und der Schmerz in Matteos Kiefer raubte ihm den Atem.

Scheiße, ein Schlagring!

»Welche Informationen hast du dem alten Knacker gestern vor Emmas Höhle verkauft, Wichser?«, wollte Bente wissen.

Matteo stand völlig benommen da, spürte, wie warmes Blut von seiner aufgeplatzten Lippe tropfte. Verdammt! So brutal hatten Bente und sein Gorilla sich ihm gegenüber noch nie benommen. Und dann bemerkte er, wie Bentes Gorilla auch noch einen Schlagstock aus der Innentasche seiner Lederjacke zog.

»Moment mal, Chef … Moment. Was soll das werden?« Matteo hörte, wie rau und matschig seine Stimme klang, weil ihm Zunge und Lippen nach dem Schlag nicht mehr gehorchten. Und dann dieser elende Schmerz! Zwei, drei Vorderzähne waren locker.

»Los, rück die Kohle raus«, sagte der Gorilla und starrte ihn aus kleinen, eng zusammenliegenden Augen an. »Und dann sagst du uns, was du dem Grufti erzählt hast, klar?«

»Kohle? Welche Kohle?« Doch noch während Matteo nuschelte, begriff er, was für ein großer Fehler seine Schwindelei gewesen war. Der Gorilla schlug ihm mit dem Schlagstock gegen das linke Knie, sodass Matteo wie ein gefällter Baum zu Boden ging.

Scheiße! Scheiße! Scheiße! Verfickte Scheiße!

Vor Schmerz blieb ihm die Luft weg. Der Schlag war fast noch krasser als der ins Gesicht. Matteo hatte das bestimmte Gefühl, nie wieder richtig laufen zu können.

»Wartet ... WARTET!«

Er hob eine Hand, signalisierte, dass die beiden gewonnen hatten. Sicher würden sie ihn in Ruhe lassen, wenn sie glaubten, bekommen zu haben, was sie wollten. Er griff in seine Jackentasche und zog den alten, säuberlich gefalteten Fünfziger raus, den er stets in Reserve hielt. Mit etwas Glück gaben sich die beiden damit zufrieden. »Mehr hab ich nich'«, nuschelte er wie ein zahnloser Alter.

Der Gorilla steckte den Schein ein, aber Bente musterte Matteo, als wäre dieser einem Hund vom Arsch abgefallen. Nein, Bente sah alles andere als zufrieden aus.

»Du bist so ein erbärmlicher Pisser. Erst hast du die Gang der Schlampe ruiniert. Dann deine Unfähigkeit und deinen idiotischen Liebeskummer mit diesem Drogenscheiß betäubt, als hätte die Pussy sich je für dich interessiert. Und jetzt willst du mir auch noch weismachen, dass du den Grufti für einen lumpigen Fünfziger genervt hast, du Schwanzlutscher?« Bente holte erneut mit der Schlagringfaust aus.

»NEIN!«, hörte Matteo sich panisch kreischen, sodass es von den Betonwänden hallte wie in einem Gruselkabinett. Zitternd zog er die geklauten Hunderter von der Bratwurstbude heraus. *Verfickte Scheiße!*

»Na, geht doch! Das sieht doch schon eher nach einem angemessenen Honorar aus.« Grinsend steckte Bente die Scheine ein. »Und jetzt raus damit. Was wollte der Bullen-Grufti von dir wissen?«

»Ich … hab dem gesagt … ich wüsste, wo Emma ist.«

Bente tauschte einen kurzen Blick mit seinem Gorilla aus. »Willst du mich verscheißern, du bekiffter Wichser?«

»Nein …«, spuckte Matteo aus. Etwas klapperte über den Boden. Ein Schneidezahn.

Der Gorilla lachte und beugte sich über Matteo, als wollte er ihm noch eine verpassen. »Was deine Boss-Schlampe wohl denken würde, wenn sie wüsste, dass du sie für ein paar lumpige Hunderter verraten hast?«

»Das hab ich nich'«, protestierte Matteo schwerfällig. Seine Zunge stieß an eine Zahnlücke im Oberkiefer. »Emma is weg. Nicht mal Adla weiß, wohin.«

Adla ging in Emmas Schule. Sie war Teil einer libanesischen Großfamilie, von der das Gerücht umging, dass sie dem Hashim-Clan angehörte, von dem es wiederum hieß, dass er mit Drogen in Shishabars, Friseursalons und Wettbüros handelte. Auch von Geldwäsche war die Rede. Aldas Familie selbst war jedoch nicht kriminell, führte ein normales Leben, litt aber unter dem schlechten Ruf, der mit den kriminellen Machenschaften der Verwandtschaft zusammenhing.

»Hör auf, Scheiße zu labern, du kleiner Wichser!«

»Nein …«, ächzte Matteo sofort, und ein Blitzgewitterschmerz schoss durch seinen Kiefer. Er würgte und würgte, und noch mehr blutiger Schleim versaute seinen Parka und die teure Jeans, die er erst vor ein paar Tagen in einem kleinen

Scheißladen geklaut hatte. Himmel, sein Schädel würde jeden Moment vor vernichtendem Schmerz explodieren. Unerträglich war auch das quälende Stechen im Knie. Der irre Scheißgorilla hatte ihm sicher das Gelenk zertrümmert. Und jetzt entblößte der verfickte Muskel-Wichser auch noch die Zähne, als wollte er wie ein Zombie zubeißen. Den Tränen nahe riss Matteo sich zusammen.

»Ich hab so getan ... als wüsst ich ... wo Emma ... is. Und ...« Er hielt inne. Heilige Scheiße! Der Schmerz im Kiefer war nicht mehr auszuhalten. Tränen schossen ihm aus den Augen und vermischten sich mit dem Blut. »Ich hab ... 'n paar ... Orte ... genannt.«

»Orte? Was für Orte?« Bente hielt ihm die Faust mit dem Schlagring unter die Nase, und mit einem Mal sprudelten die Worte nur so aus Matteo heraus.

»Was bist du doch für ein stinkender Haufen Scheiße, Alter«, feixte Bente, nachdem Matteo geendet hatte.

Von zwei Riesen-Arschlöchern verprügelt zu werden und zu hören, dass man ein Wichser, Loser und ein Haufen Scheiße war, war so ziemlich das Letzte, was Matteo sich von diesem Tag erhofft hatte. Doch es waren nicht die Erniedrigungen, geschweige denn ein schlechtes Gewissen, was ihn sich plötzlich lauthals übergeben ließ. Er kotzte, als könnte er sich damit freikaufen, und er kotzte nicht nur sich selbst voll, sondern auch Bentes blank polierte Stiefel. Voller Ekel und Zorn machte der einen Satz zurück.

»Bist du irre? Was für eine verfickte Schweinerei!«

Der Gorilla starrte Matteo angewidert an. »Geben wir dem Wichser den Rest.«

Das klang nach einem Todesurteil. Plötzlich wurde Matteo noch übler. Doch gerade als Bente nickte und der Gorilla mit dem Schlagstock ausholte, geschah ein Wunder. Der Arm des Gorillas wurde ruckartig krachend nach hinten gerissen. Ein widerwärtiges Geräusch. Und der Scheißkerl hatte nicht mal Zeit zum Schreien, denn ebenso flott krachte sein Kopf von einem Hieb getroffen mit der Schläfe gegen die Wand und er stürzte zu Boden. Ausgeknockt wie im Boxring.

Bente zuckte perplex zusammen, wirbelte herum, doch es war bereits zu spät. Der Schlagstock, den der Gorilla eben noch so mörderisch geschwungen hatte, traf Bente wuchtvoll aufs Maul. Nasen- und Kieferknochen brachen und Zähne splitterten. Es folgte ein Hieb in die Eier und auch Bente war platt.

Kacke, was war da los? Der Arsch war sicher tot!

In der Erwartung, als Nächster niedergeknüppelt zu werden, kroch Matteo mit geschlossenen Augen durch sein Erbrochenes und presste sich gegen die Kellerwand, doch die Sekunden verstrichen und außer einem leisen, kurzen Rascheln geschah nichts.

Als er es wagte, die Augen zu öffnen, zuckte er vor Schreck zusammen, brachte aber keinen Ton hervor. Vor ihm hockte ein unheilvoller Schatten wie ein Reptil und musterte ihn.

»Hallo Matz. Siehst gut aus. Nette Party hier.«

Easy?

Verdammte Scheiße! Dieser bescheuerten Schlampe verdankte er doch erst diesen ganzen Mist! *Sie* hatte die Gang zerstört, nicht er. Wütend beugte er sich vor, um ihr eine zu verpassen, doch dann bemerkte er den Teleskopschlagstock in ihrer Hand und das Brechen von Bentes Knochen schallte wieder durch sein Hirn. Emma gehörte zu den wenigen Mädchen, die ohne Rücksicht auf Verluste zuschlagen konnten.

In der Hoffnung, dass seine Chance später noch kommen würde, lehnte er sich an die Wand zurück. »Scheiße, Mann. Wo hast du gesteckt?«

»In der Hölle. Wo sonst? Erzähl mir von deinem Gespräch mit diesem Bullen.«

»Da gibt's nix zu erzählen.«

Easy deutete mit dem Schlagstock auf ihn, als wollte sie ihn erstechen. »Hat er nicht nach mir gesucht?«

»War nur so ein alter Sack, der deine Eltern ausgefragt hat. Keine Ahnung, was dabei rauskam.«

»Was hat er wissen wollen?«

Matteo stammelte die Erinnerung unter Schmerzen zusammen.

»Und das war alles?«, fragte sie.

»Der war mehr mit seinen geklauten Reifen beschäftigt als mit dir.«

»Wer außerhalb der Gang hat sonst noch mit dir über mich gesprochen?«

»Niemand. So interessant bist du nicht.«

»Keine Plauderminute im Eastgate oder in der Bahn? Denk nach.« Sie wartete und wog den Schlagstock in der Hand. Ihr Blick fixierte sein gesundes Knie.

»Jetzt mal langsam«, nuschelte er. »Da … da … war so ein … Typ … in Armee-Klamotten. Ist aber Wochen her. Hat uns zwei Kisten Bier spendiert. Richtig gutes Zeug, nicht so 'n billigen Scheiß, wie du ihn uns besorgt hast.«

»Aha. Dann lass mal hören. Was wollte er?«

»Hat nur blöde Witze erzählt und sich darüber ausgekotzt, wie Scheiße doch alle Weiber sind. Sonst noch was?«

»Du hast mit ihm über mich gesprochen. Was war das?«

»Keine Ahnung, Mann. War stockbesoffen. Aber wir waren uns am Ende einig, dass es ganz ohne Weiber auch nicht geht.«

»Du hast ihm meinen Gangnamen genannt.«

»Und wenn schon. Ich hatte einiges intus. Und du bist nicht mehr Teil unserer Gang.«

»Beschreib den Kerl.«

Matteo stand kurz davor, vor Schmerz zu heulen, und das ausgerechnet vor ihr, dieser arroganten Bitch. Jedes Wort, das aus seinem lädierten Mund kam, war eine Tortur. Aber Easys Eiseskälte ließ ihn weiterreden. »Ein Soldatentyp halt. Dem haben nur noch ein Helm und ein G36 gefehlt und er hätte uns alle umgenietet.«

Da war sie wieder, Easys respektlose Arroganz. Sie seufzte, als wäre er ein kompletter Idiot. »Ich meinte Größe, Haarfarbe, Augenfarbe, Gewicht ... Gibt es ein besonderes Merkmal? Hatte er ein Tattoo?«

»Was willst du? Einen Steckbrief?«

»Du hast es erfasst.«

Matteo seufzte und wappnete sich für weitere Blitzgewitterschmerzen, denen anhaltende bohrende und stechende Schmerzen folgen würden. »Größer als eins 80, graugrüne Augen, kurzes hellbraunes Haar. Armee-Klamotten, da hab ich kein Tattoo gesehen. Irgendwie erinnert er mich an den T-1000 in *Terminator 2*.«

»Der flüssige Androiden-Formwandler?«

Matteo nickte und fragte sich, wieso ihm das nicht schon damals aufgefallen war.

Emma schwieg, dachte nach. »Was ist mit seiner Sprache? Seiner Stimme?«

»Stimme?«

»War seine Stimme hell oder dunkel? Redete er wie ein Prolet? Klang er gebildet?«

»Eher dunkel. Der klang wie die Sprecher im Fernsehen ...« Matteo hielt inne, zwang sich dann aber weiterzureden. »Die Augen ... die waren irgendwie unheimlich, als wären die tot.«

Easy musterte ihn ein paar Sekunden lang, dann erhob sie sich und drückte den Schlagstock zu einem Knüppel zusammen.

»Wenn du auch nur einer Menschenseele erzählst, dass ich hier war, finde ich dich. Klar?«

Matteo kochte vor Wut, aber er nickte. Easy musterte ihn noch einmal, ehe sie im Hauptgang verschwand. Nun war Matteo wieder mutterseelenallein.

Das hieß, Bente und sein Gorilla lagen bewusstlos auf dem Boden und sahen reichlich mitgenommen aus. Matteo versuchte, die Nerven zu behalten, atmete langsam ein und aus, schaute sich vorsichtig um, doch sein Herz dachte nicht daran, sich zu beruhigen.

Scheiße, Matteo musste verschwinden, bevor Bente zu sich kam, aber sein Bein schmerzte wie die Hölle. Egal, er musste hier weg. Gibran würde schon allein klarkommen.

Unter Stöhnen und Ächzen kroch er auf die beiden Wichser zu, fasste allen Mut zusammen, drehte sie um und durchsuchte ihre Taschen. Er wollte seine Kohle zurückhaben. Und er wollte Schmerzensgeld. Doch er fand nichts. Nicht einen einzigen verdammten Cent. Die Taschen der beiden Flachwichser waren leer.

Nun begriff er die Bedeutung des Raschelns von vorhin.

44

Emma stieg in den nächsten Bus und fuhr zur Haltestelle Kaulsdorf-Nord, von wo es eine Verbindung zum Berliner Hauptbahnhof gab. Der Zwischenfall in Andreijs Keller war eine echte Überraschung gewesen, und das zu ihrem Vorteil. Sie war nun um 800 Euro reicher und im Besitz eines Teleskopschlagstocks. Den Schlagring mit den Nieten hatte sie in die nächste Mülltonne geworfen. Er war viel zu groß. Sie hasste die Dinger, selbst wenn man als Frau oft zu besonderen Mitteln greifen musste, um mit einem weitaus stärkeren Gegner fertigzuwerden. Zum Beispiel dem Zurückreißen und Auskugeln eines Arms oder einem gezielten Tritt in die Weichteile. In der Not ging auch nichts über eine handliche Rohrzange, wie sie im gegenüberliegenden Seitengang auf einer Werkzeugkiste gelegen hatte.

Bei dem Bullen-Grufti, von dem Matteo gesprochen hatte, musste es sich um diesen Kommissar Böhm handeln. Was den Rest von seinem Gefasel anging, bezweifelte Emma, dass ihr Entführer nur mit ihm gesprochen hatte, um sie auszuspionieren.

Und was ihr so gar nicht aus dem Kopf gehen wollte, war Matteos Beschreibung des Fremden, der wie der T-1000 aussehen sollte.

Sie erinnerte sich an den zweiten Teil der *Terminator*-Kinofilme, weil die Reihe in der kleinen Videothek ihres Vaters stand. Es ging darin um den Krieg der Menschen gegen die Maschinen von Skynet, einer künstlichen Intelligenz, die in der Zukunft die Weltherrschaft an sich riss und die Menschheit ausrotten wollte. Der T-1000 war einer der Androiden, die die KI in die Vergangenheit schickte, um die Rebellion der Menschen in der Zukunft zu verhindern. Er bestand aus flüssigem Metall und konnte jede Form annehmen, egal ob anorganisch oder organisch, von einer Schwertklinge über einen karierten Fußboden bis hin zu einem kompletten Menschen. Er konnte sogar die Stimme eines kopierten Menschen imitieren, egal ob Mann, Frau oder Kind. Der T-1000 war praktisch unbesiegbar.

Was für eine Ironie, dass ihr Entführer ausgerechnet wie dieser Androide aussehen sollte.

Emma schaute aus dem Fenster. Große, dicke Schneeflocken wirbelten durch die Luft, als führte der Bus durch eine gigantische Schneekugel.

Wie bekämpfte man einen T-1000?

Sie konnte ihren Entführer wohl kaum wie in dem Film in ein Stahlwerk locken und in eine Stahlschmelze werfen, auch wenn sie das, ohne mit der Wimper zu zucken, getan hätte.

Würde sie ihm überhaupt eine Falle stellen können, ohne zu ihrer eigenen Beerdigung zu gehen?

Wieder schaute sie in die Schneelandschaft, als läge die Lösung für ihr Problem irgendwo dort draußen zwischen den Bäumen und Häusern.

Zuallererst musste sie unabhängig sein und auf dem Laufenden bleiben. Sie brauchte ein Smartphone. Die mobile Datenverbindung würde sie deaktivieren, aber sie konnte das kostenlose WLAN in öffentlichen Verkehrsmitteln oder Shoppingmalls nutzen. Außerdem war sie Mitglied der Staatsbibliothek mit Zugang zum dortigen *eduroam*. Sie hoffte, dass das WLAN der Bibliothek auch in den Keller reichte.

Ihr Blick folgte dem aus dem Himmel fallenden Schnee. Jetzt hatte sie ein erstes konkretes Ziel. Danach würde sie den T-1000 suchen.

45

Böhm saß in einem gut geheizten Vorzimmer und hatte das Gefühl, dass seine Socken qualmten. Die *Patrick Galinat Immobilien GmbH* befand sich in einem gepflegten Altbau. Im Erdgeschoss der Empfang und das Großraumbüro, einen Stock darüber die Chefetage. Bevor Böhm sich hatte ausweisen können, war er von der Rezeptionistin abgefangen worden, wie ein Penner, der es wagte, in einem Luxustempel Schutz vor Eis und Schnee zu suchen. Was bildeten sich diese Leute in ihren Business-Dresscodes eigentlich ein? Ein kurzer Besuch auf der Toilette – vergoldete Wasserhähne und Säulenwaschbecken wie zu Kaiser Wilhelms Zeiten – hatte ihm diese Frage dann beantwortet.

Eingerahmte Zertifikate im Flur zeugten von den Erfolgen der Firma. Das vermeintliche Erfolgsgeheimnis: Das Unternehmen betreute seine Klienten über den Verkauf einer Immobilie hinaus. Was immer das bedeuten mochte. Im Schaufenster hingen etliche Angebotstafeln mit Foto, Kurzbeschreibung und Preis. Die Tafel eines herrschaftlichen Anwesens im Norden Berlins mit 14 Zimmern und großem Gartengrundstück wurde gar wie ein Kunstwerk auf einer Holzstaffelei präsentiert, mit dem lächerlichen Kaufpreis von sieben Millionen Euro.

Böhm, inzwischen im Wartebereich der Chefetage angekommen, knöpfte den Mantel auf und fächelte sich mit einer Hochglanzzeitung, in der sich alles um Wohnungen und Häuser drehte, Luft zu. Den unsicheren Blick der Sekretärin, die aussah wie ein grünes Chamäleon mit einem kalkweißen Gesicht, quittierte er mit einem verständnisvollen Nicken. Die arme Frau stand noch immer unter Schock, nachdem sie vom Tod ihres Chefs erfahren hatte. Böhm wartete nun auf

Patrick Galinats Stellvertreterin, eine gewisse Jutta Bogatz, die geschäftlich im Norden Berlins unterwegs war und bereits vor einer halben Stunde hatte da sein wollen. Wahrscheinlich steckte sie wegen des Wetters irgendwo im Stau.

Ein paar Minuten lang widmete er sich der Regionalsendung auf dem Wandbildschirm in eineinhalb Meter Höhe, natürlich immer wieder unterbrochen durch die allerneuesten Makler-News.

Seit er das Präsidium verlassen hatte, hatte es der Tag in sich gehabt, ganz davon zu schweigen, dass ihm die Anstrengungen des vorangegangenen Tages noch zusetzten. Als er in der Klinik die Überwachungsvideos von Emma Zabeks Flucht gesichtet hatte, war der Druck in seiner Brust so massiv geworden, dass er sich eine seiner Nitro-Kapseln hatte einwerfen müssen. Es hätte ihm gerade noch gefehlt, in Gegenwart des Security-Mannes zusammenzuklappen, der glücklicherweise zwischendrin durch ein anderes Problem abgelenkt gewesen war: eine ältere, verwirrte Patientin, die die Klinik kurz vor ihrer Darmoperation in Krankenhauskittel und Hausschuhen hatte verlassen wollen.

Böhm hatte die Videos an Manfred Müller weiterleiten lassen. Vielleicht konnte Manni Emmas Fluchtweg rekonstruieren und diesem Mottenfiffi-Typ, der höchstwahrscheinlich Pietà war, auf die Spur kommen. Das Autokennzeichen des Nullachtfünfzehn-Pkws, mit dem der Kerl vom Klinikgelände gefahren war, hatte sich inzwischen – wie schon bei dem Transporter – als gestohlen erwiesen.

»Möchten Sie noch einen Kaffee und etwas Gebäck?«, fragte die Sekretärin, als wäre sie für jede Ablenkung dankbar.

Böhm lehnte höflich ab. Noch ein Kaffee, und er stünde heute Nacht im Bett. Die Dame stellte ihm dennoch einen Teller mit Keksen hin, schüttete sich selbst ein gutes Dutzend davon in eine Keramikschale und futterte drauflos.

Böhms Handy klingelte. Ilse Knoob. Hoffentlich mit einer guten Nachricht.

»Hallo, wollte Ihnen mitteilen, dass die Luftentfeuchter vor sich hin brummen. Der Lärm hält sich in Grenzen. Femi hat gesagt, dass man die Dinger auch zum Wäschetrocknen verwenden kann. Na, egal. Wie läuft's bei Ihnen?«

Er brauchte ein paar Sekunden, um umzuschalten und ihren Redeschwall zu verdauen. »Könnte besser laufen. Danke, dass Sie sich um die Handwerker und meine Wohnung kümmern.«

»Na, bin ja eh zu Hause. Hab Ihnen noch zwei Gläser Pflaumenmarmelade in die Küche gestellt. Die mögen Sie doch.«

»Danke.« Es war schon lange her, seit er sich Marmelade oder eingeweckte Früchte selbst gekauft hatte. Die Knoob deckte ihn seit Jahren damit ein. Im Gegenzug fuhr er sie einmal im Monat zu einem der großen Lebensmittelmärkte, wo sie alle schweren und sperrigen Artikel in einem Rutsch einkauften. Ein Deal, der Böhm im letzten Jahr nicht zu viel soziales Engagement abverlangt, ihn aber in lockerem, regelmäßigem Kontakt mit wenigstens einem Menschen gehalten hatte.

»Ach ja«, schob die alte Knoob nach. »Ich hab Ihre alte Fußmatte retten können. Sie sollten den Spruch *Herzlich willkommen wäre übertrieben* aber mal austauschen. Sophia hat gemeint, der passt eher zu Dagobert Duck. Und so griesgrämig sind Sie nun auch wieder nicht.«

Dagobert Duck? Böhm hätte fast laut losgelacht.

»Na, ich lass Sie dann mal weiter an Ihrem Fall arbeiten. Falls Sie es bis sechs Uhr schaffen, es gibt Kutscher-Gulasch mit Spätzle.«

»Klingt gut«, meinte Böhm. »Grüßen Sie Femi und die Kinder von mir.«

»Klar.« Und schon legte die Knoob auf.

Beim Gedanken an die Hilfsbereitschaft seiner Nachbarinnen und die Kinder stellte sich ein Gefühl von Wärme in Böhms Magengegend ein. Entwickelte er sich etwa zum Weichei?

Sein Blick fiel auf eine dampfende Tasse. Irgendwann während des Telefonats musste ihm die Sekretärin einen heißen Tee hingestellt haben.

»Gegen die Kälte«, kam es von ihrem Schreibtisch.

Er hatte nicht viel von ihr über Patrick Galinat erfahren können. Ja, sie habe seinen Terminkalender, die Korrespondenz von der E-Mail bis zur Post verwaltet und Besucher und Gäste betreut, aber Galinat habe mit ihr nie über sein Privatleben gesprochen, abgesehen von einer Sache, woraufhin sie Böhm in die Büroküche geführt und auf eine große Korktafel mit Landschaftsfotografien gedeutet hatte. Nordlichter, Südlichter, Sonnenauf- und -untergänge am Meer, in den Bergen, in Wäldern, über Seen und hinter Nebel. Die Fotografie sei Galinats Passion gewesen. Für diese Abenteuertrips hätte er in einem Fitnesscenter trainiert.

Es sollte eine weitere halbe Stunde vergehen, ehe der Aufzug sich öffnete und Jutta Bogatz eintraf. Im dunkelgrauen Business-Kostüm und mit einer schmalen Lederaktentasche unterm Arm eilte sie auf ihn zu, als hätte er ihr gerade das Geschäft ihres Lebens versaut.

»Kriminalhauptkommissar Böhm?«

Böhm nickte, und die Maklerin bat ihn in ein nüchtern eingerichtetes Büro, an dessen Wänden unverbindliche Klassiker als gerahmte Kopien hingen. Unterschiedliche Kakteenarten standen auf der breiten Marmor-Fensterbank.

»Tut mir leid, dass Sie warten mussten. Es war kein Durchkommen.« Sie warf ihren Mantel über den nächsten Sessel und bot Böhm den Stuhl vor ihrem Schreibtisch an. »Ich kann es immer noch nicht glauben, dass Patrick tot sein soll. Ein Irrtum ist ausgeschlossen?«

»Ich fürchte, ja. Unsere Rechtsmedizin hat seine Identität anhand des Zahnstatuts festgestellt. Ein Familienmitglied wird ihn noch identifizieren müssen. Noch konnten wir aber keinen Kontakt herstellen.«

Bogatz stellte die Aktentasche auf die Fensterbank und nahm Platz. »Das dürfte auch schwer werden. Patricks Eltern leben nicht mehr, und er hat … hatte keine Geschwister. Außerdem wurde er vor sieben Jahren geschieden, kinderlos. Seine Ex-Frau lebt seither in Kalifornien.« Sie seufzte und strich sich durch das lange rotbraune Haar, als stünde sie vor der Windmaschine eines Filmsets. »Ich habe ihn vor seinen Extremurlauben immer gewarnt, aber er ließ sich nicht davon abbringen.«

»Er wurde ermordet.«

Sie hörte auf, sich durchs Haar zu streichen und schaute ihn an, als hätte er unerwünscht um ein Date gebeten.

»Er wurde ermordet?«

Böhm nickte. Normalerweise hätte er jetzt angefangen zu erkunden, ob das Opfer Feinde hatte, ob es in illegale Machenschaften verstrickt war oder wer vom Tod profitierte, doch in Galinats Fall stand der Täter bereits fest. Er zog die Fotos vom Brandenburger Tor und eines aus der Gerichtsmedizin aus der Manteltasche und legte sie auf den Schreibtisch.

Bogatz zögerte einen Moment, bevor sie die Fotos zu sich heranzog, davon abgesehen schien sie aber keine Probleme beim Betrachten zu haben. Sie deutete auf das Foto der Rechtsmedizin.

»Ja, das ist … Patrick. Verdammt!«

»Sie haben vielleicht von dem Fall gehört.«

Ihr Blick ging zu den Living-Doll-Fotos. »Ich habe in den Nachrichten davon gehört. Aber Patrick? Ausgerechnet Patrick? Nie im Leben wäre mir dieser Gedanke gekommen.«

»Ich versuche, seine letzten Tage zu rekonstruieren.« Böhm schilderte die für Bogatz relevanten Hintergründe. »Wann haben Sie ihn das letzte Mal gesehen?«

»Da muss ich nicht lange überlegen. Am Tag vor seinem Urlaub.«

»Und wann war das?«

Sie deutete auf den Wandkalender. »Gestern vor einer Woche. Wir sind noch ein paar Dinge durchgegangen, eine Art Notfallplan, sollte etwas während seiner Exkursion in Finnland schieflaufen. Gott sei Dank ist alles juristisch abgesichert. Nicht auszudenken, wenn …« Sichtlich bleich hielt sie inne, holte aus dem Schrank zwei Gläser und eine Flasche Tequila und kehrte zurück.

»Entschuldigen Sie, aber den brauch ich jetzt. Was ist mit Ihnen?«

»Danke, nein. Darf ich fragen, was Patrick Galinats Ableben für Ihre Firma bedeutet?«

»Mit dem Tod eines Maklers erlischt die Gewerbeerlaubnis, und damit auch die Courtagevereinbarung. Gott sei Dank haben wir das gesetzlich geregelt. Niemand wird seinen Job verlieren.«

»Ich verstehe. Mich interessiert, weshalb keiner aus seinem Umfeld Herrn Galinat als vermisst gemeldet hat. Keine Kolleginnen, keine Kollegen. Niemand aus dem Freundeskreis. Er war schließlich seit über einer Woche fort. Anscheinend hat keiner versucht, Kontakt mit ihm aufzunehmen.«

Als läge ein schlechter Vertrag auf ihrem Tisch, schob sie die Bilder zu ihm zurück.

»Wie gesagt, Patrick war im Urlaub, und er war ein fanatischer Outdoor-Typ, ein Einzelgänger, wenn es nicht gerade ums Geschäft ging. Am Tag nach unserem Treffen wollte er aufbrechen, um sein alljährliches Winter-Solo-Survivaltraining durchzuziehen. Ohne Kontakt zur Außenwelt. Drei

Wochen lang kein Handy! Nur er, die Wildnis, der Sternenhimmel und seine Kameraausrüstung.«

Böhm schaute auf die Fotos, auf den metallisch bemalten, blutigen Mann in Emma Zabeks Armen. Patricia hatte in der Gerichtsmedizin erklärt, dass Galinat durchtrainiert gewesen war wie ein Athlet. Dennoch ... drei Wochen allein ohne Handy in den gefrorenen Wäldern Finnlands? Musste man da nicht von allen guten Geistern verlassen sein?

»Wie gesagt, Patrick müsste am vorletzten Dienstag in seinen Geländewagen gestiegen sein«, fuhr Bogatz fort. »Keiner von uns hat ihn vor Ablauf von drei Wochen zurückerwartet.«

Wie es aussah, hatte Galinat zwar seine Wohnung, aber nie die Stadt verlassen. Lewandowskis Leute hatten in seinem Apartment jedenfalls nichts entdeckt, was auf eine Entführung schließen ließ. Keine Kampfspuren, keine Verwüstung, kein Blut. Selbst Galinats Geländewagen stand noch in der Tiefgarage. Was Bogatz sagte, passte auch zu den bisherigen rechtsmedizinischen Befunden. Man hatte weder Alkohol noch Drogen im Blut des Immobilienmaklers entdeckt, dafür aber die Rückstände einer Substanz, die einen menschlichen Körper bei vollem Bewusstsein lähmen konnte. Gut möglich, dass er mit Hilfe dieser Substanz entführt worden war, denn wehrlos wäre Galinat ansonsten ganz sicher nicht gewesen.

Böhm fragte sich, was Pietà an Galinat gereizt hatte, worin dessen Verwerflichkeit lag. Falls der Killer ihm nicht auf dem Straßenstrich oder bei irgendeiner Kunstveranstaltung begegnet war, blieb praktisch nur noch das Fitnesscenter.

»Eine Sache noch«, schloss er. »Da Patrick Galinat keine Familie mehr hat, wären Sie so gut, den Toten abschließend zu identifizieren?«

Bogatz schluckte. »Dass ich ihn auf dem Foto identifiziert habe, reicht nicht?«

»Leider nein. Sie müssen ihn direkt identifizieren und ein Formular unterschreiben.«

Sie seufzte. »Dann bleibt mir wohl nichts anderes übrig.«

Er gab ihr die Adresse der Gerichtsmedizin.

»Da fällt mir noch etwas ein«, sagte sie und steckte die Adresse in ihre Tasche. »Je nach Wetterlage hat Patrick auch im Spandauer Forst und in der Jungfernheide trainiert.«

Jungfernheide? Böhm runzelte die Stirn. Dort hatten zwei Beamte der Verkehrspolizei den ausgebrannten Transporter entdeckt, einschließlich eines Toten, vermutlich dem Living-Doll-Künstler vom Brandenburger Tor.

Es klopfte an die Tür. Noch ehe Bogatz *Herein* rufen konnte, trat schon die Sekretärin ein. Aufgeregt wandte sie sich an Böhm.

»Sie untersuchen doch diesen Skulpturenmordfall?«

»Ja.«

»Dann sollten Sie sich die News im TV ansehen.«

46

Emma war im Hauptbahnhof umgestiegen und zum Elektrofachmarkt hinter dem Zeiss-Großplanetarium gefahren, eine Gegend, in der niemand sie kannte. Die Gänge zwischen den Angebotsregalen waren vollgestopft mit Menschen, die nach

Computern, Kameras, Soundanlagen, Großbildfernsehern oder DVDs und Computerspielen suchten. Auf den zahlreichen Flachbildschirmen liefen hochauflösende Videoclips aus Blockbustern und Naturdokumentationen. Bilder, so kristallklar, dass Emma das Gefühl hatte, mit den Fingern über die Blumen einer Wiese streichen zu können.

Die Hälfte der Kassen war unbesetzt, was lange Warteschlangen verursachte. Kunden fluchten, seufzten und ächzten, Kinder quengelten. Ein paar Meter hinter ihr wälzte sich ein vielleicht achtjähriger Junge brüllend auf dem Boden herum, weil seine Eltern ihm nicht das Computerspiel kauften, das er unbedingt haben wollte. Alle seine Freunde hätten es! Dabei war die Freigabe erst ab 16.

Aus der Ecke mit der künstlichen Weihnachtsbeleuchtung und den blinkenden Plastikbäumen schallten Schnulzen wie *Last Christmas* herüber. Emma seufzte und zählte neun Kunden vor sich. Es ging nicht voran, weil irgendetwas nicht funktionierte.

Sie hielt einen Earhörer, eine Powerbank und ein Smartphone-Paket in den Händen. Nicht die besten Geräte, aber das Phone war vertragsfrei und würde reichen, um auf dem Laufenden zu bleiben.

Als sie endlich an die Reihe kam, bedachte die Kassiererin sie mit einem kritischen Blick, der noch einmal entschiedener wurde, als Emma – ihr Herz schlug ihr bis zum Hals – Bargeld auf die Theke legte. Verdammt, ihr jugendliches Aussehen! Daran hatte sie gar nicht mehr gedacht. Doch als die Kassiererin gerade den Mund aufmachen wollte, grölte von hinten ein Mann: »Was ist das hier für ein Scheißservice! Öffnen Sie die anderen Kassen, verdammt noch mal! Wir haben nicht ewig Zeit!«

Andere schwer beladene Kunden pflichteten dem Mann bei, der eine sperrige Soundanlage trug. Genervt und mit einem letzten strengen Blick scannte die Kassiererin die Strichcodes von Emmas Ware ein.

Emma zwang sich, ruhig zu bleiben, passierte die Security am Ausgang und hielt auf die Rolltreppe zu. Wie sie bei ihrer Ankunft auf dem Plan der Mall gesehen hatte, befand sich im hinteren Bereich des Erdgeschosses ein Café-Schnellrestaurant, das hoffentlich nicht so überfüllt war wie die Cafés im Eingangsbereich.

Es duftete nach frischem Kaffee und Kuchen, und das Interieur im Steampunk-Look wirkte überraschend gemütlich. Ein Pärchen saß auf einer Couch vor dem Fenster, trank etwas mit jeder Menge Schaum und war an einem Laptop beschäftigt. Ein junger Mann mit einem Gitarrenkoffer aß eine Lasagne aus der Mikrowelle, während es sich eine ältere Dame mit silbergrauem Pagenschnitt bei zwei Stück Obstkuchen und einem Kännchen Kaffee gut gehen ließ und die Nachrichten auf dem Wandfernseher verfolgte. Ihr schwanzwedelnder Rauhaardackel fiepte leise unter dem Tisch, in der Hoffnung auf ein paar Krümel.

Emma bestellte eine Cola und ein Schinkensandwich, und die Lady am Tresen im Retrohut mit Schweißerbrille erlaubte ihr, Strom für ihr Handy zu zapfen. Emma ließ sich gegenüber der älteren Dame nieder, da es dort eine freie Steckdose gab. Von dort hatte sie auch einen guten Überblick und konnte ihr Smartphone in Ruhe einrichten. Das Sandwich schmeckte so gut, dass sie sich ein zweites bestellte und einen Cappuccino dazu. Der heiße, cremige Milchschaum mit dem Kakaopulver zerging wie Zuckerwatte auf der Zunge. Die ältere Dame stellte sich als Stammgast heraus. Hier und da wechselte sie ein paar humorvolle Worte mit dem Personal oder kommentierte die Beiträge im Fernsehen für ihren Dackel Ruby, der allerdings mehr an ihrem Kuchen interessiert war.

»Ist das nicht furchtbar, Ruby«, hörte Emma sie sagen, als sie das Handy nach ein paar Problemen endlich eingerichtet hatte. »Jetzt hat die Polizei schon ein zweites Leichenpaar entdeckt …«

Emma blickte von ihrem Phone auf. Ein eisiger Windhauch fuhr in ihre Eingeweide. »Entschuldigung, was haben Sie gesagt?«

Die Rentnerin deutete auf den Fernseher. »Na, die beiden Toten in der St.-Hedwigs-Kathedrale.«

Der eisige Windhauch verwandelte sich in eine eiserne Faust, umfasste ihr Herz und drückte ihr fast die Luft ab. Dennoch brachte sie die Kraft auf, vor den Bildschirm zu treten und sich anzuschauen, wovon die Rentnerin sprach.

Fernsehteams, Reporter und Kameraleute, standen vor der schneebedeckten Kuppel eines klobigen, würfelartigen Baus, wo uniformierte Polizisten und Absperrbänder sie daran hinderten, in das Gebäude einzudringen. Ein Reporter mit vor Kälte gerötetem Gesicht und schütterem, vom Wind zerzaustem Haar sprach von den tragischen Ereignissen, die sich an diesem späten Mittag ereignet hatten, als die Schüler einer Gymnasialklasse während ihres Tagesausflugs in der Krypta auf eine Skulptur gestoßen waren, die blutete. Höchstwahrscheinlich handelte es sich bei den Toten um die Opfer des verrückten Serienmörders, der bereits am Tag zuvor für Angst und Schrecken gesorgt hatte. Die Polizei ermittelte zwar, aber noch lägen keine weiteren Informationen vor.

Der Kommentator faselte schließlich etwas von katholischer Bischofskirche, sakralem Innenraum und geplanten Umbaumaßnahmen, als sich der Tross von Journalisten hinter ihm mit einem Mal in Bewegung setzte und auf einen großen, kräftigen Mann mit Baseballkappe und langem Mantel zusteuerte, der auf den Gebäudeklotz zuging. War das nicht dieser Kommissar, der Emma in der Klinik besucht hatte?

Im Fernsehen kam der Typ gar nicht mehr wie ein altersschwacher Grufti rüber. Die Presseleute stellten sich ihm in den Weg, bombardierten ihn mit Fragen, doch er winkte ab und glitt wie ein Eisbrecher durch sie hindurch, um schließlich hinter dem Absperrband und die Treppe hinauf in der Kathedrale zu verschwinden.

»Ist alles in Ordnung?«, hörte Emma die besorgte Stimme der alten Frau.

Selbst das Personal schenkte ihr inzwischen mehr Aufmerksamkeit als dem Fernsehbericht.

»Wie?«

»Geht es Ihnen gut? Sie sehen so … blass aus.«

Blass war wohl ihr Wort für *schockiert*.

Emma schüttelte den Kopf und fühlte sich plötzlich wie aus Glas. Konnte etwa jeder ihre Gedanken und ihre Gefühle lesen? Irgendwie brachte sie ein Lächeln zustande.

»Keine Sorge. Alles gut.«

Die alte Dame schien nicht überzeugt, wandte sich dann aber ihrem Dackel zu. »Ist die Welt nicht schlecht geworden, Ruby? Jetzt bringt so ein Verrückter schon Menschen in Kirchen um.«

Emma zog sich zu ihrem Platz zurück, aktivierte das Smartphone, setzte die Ohrhörer auf und ging ins Internet. Keine zwei Minuten später hatte sie den ersten der Videoclips der Schüler, die die Toten entdeckt hatten, auf VidTube gefunden. Sie hörte sogar deren Stimmen.

He, schau mal, da ist ein Tuch über der Figur. Eine Schülerin.

Dann lass mal die Finger von weg. Die wird bestimmt repariert. Ein Schüler.

RESTAURIERT heißt das, du Hirni. Eine andere Schülerin.

Ach, komm, wir schau'n mal drunter. Die erste Schülerin hebt das Tuch an, bis es plötzlich zu Boden segelt.

Mist.

Ich hab's dir ja gesagt.

Weitere Schülerinnen und Schüler gesellen sich hinzu.

Igitt, der läuft ja Rotz aus den Augen und ausm Mund …

Wat meinste, wat dat is?

Hamma. Guck mal.

Ärks, das ist ja voll eklig.

Das Ding blutet! Is ja geil!

Dat is Farbe, sonst nix, Digga.

Nee, isses nich, du Honk. Das is Blut in der Fresse. Voll krass Blut!

Emma machte auf dem kleinen Bildschirm ein Skulpturenpaar aus, dem Rinnsale von Flüssigkeit übers Gesicht liefen. Ob das Rotz, Blut oder Regenwasser war, hätte sie nicht sagen können, dafür aber kannte sie das, was sie da sah, aus ihrer eigenen, beschissenen Erfahrung.

»Ist wirklich alles in Ordnung?« Die Rentnerin beugte sich vor.

Emma schaute auf und erkannte echte Besorgnis in ihren Augen. Sie beruhigte die Frau, indem sie ihr erneut versicherte, dass alles gut sei. Dann googelte sie den Standort dieser St.-Hedwigs-Kirche und die Linienverbindung, packte ihre Sachen, bezahlte mit einem großzügigen Trinkgeld und machte sich auf den Weg zur nächstgelegenen S-Bahn-Haltestelle.

47

Reporter, Blitzlichter und Kameras waren eine Kombination, die Böhm noch nie hatte ausstehen können. Klar, die Öffentlichkeit hatte ein Recht darauf, informiert zu werden, aber musste das so reißerisch sein? Der Vorplatz der St.-Hedwigs-Kathedrale wirkte wie der Wettbewerbszirkus der Filmfestspiele. Es fehlten nur noch der rote Teppich und das Schaulaufen der Stars und Sternchen. Er kämpfte sich durch die Menge der Gaffer, um frustriert festzustellen, dass von rechts eine weitere Horde Reporter auf ihn zustürmte. Eine der Kriminalreporterinnen hatte ihn von früher erkannt und seinen Namen gerufen. Der Ärger darüber verlieh ihm immerhin zusätzliche Energie. Er schob Brustkorb und Arme vor, beschleunigte und durchbrach die Front der Mikrofone, ohne auch nur auf eine einzige Frage eingegangen zu sein.

Gibt es eine Spur?

Wird es weitere Morde geben?

Warum, glauben Sie, tut er das?

Was für eine idiotische Frage.

Sind die Toten identifiziert?

Klar. Die tragen Namensschilder auf der Brust.

Geben Sie uns etwas, damit wir helfen können, den Täter zu fassen!

Netter Versuch.

Böhm schützte seine Augen vor dem Blitzgewitter, indem er die Baseballkappe tiefer ins Gesicht zog. Einer der Polizisten in Uniform hob das Absperrband an und ließ es, kaum dass er darunter durchgetaucht war, wieder herunterschnellen.

Die Form der Kirchenfassade mit der eindrucksvollen Kuppel erinnerte ihn an das 2.000 Jahre alte Pantheon in Rom.

Eine riesige Informationstafel neben der Treppe wies auf die im Frühjahr beginnende Neugestaltung des kreisrunden Innenraums hin. Fotos von Modellen zeugten von der künftigen Pracht, bei der der Hauptaltar wie die Achse eines Rads ins Zentrum des Gottesdienstbereichs rücken würde.

Böhm blinzelte, als er die Kirche betrat. Nach den Kamerablitzen brauchten seine Augen einen Moment, um sich an die neuen Lichtverhältnisse zu gewöhnen. Das Innere der Kirche strahlte mit seinen hohen Fenstern und den hellen, schlanken Doppelsäulen schlichte Erhabenheit aus. Weiter vorne drang Scheinwerferlicht aus einer von einem Geländer umgebenen Bodenöffnung. Böhm passierte die Sitzreihen und hielt auf die Mitte des Raums zu.

Eine breite abgesperrte Treppe vor dem Hauptaltar, die sich teilte, führte in die Unterkirche mit ihren Grabkapellen. Böhm zog sich die bereitliegende Schutzkleidung über und folgte dem Treppenabgang, der zu weiteren Sitzreihen und einem kleineren Altar führte, neben dem im Hintergrund einige Holzkisten standen. Lewandowskis Mannschaft sicherte die Spuren ruhig und konzentriert, wirkte in den weißen Anzügen wie eine Geisterarmee. Selbst das Klicken der Kamera hob sich kaum von der Stille ab.

Lewandowski kam auf ihn zu, während Patricia Celan ihm kurz zunickte. Sie war in die Untersuchung der Toten vertieft, soweit das vor Ort gerichtsmedizinisch möglich war.

»Sehr wahrscheinlich Ihr Täter, aber dieses Mal hat er sich noch ein wenig mehr einfallen lassen.«

Böhm folgte einem Pfad, der spurentechnisch gesichert war, und blieb in respektvoller Distanz vor einer breiten Nische stehen. Das Totenpaar befand sich auf einem niedrigen Sockel in Pietà-Pose, doch dieses Mal in vertauschten Rollen. Die Frau saß auf dem Schoß des Mannes und schaute mit blutverschmiertem Gesicht sinnlich verzückt auf ein Publikum aus Forensikern, Gerichtsmedizinern und Spezialisten der Spurensicherung. Beim vorsichtigen Nähertreten entdeckte Böhm, dass die Sache allerdings einen Haken hatte, denn die Augen der sinnlich Verzückten waren zugenäht. Ebenso ihr Mund. Gleiches galt für ihren liebeshungrigen Partner.

Lewandowski reichte ihm einen Beweismittelbeutel.

»Was ist das?«

»Das Tuch, mit dem die Körper der Opfer abgedeckt waren. Eine der Schülerinnen hielt es für eine gute Idee, den Schleier zu lüften.«

Böhm betrachtete den Beutel, als beinhaltete der einen abgetrennten Körperteil.

»Weiß man schon, wie die Toten hierherkamen?«

Lewandowski zuckte mit den Achseln. »Das erklärt Ihnen am besten der Küster. Er ist in der Rosenkranzkapelle.« Er deutete auf den Bogendurchgang zu einem weiteren Raum, und Böhm folgte ihm.

Auf der anderen Seite saß ganz still auf einer Gebetsbank ein bärtiger Mann in Rollkragenpullover und Tweed-Jacke, der die Welt nicht mehr zu verstehen schien, und schaute auf eine verhüllte Skulptur. »Herr Nielsen, das ist mein Kollege von der Kriminalpolizei, Kriminalhauptkommissar Böhm.«

Der Küster schaute auf und blinzelte, sagte aber kein Wort.

Böhm räusperte sich. »Sie haben meinen Kollegen zwar schon erzählt, was Sie gesehen haben, trotzdem ist es wichtig, dass Sie mir alles noch einmal im Detail berichten. Wie und wann haben Sie die Toten entdeckt?«

Der Küster holte tief Luft. »Die Schüler haben die … Toten entdeckt. Das war so vor einer oder einer halben Stunde. Ich weiß nicht mehr. Ich habe heute Morgen meine Runde durch die Kirche gemacht, aber nur kurz von oben in die Unterkirche geschaut. Ich hatte einen längeren Zahnarzttermin und bin erst nach dem Mittag zurückgekehrt.«

»Wird die Kirche videoüberwacht?«

Der Mann nickte. »Wir müssen uns inzwischen gegen Diebe wappnen. Es gibt Besucher, die es auf den Opferstock abgesehen haben. Oder auf sakrale Kunstgegenstände wie Kruzifixe, Weihwasserbrunnen, Marienstatuen, Kelche … Aber nein, wir hatten keinen Einbruch, falls Sie das meinen.«

Böhm schaute sich in der Kapelle um, als müsste es einen geheimen Zugang geben. »Was für eine Möglichkeit gäbe es sonst, zwei menschliche Körper unbemerkt hineinzuschmuggeln?«

»Nun ja, seit zwei Wochen werden erste Vorbereitungen für den geplanten Umbau getroffen. Da gehen immer wieder mal Handwerker ein und aus. Da fällt mir ein, Ihr Kollege«, der Küster deutete zum Durchgang, durch den Lewandowski zum Tatort zurückgekehrt war, »hat die Überwachungsvideos bereits zur Untersuchung weitergeleitet. So viel kann ich jedenfalls sagen, bei meinem Kontrollgang gestern Abend um 19 Uhr waren die Toten noch nicht da.«

»Was ist mit den Holzkisten, die draußen stehen?«

»Das sind die ersten unserer Kunstschätze, die wegen des Umbaus eingelagert werden. Ein Museumslogistiker kümmert sich darum.«

»Sind die Kisten vollzählig?«

»Natürlich. Jedes Stück und jede Kiste wird penibel registriert.«

Böhms Blick ging zu der großen, verhüllten Skulptur in der Kapellennische, auf die die Sitzbank ausgerichtet war.

»Was ist damit?«

Eine seltsame Erregung huschte über die Augen des Mannes. Beinahe wie ein Tänzer bewegte er sich auf die Skulptur zu und befreite sie mit gekonntem Schwung von dem weißen Tuch.

Böhm schluckte, stand da wie ein Kind, dem gerade der Weihnachtsmann mit einem Berg von Geschenken vor dem Kamin erschienen war.

»Wie kommt die denn hierher?«

»Das ist eine vollständige Replik der Skulpturengruppe, die ihr Täter verhöhnt.«

Böhm trat näher und betrachtete das Kunstwerk von allen Seiten. Soweit er das als Laie beurteilen konnte, sah diese Kopie tatsächlich aus wie das Original. Aus der Nähe betrachtet konnte er sogar die Gesichter von Maria und Jesus genau erkennen. Und er entdeckte, dass Maria die Finger der rechten Hand geradezu in die Seite ihres toten Sohnes krallte.

»Ein völlig anderer Eindruck als im Vatikan, nicht wahr?«, flüsterte der Küster.

Das konnte man wohl sagen. Im Petersdom stand die Skulptur auf einem Podest und konnte nur aus der Ferne durch eine dicke Scheibe Panzerglas bewundert werden.

Der Mann fuhr fort: »Nach einem Anschlag auf das römische Original in den Siebzigern diente eine frühere Replik als Vorbild für die Restaurierung. Deutsche Chemiker stellten aus dem Originalmaterial und Polyester-Harz eine Paste her, um die Schäden zu beheben. Als Dank dafür erlaubte der Vatikan dem Verband der chemischen Industrie, diese Replik für eine Ausstellung über *Kunst und Chemie* nachzubilden. Seit 1978 steht sie nun in unserer Kathedrale.«

»Damals lag die Kirche noch in der DDR …«, überlegte Böhm.

Der Küster nickte. »So hat die Wissenschaft ein Stück Rom nach Ost-Berlin gebracht. Kunst sollte keine politischen Grenzen kennen, aber wir leben nun mal nicht in einer perfekten Welt, wie der Tatort in unserer geliebten Kirche zeigt …« Er hielt erschüttert inne, schüttelte den Kopf. »Warum tut ein Mensch so etwas?«

Böhm begegnete seinem Blick. Traurigkeit lag darin. Schmerz und Elend. Und etwas anderes, das er jedoch nicht zu fassen bekam. Jedenfalls schien der Küster eine Antwort von ihm zu erwarten. Immerhin war er Kriminalist. Doch Böhm zuckte nur mit den Schultern, als hätte auch er keine nachvollziehbare Erklärung. Psychologen, Psychiater und Neurowissenschaftler versuchten der Ursache auf den Grund zu gehen, indem sie nach Auffälligkeiten in der Lebensgeschichte eines Täters und nach Anomalien in seinem Gehirn suchten, doch wie die meisten langjährigen Ermittler, hatte er seine eigene Universalformel für solche Bestien entwickelt, und die lautete: Mord war Macht. Und Macht war Glück. Ein unmenschliches, grausames Glück durch das Leid eines unterworfenen Menschen.

»Glauben Sie an den Teufel?«, fragte der Küster, als wäre das von allen die naheliegendste Antwort, als könnte die Kirche allein durch den festen Glauben an diese mythologische Gestalt alles Böse in der Welt erklären.

Zum Teufel mit dem Teufel. Unter gewissen Umständen waren Menschen fähig zu töten, doch nicht jeder Mensch konnte zu einem Mörder werden.

»Nein«, sagte er. »Aber ich weiß, dass es Naturen gibt, die in anderen nichts als Spielzeuge sehen, denen die Würde eines anderen Menschen nicht das Geringste bedeutet.«

Der Küster warf Böhm einen nachdenklichen Blick zu, bevor er hinzufügte: »Menschliche Abgründe sind das Metier des Teufels. Er findet immer Wege. Vom Nachvollziehbaren bis zum Unfassbaren. In der Kunst. In der Literatur. In der Wissenschaft, im ganz gewöhnlichen Leben …«

Klassische Musik tönte plötzlich durch die Kapelle. Ob Bach, Händel oder Haydn hätte Böhm nicht sagen können, aber der Küster zog ein Handy aus der Jacke und schaute auf das Display.

»Einer meiner Mitarbeiter. Es geht um die Museumslogistik. Falls Sie mich noch einmal brauchen, ich bin in der Sakristei.«

Böhm bedankte sich für die Unterstützung und blieb noch ein paar Minuten in der Stille, ordnete seine Gedanken, während er die Replik der über 500 Jahre alten Skulpturengruppe betrachtete. Diese Kirchenleute waren schon seltsam, aber mit Religiösem hatte er ja noch nie viel anfangen können. Er hatte nie verstanden, warum Menschen an Gott und den Teufel glaubten, aber wie es hieß, schenkte der Glaube ja vielen inneren Frieden.

Er wollte die Kapelle gerade verlassen, als Annetta Niedlich in Schutzkleidung im Durchgang erschien. Sie humpelte immer noch leicht und ihre Augen wirkten müde, trotzdem zeugte ihre Haltung von Entschlossenheit. Böhm hörte nur mit halbem Ohr zu, da seine Gedanken noch den Worten des Küsters nachhingen. Während einer kurzen Kaffeepause habe Niedlich vom Geschehen erfahren und sich auf den Weg gemacht. Und eben habe sie in der Oberkirche mit der Küsterin gesprochen und erfahren, dass die Videoüberwachung seit heute Nacht ausgefallen sei.

»Was haben Sie gerade gesagt?« Böhm fühlte sich, als hätte Niedlich ihn mit einem brutalen Stoß in den Abgrund gestürzt.

»Die Videoüberwachung funktioniert …«

»Nein, das davor!«

Niedlich runzelte die Stirn, offensichtlich stand sie völlig auf dem Schlauch.

»Sie sagten, Sie hätten mit der *Küsterin* gesprochen.«

»Genau. Und wo liegt das Problem?«

48

Das Kopfsteinpflaster des Bebelplatzes war schneebedeckt. Himmel und Menschen in dicker Winterkleidung standen sensationslüstern vor der Kathedrale. Emma war einmal mit ihrer Schulklasse hier gewesen, um das Denkmal zur Erinnerung an die Bücherverbrennung 1933, eine versunkene Bibliothek mitten auf dem Platz, in Augenschein zu nehmen. Auf riesigen Scheiterhaufen überall in deutschen Städten hatten nationalsozialistische Studenten damals die Bücher Heinrich Manns, Erich Kästners, Kurt Tucholskys, Irmgard Keuns und vieler anderer verbrannt, über 25.000 Bücher, die von ihnen als *zersetzendes Schrifttum* angesehen worden waren. Das ebenfalls auf dem Bebelplatz verewigte Heinrich-Heine-Zitat *Dort, wo man Bücher verbrennt, verbrennt man am Ende auch Menschen* war Emma noch gut im Gedächtnis. Früher war Geschichte ihr total egal gewesen, doch das letzte Jahr hatte ihren Blick nicht nur für die eigene Vergangenheit geschärft.

An diesem Nachmittag interessierte sich keiner für das Denkmal. Die Aufmerksamkeit der Schaulustigen, der Reporter und Kameraleute war auf die kantige Fassade mit dem Giebeldach und dem Eingangsportal gerichtet, hinter der die Kuppel wie ein Gletscher aufragte. Uniformierte Polizisten hielten die Lage unter Kontrolle, während eine Drohne hoch über ihnen den Platz überquerte und filmte, was ihr vor die Linse kam.

Emma zog die Kapuze tiefer ins Gesicht und straffte die Schnüre, damit ihre Kopfbedeckung nicht verrutschte. Sie hatte keine Lust darauf, ein identifizierbarer Teil dieser Reality-Show zu werden. Bei ihrer Ankunft hatte sie die Kathedrale einmal weitläufig umrundet und festgestellt, dass sämtliche Zugänge abgesperrt waren. Wie ein einsamer Wolf, der das Rudel bisher gemieden hatte, steuerte sie nun mit gemischten Gefühlen auf die Menschenmenge zu, sich dessen bewusst, dass ihr Entführer sich irgendwo auf dem Gelände herumtrieb und das Geschehen beobachtete. Daher war es für sie am sichersten, wie ein U-Boot in der Menge unterzutauchen.

Schritt für Schritt schlüpfte sie durch die Ansammlung bis wenige Meter vor die Polizeiabsperrung. Die Eingangsfassade mit den Figuren im Giebeldreieck, den Säulen und den schmalen, hohen Kirchenfenstern war imposant. Überhaupt musste das Innere magisch sein, wenn Sonnenlicht durch die Fenster fiel. Wieso war ihr die Kathedrale bei dem Klassenausflug nicht aufgefallen?

Weil man nur sieht, was man bereits kennt, du Dummerchen. Diese Dinge haben einfach aus Unwissenheit für dich nicht existiert.

Ein wankender, dicker roter Punkt am Rande ihres Blickfelds erregte ihre Aufmerksamkeit und entpuppte sich als die niedliche Kommissarin aus der Klinik. Sie zeigte einem der Uniformierten einen Ausweis und trug sich in eine Liste ein, bevor sie mit angespanntem Gesichtsausdruck die breite Treppe hinaufhumpelte und im gleichen Eingang verschwand wie ihr Kollege, als Emma noch im Café gesessen und die Ereignisse übers Fernsehen verfolgt hatte.

Die Schaulustigen spekulierten munter drauflos, was in der Kirche vor sich ging, führten sich auf, als wären sie Experten für Spurensicherung und Polizeiarbeit. Sie fachsimpelten sogar über die Opfer, vor allem die Überlebende, die den mörderischen Irren ja gesehen haben musste. Wieso hatte die verblödete Polizei den Psycho immer noch nicht geschnappt? Einer der Gaffer meinte feixend, dass die Spuren am Tatort zumindest nicht im Schnee versinken konnten.

Die Drohne drehte inzwischen eine Runde entlang der Kirchenfassade und flog dabei deutlich niedriger an der Menge vorbei. Emma vermutete, dass es um Aufnahmen für die Gesichtserkennung ging, was sie daran erinnerte, dass sie Matteos Beschreibung *der Stimme* hatte. Vorsichtig schaute sie sich nach einem Mann mit kurzem hellbraunem Haar in Armee-Klamotten um, der etwa eins 80 groß war und das markante Gesicht des T-1000 besaß, doch außer den Polizistinnen und Polizisten trug niemand eine Kleidung, die auch nur annähernd zur Beschreibung passte. Und die Köpfe waren mit Kapuzen, Wollmützen und Baseballkappen bedeckt, ganz davon zu schweigen, dass in der Schweinekälte der aufsteigende Atemnebel die Gesichter verhüllte, als handelte es sich um ein Treffen von Kettenrauchern.

Emma tastete nach dem Revolver in ihrem Parka. Ihr Herz machte bei der Berührung des eiskalten Metalls einen Sprung, schlug schneller. Der Dampf ihres Atems stieg kurz und heftig in die Luft. Sie stellte sich vor, wie sie die Waffe hob, den Hahn spannte, den Lauf auf die verdammte *Stimme* richtete und abdrückte. Doch seltsamerweise war von der Wut, die sie hierhergeführt hatte, nur noch ein Bruchteil da, ein Fragment, das den Namen Wut nicht einmal mehr verdiente. Angst kroch wie grauer und schwarzer Rauch aus allen Ritzen ihrer Seele. Angst ließ den Platz um sie herum zusammenschrumpfen bis auf die Größe eines Dixiklos.

Was tat sie hier eigentlich?

Was glaubte sie, *hier* erreichen zu können?

Edmond, der Graf von Monte Christo, hatte seine Rache von langer Hand geplant und die Schwächen seiner Feinde genau gekannt, aber Emma stand ohne jeden Plan mit einer Knarre in der Hand vor einer Kirche, in der gerade ein Doppelmord untersucht wurde. Erwartete sie allen Ernstes, dass *die Stimme* einfach mal so vor ihr auftauchte, kurz *Hallo* sagte und sich dann widerstandslos von ihr abknallen ließ?

Was für eine bescheuerte Vorstellung!

Sie ließ den Revolver los und spürte, wie das massive Gewicht die Jacke runterzog.

Ganz ruhig, hörst du? Ganz ruhig. Komm wieder runter!

Sie atmete tief durch. Mehrmals. Trotzdem dachte sie an die Leichen hinter der Kirchenfassade, deren Körper ohne jeden Respekt im Internet gezeigt worden waren. Trotzdem hatte sie den Kopf voll mit all den schrecklichen Dingen, die *die Stimme* der Frau und dem Mann bis zum erlösenden Tod angetan hatte. Trotzdem durchlebte sie noch einmal Patricks und ihr eigenes Leid und vergegenwärtigte sich, dass *die Stimme* sie genauso benutzt hatte wie die brutalen Werkzeuge in der Ledertasche. Dieser beschissene Wichser von einem Monster hatte am Ende auch sie in ein Monster verwandelt …

Quatsch! Du *bist schuld!*

Du *hast es geschehen lassen!*

Du *hast das Monster in dir hervorgebracht*!

Einige der Umstehenden drehten sich zu ihr um. Hatte sie den letzten Gedanken etwa laut ausgesprochen?

Ganz ruhig. Ruhig bleiben!

Sie hielt es keine Sekunde länger hier aus, musste schleunigst weg. Doch es war leichter, in einer Menschenmenge unterzutauchen, als sie wieder unbemerkt zu verlassen. Mit einem Mal hatte sie das Gefühl, von Pietà in tausend Gestalten umzingelt zu sein. Sie machte kehrt, zwängte sich durch die engen Reihen, trat auf Füße, rempelte Schultern an, mied aber jeden Blickkontakt.

Glücklicherweise lag die Staatsbibliothek, wo sich ihr Unterschlupf befand, ganz in der Nähe, und zwar auf der anderen Seite von Unter den Linden, schräg gegenüber vom

Bebelplatz. Zur Sicherheit ging sie jedoch nicht auf direktem Weg dorthin, sondern umrundete die Kirche von Norden nach Westen auf der gegenüberliegenden Straßenseite. Ihr war, als ginge von den Außenwänden ein leichter Blutgeruch aus. Sie versuchte, den Eindruck aus ihren Sinnen zu verbannen, als sie vor dem kleineren Anbau im Süden, wahrscheinlich die Sakristei, ein Dutzend Polizistinnen und Polizisten hastig umherrennen sah, die Passanten anhielten, in Autos, Eingänge und Einfahrten schauten, als ob sie nach jemandem suchten. Weiter hinten entdeckte Emma Böhm und Niedlich, die ziemlich frustriert wirkten und das Gelände von einer Rundtreppe aus absuchten. Sie wollte in Deckung gehen, doch da kam auch schon eine Polizistin auf sie zu, bat um ihre Unterstützung und fragte nach einem bärtigen Mann in Tweed-Jacke, der vielleicht ihren Weg gekreuzt hatte. Emma, die keine Ahnung hatte, wie eine Tweed-Jacke aussah, verneinte und durfte ihren Weg fortsetzen.

Dass Böhm und Niedlich so aufgewühlt waren, machte Emma noch wachsamer. Die Polizistin hatte zwar erklärt, man suche nach einem wichtigen Zeugen, doch das hatte Emma ihr keine Sekunde lang abgekauft. Richtung Westen bog sie in die Französische Straße und erst am Schinkel-Denkmal schlug sie die Richtung zu Unter den Linden ein. Sie fühlte sich so unglaublich müde, dass sie im Vorwärtsstapfen glatt hätte einschlafen und in den Schnee plumpsen können. Ihr verkorkstes Leben war der reinste Albtraum.

Eine Bettlerin erhob sich mühsam von einem Schutzgitter und kam auf sie zu, trotz der Kälte in offener Jacke, und wisperte: »Ich hab so ’nen Hunger. Haste mal ’nen Euro, Schätzchen?«

Emma kramte in ihrem Parka. Irgendwo war noch das Wechselgeld aus ihren Einkäufen. Plötzlich spürte sie einen Stich im Hals. Alles drehte sich. Die ganze Welt. Nur ihr

Atem, der stockte. Und ihr in einen Kofferraum gestoßener Körper wurde taub wie Stein.

49

Der Saal war alt und groß, die Wände rot und beige tapeziert. Im Parkett befanden sich zwei Dutzend Reihen mit staubbedeckten Plüschsesseln und hoch oben rundherum sieben weitere Ränge. Vom Zuschauerraum aus wirkte die Bühne wie ein überdimensionaler Guckkasten. In den Tiefen des stillgelegten Theaters befand sich Arvid Sartorius' Reich. Dort hatte er seine wahren Schätze verborgen. Der Keller war riesig. Und er war durchzogen von labyrinthischen Gängen, Kammern und Räumlichkeiten mit begehbaren Schränken, Schauspielergarderoben, Schminktischen mit blinden Spiegeln und vergessenen Requisiten. Zwischen 1888, dem Jahr Jack the Rippers, und 2009, dem Jahr, in dem das historische Archiv Kölns einstürzte, hatten hier unterschiedlichste Vorstellungen stattgefunden. Stars wie Marlene Dietrich, Heinz Erhardt und Harald Juhnke waren hier aufgetreten. Doch die Zeiten änderten sich. Und mit ihnen das Publikum. Und schließlich nahmen die Besucherzahlen ab. Nach der Finanzkrise wurde der Theaterbetrieb endgültig eingestellt und der letzte Vorhang fiel, woraufhin das Anwesen ungenutzt blieb.

Bis eine Maklerfirma in diesem Jahr mit dem Verkauf beauftragt worden war, um auf dem Gelände Wohnhäuser entstehen zu lassen.

Sartorius trug Emma wie eine träumende Prinzessin an den Reihen der im Zwielicht liegenden Plüschsessel vorbei. Sie konnte sich nicht bewegen, weder schreien noch sprechen noch weglaufen. Doch sie konnte hören. Und sie konnte sehen. Und deshalb zeigte er ihr an diesem letzten Tag ihres Lebens sein Gesicht und die gesamte Facette der Welt, in der er Tote zu Kunstwerken modellierte.

Unter der Bühne, im Keller mit der Veranstaltungstechnik, fixierte er sie mit Hilfe von Lederriemen in einem Rollstuhl, der einst Teil einer Theaterszene gewesen war. So würde sie den Rundgang durch seine Galerie der Unsterblichkeit am besten genießen können.

Mit einer fast schon berauschenden Wärme erinnerte er sich an Emmas Stunden in seinem geheimen Refugium. Tapfer hatte sie die Geräuschkammer ertragen. Ebenso die Kammer der Leere und die des Lichts. Selbst die Finsterkammer hatte sie nicht brechen können. Erst die Schmerzenskammer hatte Emma aus der Fassung gebracht. Er vergegenwärtigte sich den Moment, als sie in ihrer Kammer die Tasche mit den Instrumenten entdeckt hatte, ihre stille, beherrschte Reaktion, als sie diese öffnete. Er erinnerte sich an den Augenblick, als Emma und Patrick das erste Mal aufeinandertrafen, nachdem er beide angemessen aufeinander vorbereitet hatte. Der aufblitzende Schock in Emmas Augen und der Funke der Hoffnung in Patricks. Doch schon bald war Patrick klar geworden, dass dieses Mädchen ihm keine Rettung bringen würde.

Es hatte seine Zeit gebraucht, bis Sartorius an Emmas harten Kern gelangt war, doch es hatte sich gelohnt, denn ihr Seelenkern hatte sich als ein äußerst delikates Mark erwiesen. Ebenso delikat und kostbar wie ihr zartes, vernarbtes Fleisch.

Sie hatte Sartorius' Vorstellungskraft, ja, den ganzen schöpferischen Akt enorm beflügelt. Sie hatte seine Gefühle auf die Spitze getrieben. Nie zuvor hatte er die Kontrolle über den kreativen Prozess verloren. Was er da erlebt hatte, war beinahe kongenial gewesen. Letztendlich hatte sie ihn verführt!

Er packte die Griffe des Rollstuhls, als handelte es sich um Emmas Schenkel, und schob sie durch die einst von erfahrenen Bühnentechnikern beherrschte Maschinerie. Dabei beugte er sich vor und flüsterte ihr ins Ohr:

»Easy, Easy ... du weißt gar nicht, wie viel Kummer du mir bereitet hast ...«

Er musste das schiere Entsetzen in ihren Augen nicht sehen, er fühlte es.

»... aber ich weiß auch, dass es nicht alleine deine Schuld war. Kurzum, ich vergebe dir ...«

Er steuerte den Rollstuhl auf einen Backstage-Gang zu, der zur anderen Seite des Kellers führte. Dort lag sein geheimes Reich voller Leiden und Schmerz, voller Grauen und Ästhetik.

»... und deshalb habe ich eine Überraschung für dich.«

Mit dem Rollstuhl stieß er die alte, knarzende Schwingtür auf und schob Emma in die Dunkelheit, die sie bereits kennengelernt hatte. Minutenlang verharrte er nach einigen Metern auf der Stelle, ließ die undurchdringliche Schwärze auf seine Begleiterin wirken und lauschte ihren kaum wahrnehmbaren Atemzügen.

Dann schaltete er die Stirnlampe ein und ein Tunnel aus kalten, feuchten Kellerwänden tat sich auf.

Das Schweigen wirkte hier unten ebenso endlos wie die Schwärze zuvor. Umso befriedigender war es, beides zu genießen – und dann zu durchbrechen. Darin lag schiere Freude, schiere Energie und damit große Macht. Aber das würden gewöhnliche Leute mit ihren gewöhnlichen Gehirnen in ihren gewöhnlichen Leben, Gestalten wie Patrick Galinat oder dieser

Kommissar Böhm, niemals verstehen. Sie waren wie lebende Leichen, die über Jahrzehnte ihren eigenen Sarg trugen.

Mit Genugtuung dachte er an seinen Auftritt in der St.-Hedwigs-Kathedrale. Wie leicht sich die Polizei hatte täuschen lassen. Dieser Kommissar Böhm … was für ein Narr der doch war. Ebenso ein Narr wie dieser Commissario Rossi, der ihn in der Kunstgalerie in Trastevere nicht erkannt hatte.

Sartorius bog in einen etwas schmaleren Seitengang ein und klopfte auf Emmas Schulter, als wollte er ihr Mut machen. In seiner Vorstellung hob Emma den Kopf und wirkte erleichtert. Was immer da auf sie zukommen mochte, sie war nicht allein.

Er lächelte, erfreut darüber, dass das Schicksal nach all den Jahren noch immer auf seiner Seite war. Als er die Kirche über die Rundtreppe im Süden, bartlos und in einem dunklen Winterparka, verlassen hatte, hätte er sich nicht träumen lassen, dass Emma ihm in Höhe des Schinkelplatzes praktisch in die Arme laufen würde. Sofort hatte er ihren charakteristischen Gang erkannt, die leicht aggressive Art, wie sich ihr Brustkorb und ihr Becken bewegten, die gebeugte, aber nicht unterwürfige Haltung des Kopfes, um Blickkontakten auszuweichen.

Auf der anderen Seite des Platzes hatte er sie zügig überholt und einer Obdachlosen 100 Euro für einen Jacken- und Mützentausch geschenkt. Dann war er zu Easy zurückgekehrt.

Und Easy … ach Easy, die neben ihrem starken, kämpferischen Seelenkern auch ein Herz für Underdogs besaß, hatte sich ihm ohne Zögern ausgeliefert.

Seine Schritte hallten gedeckt in dem dunklen, modrigen Gang wider und das leise Quietschen der Räder schien die Melodie zu diesem dumpfen Rhythmus zu sein.

Er hatte Easys Rucksack inspiziert. Und ihre Jacke durchsucht. Das Smartphone hatte er zerstört, und den Revolver trug er in der stinkenden Jacke der Obdachlosen bei sich.

Ein Revolver! Es hatte ihn verblüfft, etwas derartig Gefährliches in ihrem Besitz zu finden. Ihre Gangvergangenheit reichte tiefer, als er vermutet hatte. Er selbst hatte noch nie eine Schusswaffe besessen, geschweige denn benutzt. Aber vielleicht wurde es Zeit dafür.

Vor einer zweiten Flügeltür hielt Sartorius an, entriegelte diese und schob den Rollstuhl schwungvoll hindurch. Danach verriegelte er die Tür erneut, wandte sich seiner leblos anmutenden Begleiterin zu und holte ein Präsent für sie hervor.

»Für dich.«

Er setzte ihr eine rote LED-Stirnlampe auf, richtet diese aus und aktivierte sie. Dann ging er um Easy herum, wie ein Künstler, der seine Schöpfung begutachtete, und lächelte zufrieden.

»Ich wünschte, du könntest dich jetzt sehen. Es ist sozusagen mein Abschiedsgeschenk an dich.«

Das Entsetzen in Easys Welt hinter den Augen stieg, und er grinste.

»Showtime!«

50

Der Rollstuhl setzte sich in Bewegung, nachdem *die Stimme* ihren grinsenden Freudentanz beendet hatte, und folgte einem schmalen, durch Emmas Stirnlampe geringfügig erhellten

Lichttunnel. Sie spürte die Ähnlichkeit zu dem Kellerlabyrinth, in dem sie tagelang gefangen gehalten worden war. Sie atmete schwer und flach, was an dem verdammten Mittel liegen musste, das ihr *die Stimme*, deren wahres Gesicht sie noch immer nicht wirklich hatte erkennen können, in die Seite ihres Halses gespritzt hatte.

Ein Teil ihres Bewusstseins befand sich nach wie vor in dem kalten, stickigen Kofferraum, in dem sie auf den Deckel gestarrt hatte, als läge sie in einem zu kurzen Sarg. Sie begriff noch immer nicht, wie sie sich erneut in diese Lage hatte manövrieren können. Da war diese alte, verlebte Bettlerin gewesen, die sie um Geld für Essen angegangen war, und Emma hatte sich über die teuren schwarzen Männerschuhe gewundert, die sie trug, als sie im nächsten Augenblick auch schon diesen Stich im Hals gespürt und alles stillgestanden hatte. Sie hatte nicht einmal mehr die Energie gehabt, brüllend gegen den Deckel des Kofferraums zu schlagen, um die Aufmerksamkeit von Passanten auf sich zu ziehen. Es war ihr so dreckig gegangen, dass sie vor Wut hätte kotzen können, hätte dieser Scheißkerl, den alle Pietà nannten, nicht erneut ihre Muskeln gelähmt.

Doch Lähmung und Atemnot hatten seit dem Passieren der zweiten Schwungtür etwas nachgelassen, und jetzt schob Pietà dieses alte, quietschende Ding durch den Untergrund und erzählte ihr Dinge, die sie einen Scheißdreck interessierten, auch wenn sie nun wusste, dass sie sich im verrottenden Keller eines stillgelegten Schauspielhauses befand, das einmal Gloria-Theater geheißen hatte. Feuchtigkeit lief an speckigen Wänden herunter und bedeckte einen schmierigen Boden, und die mickrige Stirnleuchte auf ihrem Kopf reichte in der Dunkelheit noch keine drei Meter weit.

Emma versuchte, ihre Unterarme gegen die Lederriemen zu stemmen, um deren Festigkeit zu prüfen, doch ihr Körper gehorchte ihr nicht. Es gelang ihr gerade einmal, die Finger zu rühren.

»Geduld. Wir sind gleich da«, erklärte er.

Sie war sich sicher, in den Folterkeller zurückgebracht zu werden, in dem Patrick gestorben war.

Sie kamen zu einer Kreuzung, und der Lichtstrahl ihrer Stirnlampe wurde von einem vergilbten Wegweiser, der Richtung Bühne wies, zurückgeworfen. Emma nahm einen chemischen Geruch wahr, und nachdem er sie ein gutes Stück weitergeschoben hatte, tat sich ein Raum auf, in dem sich das Licht ihrer popeligen Stirnlampe verlor. Himmel, Arsch und Zwirn, wo war sie hier?

Pietà schob den quietschenden Rollstuhl noch ein paar Meter weiter, drehte ihn dann um 180 Grad und ließ Emma so stehen, ohne dass sie auch nur erahnen konnte, was sich außerhalb ihrer Sichtweite befand.

»Ich schaue kurz nach dem Rechten. Nur einen Augenblick.«

Pietà verschwand hinter Emmas Rücken und hantierte in der Dunkelheit herum. Es hörte sich an, als würde etwas gleiten, als würden Dutzende von Tüchern von Tischen und Stühlen entfernt. Vielleicht war hier unten einmal ein Kellerrestaurant gewesen. Schließlich kehrte er zu ihr zurück, drehte den Rollstuhl, und erhöhte leicht, wie er sagte, den Lumen-Wert ihrer Stirnlampe.

Das Erste, was Emma sah, war jede Menge aufgewirbelter Staub, der wie ein dichter Sternennebel durch den Raum tanzte und schwebte, und darin machte sie seltsame Erscheinungen aus, die kaum mehr waren als die Andeutungen von Schatten, die sich irgendwo in der Tiefe verloren. Obwohl ihr das Atmen eben schon leichter gefallen war, hatte sie plötzlich das Gefühl, ihr Brustkorb würde zusammengeschnürt.

Pietà schob den Rollstuhl gemächlich vor und eine Allee aus knorrigen Stämmen, gebrochenen Ästen und verkrüppelten Stümpfen tat sich vor Emma auf. Wie in Zeitlupe bewegte sie sich darauf zu und tauchte in die Nebellandschaft ein. Sie schaute weder nach rechts noch nach links. Das brauchte sie gar nicht. Das Licht ihrer Lampe erschuf auch so ein grauenhaftes Nebelrelief nach dem anderen, und sie hatte das Gefühl, dass ein jedes sie, kalt wie Eis, berührte. Nach zwei weiteren Kurven begriff sie dann, dass das nicht *ein* Weg war, sondern ein ganzes Gewirr aus Wegen mit Skulpturen, zwischen denen gequälte Seelen verweilten. Das hier war kein Wald aus Holz, aus Erdreich und Fels, in dem Vögel zwitscherten und Rehe herumhüpften. Was sie da sah, krumm, verwachsen und deformiert, in Teilen wie im Ganzen … das alles waren einmal Menschen gewesen, Wesen aus Fleisch und Blut!

Emmas Seele schrie, doch aus ihrer Kehle kam nur ein Gurgeln.

Nach weiteren Biegungen im Rollstuhl – Pietà hatte einmal kurz innegehalten, um irgendetwas in Bodennähe zu befestigen – ließ sie den abscheulichen Horrorwald endlich hinter sich und ein in Dunkelheit liegender Raum von unbestimmbaren Ausmaßen tat sich auf. Emma erkannte eine Liege und einen Stuhl, einen Ständer mit Kostümen, Regale mit Spraydosen und einen Schminktisch. Der Liege gegenüber befand sich an der Wand ein großer Käfig mit engen, dicken Eisenstäben, in dem man einen Grizzly hätte gefangen halten können.

Pietà beugte sich vor und schaute ihr tief in die Augen, ohne dass sie sein Gesicht hätte ausmachen können. »Du erinnerst dich noch an meine Werkstatt? Nein? Wirklich nicht? – Na, das macht nichts, wir haben viel Zeit.«

Er öffnete die Gittertür des am nächsten stehenden Käfigs, schob Emma hinein und drehte den Rollstuhl so, als säße sie nun auf einem exquisiten Logenplatz. Dann ging er zum Schminktisch, zog zu Emmas Verblüffung ihren Revolver aus der Manteltasche und legte ihn mit den Worten vor dem Spiegel ab: »Dazu fällt uns sicher noch etwas ein.«

Er entfernte die Maske über seinen Augen und den Wangenknochen und schminkte sich ab, als hätte er dies schon viele Male getan.

»Wir könnten Russisches Roulette spielen. Was denkst du?«

Unfähig zu antworten, beobachtete Emma ihn über den Spiegel und sah zum ersten Mal sein Gesicht. Ein Schauder lief ihr über den Rücken. Matteo hatte nur eine Maske gesehen. Pietà sah kein bisschen aus wie der T-1000. Seine Gesichtszüge waren mit den hohen Wangenknochen und einem markanten Kinn zwar männlich, gar keine Frage, aber sie wirkten auch weicher und feiner, um nicht zu sagen kultiviert. Der Scheißkerl hatte ein Gesicht wie ein Model, sah richtig gut aus!

Er nahm den Revolver und hantierte ungeschickt damit herum, ehe er die Trommel ausschwenkte und die Patronen wie klappernde Münzen auf die Tischplatte fallen ließ.

»Ich schätze mal, das sind keine Platzpatronen.«

Ganz sicher nicht, du verfluchter Wichser! Ich hoffe, du schießt dir damit ins Knie!

Er spannte den Hahn, legte die Fingerkuppe auf den Abzug, hielt den Lauf Richtung Spiegel, erhöhte langsam den Druck und drückte ab. Emma hoffte, dass der Schlagbolzen bei dem Leerschuss in die Brüche ging. Doch den Gefallen tat ihr der alte Revolver nicht.

Pietà schenkte ihr über den Spiegel ein Lächeln. »Wie kommt eine junge Poetin wie du an solch ein Ding? Waffen sind Werkzeuge der Gewalt. Anständige Menschen verabscheuen sie.«

Er steckte eine Patrone zurück in die Trommel, drehte diese ein paarmal und hielt sich den Lauf an die Schläfe. Emmas Nerven fühlten sich wie elektrisiert an. Die Chance, dass er sich selbst erledigte, standen eins zu sechs, und damit gar nicht mal so schlecht.

Worauf wartest du, du verdammter Scheißkerl! Die Welt ist ohne dich besser dran!

Er begann, einen Countdown zu zählen.

Zehn ... neun ... acht ... sieben ... sechs ... fünf ... vier ... drei ... zwei ... schenkte ihr ein Augenzwinkern über den Spiegel und drückte ab.

Nichts.

Dann trat er mit einem wissenden Lächeln zu ihr, verneigte sich wie vor einem Publikum und hielt ihr den Lauf an die Stirn.

Nach dem ersten Schuss, der ohne Folgen geblieben war, stand die Chance nun eins zu fünf, dass Emma starb.

Das Beste, was dir passieren kann.

Denn sie war verloren. Niemand würde sie hier finden. Dieser Raum mit den Käfigen sowie Pietàs erbarmungsloses Lächeln würden ohnehin das Letzte sein, was sie sah.

Sie richtete ihr Bewusstsein nach innen und wartete darauf, dass ihr ganzes beschissenes, verkorkstes Leben noch einmal in Sekundenbruchteilen vor ihrem geistigen Auge ablief.

Na los, mach schon! Drück endlich ab, du Idiot!

Doch dann sah sie wieder die Kälte in seinen Augen und das wissende Lächeln, und ihr war klar, so einfach würde er sie niemals davonkommen lassen.

51

Annetta hatte das Gefühl, einen Zombie durch das eingeschneite Berlin zu chauffieren. Ohne ein Wort hatte Böhm ihr die Schlüssel seines Leihwagens gegeben und auf dem Beifahrersitz Platz genommen. Es kam ihr vor, als spielte er die Begegnung mit dem Küster in Gedanken wieder und wieder in einer Endlosschleife ab. Annettas Einschätzung nach hätte niemand hinter die Verkleidung schauen können. Nichts an dem Kirchenmann, den sie inzwischen selbst auf einem Überwachungsvideo gesehen hatte, hatte auch nur im Ansatz verdächtig gewirkt. Und mit hellseherischen Fähigkeiten war ja nun wahrlich keiner im Ermittlungsteam gesegnet. Nicht einmal Lewandowski. Der Killer war einfach unglaublich dreist. Außerdem war sein Deutsch, wie Böhm erklärt hatte, perfekt. Da war nicht der Hauch eines italienischen Akzents zu hören gewesen.

Und er hatte sich gut über die Kathedrale, ihr Umfeld und die Termine der Küsterin informiert. Er hatte sie alle zum Narren gehalten. Die Lebenden wie die Toten. Und als sie sein Schauspiel endlich bemerkt hatten, war er längst über alle Berge gewesen.

Annetta parkte den Wagen vor dem Präsidium und sie stapften durch die x-te Schicht aus knirschendem Schnee und Streusand. In jedem Stockwerk und Zimmer brannte Licht. Es kam Annetta vor, als arbeitete inzwischen jeder verfügbare Polizeibeamte fieberhaft an dem Fall. Doch im Empfangsbereich mit den Schreibtischen und dem Tresen herrschte lediglich betretene Stille. Man sah den Gesichtern an, dass jeder und jede in diesem Raum vom aktuellen Doppelmord erfahren und die Videos im Internet gesehen hatte. Und alle wussten nun, dass Böhm in dem Fall ermittelte.

Niemand beneidete ihn um diesen Job.

Beim Treppensteigen zur Etage mit ihrem Büro hielt Böhm zweimal inne und rang nach Luft, und Annetta tat so, als ob vor allem sie die Pausen für ihr verlängertes Rückgrat bräuchte.

Das Kabuff, wie Böhm ihr Arbeitszimmer spöttisch nannte, platzte vor Anwesenden aus allen Nähten. Nicht nur, dass Dr. Agnes Xeller von ihrer Praxis in der Nähe des Köpenicker Sportvereins zum Präsidium zurückgekehrt war, auch die beiden Polizeibeamten aus dem Büro schräg gegenüber, Karow und Emrich, waren aufgrund von Monsens Anordnung nun Teil des Böhmschen Teams. Beide saßen trotz müder Augen gespannt auf zwei Holzstühlen neben dem Kleiderständer. Toni Vörg habe sie in groben Zügen bereits über den Fall aufgeklärt. Von Vörg selbst war allerdings weit und breit nichts zu sehen.

Dr. Xeller, die ihr weinrotes Kostüm vom Vormittag gegen ein mintgrünes eingetauscht hatte, nahm an Annettas Schreibtisch gerade letzte Ergänzungen an ihrem Täterprofil vor. Annetta hatte in der St.-Hedwigs-Kathedrale mitbekommen, dass die kleine, mollige Profilerin leibhaftige Tatorte mied wie die Pest. Stattdessen hatte sie sich die verfügbaren Videos angeschaut und mit Böhm und Lewandowski in der Oberkirche der Kathedrale gesprochen.

Böhm zwängte seinen massigen Leib an der Ermittlerwand vorbei und ließ sich geräuschvoll in den Schreibtischsessel plumpsen. Er wirkte wie ein alter Adler, dem schwante, dass er den Winter wahrscheinlich nicht überleben, aber dennoch weiter auf Futtersuche gehen würde. Er beugte sich vor, legte die mächtigen Unterarme auf die Tischplatte und schaute in die Runde seiner Mitarbeiter.

»Wir haben die Kirchenleute, Schüler, Handwerker und weitere mögliche Zeugen befragt und werten die Daten noch aus. Die Drohnen- und Straßenverkehrsvideos werden in der

Leitstelle von Manfred Müllers Team unter die Lupe genommen. Was wir bisher sagen können, ist, dass Pietà die handwerklichen Tätigkeiten in der Kathedrale zur Tarnung seines Vorhabens genutzt und die beiden Opfer in zwei Sperrholzkisten über einen Fahrstuhl zur Unterkirche gebracht hat. Dort hat er sie dann in Ruhe als Skulptur inszeniert. Außerdem wusste er, dass die Küsterin an diesem Tag einen zeitaufwendigeren Außentermin hatte. Also trat er in neuerlicher Verkleidung an ihre Stelle und hielt mich während einer mehrminütigen Befragung zum Narren. Dann machte er sich aus dem Staub.«

»Moment mal, als Küster verkleidet?« Emrich runzelte die Stirn.

Böhm präzisierte, und eine seltsame Röte stieg ihm ins Gesicht. »Er trug gesetzte Zivilkleidung und gab sich als Küster aus.«

Annetta war dabei gewesen, als Böhm die Tweed-Jacke des Küsters unweit der Sakristei im Müllcontainer eines Schnellrestaurants entdeckt und bei dem Versuch, sie herauszufischen, beinahe mit dem Container umgekippt war. Die Jacke befand sich nun in Lewandowskis Labor. Doch davor war sie einem Spürhund unter die Nase gehalten worden, der Pietàs Fluchtweg bis zu einer Parkbucht, eine Straße von der Kathedrale entfernt, hatte verfolgen können. Dort hatte sich die Spur dann verloren. Manfred Müllers Team ging nun die Straßenverkehrsvideos in der Umgebung durch.

»Da Sie mit dem Täter gesprochen haben …«, überlegte Karow vorsichtig. »… besteht die Chance auf ein Phantombild?«

Böhm schüttelte den Kopf. »Es ist nicht nur die Kleidung, die er bei seinen Auftritten verändert. Er tarnt auch seine Gesichtsform, seine Statur, seine Frisur und wahrscheinlich auch seine Stimme.«

In diesem Moment tauchte Vörg im Zimmer auf, nicht mehr ganz taufrisch, aber mit einem Tablett mit sechs vollen Kaffeebechern, Milch und Zucker auf dem Arm. Dr. Xeller bedankte sich, und alle außer Böhm stürzten sich auf die schwarze Flüssigkeit, als fühlte sich die Welt mit einer Tasse Kaffee in der Hand gleich besser an.

Böhm fuhr mit dem aktuellen Stand der Untersuchung fort, wozu die Entdeckung des ersten Plastikzylinders mit Pietàs Rätsel ebenso gehörte wie das Abklappern von infrage kommenden Kunstgalerien oder die Untersuchung des sozialen und gesellschaftlichen Umfelds der bereits identifizierten Opfer. Die Anwesenden schauten ihn über den dampfenden Rand ihrer Tassen hinweg an und hörten aufmerksam zu.

Schließlich stieß Böhm ein Brummen aus, das aus tiefster Seele zu kommen schien, ganz so, als ergäbe er sich einer höheren Macht, für die er in eine überaus saure Zitrone beißen musste.

»Da unsere Ermittlungen am Anfang stehen und auch die Labor- und DNA-Analysen noch Zeit brauchen …« Mit verdrießlicher Miene wandte er sich der Psychologin zu. »Frau Doktor Xeller, vielleicht führt Ihr Täterprofil uns ja zu neuen Erkenntnissen.«

Ein kaum wahrnehmbares Lächeln huschte über Dr. Xellers Gesicht und veränderte auf wundersame Weise die Atmosphäre im Raum. Annetta hatte keine Ahnung, wie sie das anstellte, aber es war, als ob plötzlich eine warme Brise durch ihr überanstrengtes Gehirn wehte und es wieder für neuen Input aufnahmebereit machte.

Dr. Xeller erhob sich, reichte Böhm den Text, an dem sie gerade noch gearbeitet hatte, und stellte sich mit dem Rücken vor den Stadtplan Berlins.

»Ich habe mir die Vorgehensweise unseres Täters genauer angeschaut, um sein Motiv zu verstehen …«

Sie wandte sich Annetta zu.

»Vielleicht wissen Sie es nicht, Frau Kommissarin, aber Sie haben eine Gabe. Ihr Profil hat einige Punkte der Persönlichkeit Pietàs gut erfasst.«

Dann drehte sie sich zu Böhm um, der auf den Text schielte, als enthielte dieser geheime, bösartige Verschwörungsformeln.

»Dann lege ich mal los.« Sie deutete auf die Fotografie mit der Skulptur unter dem Brandenburger Tor auf der Ermittlerwand.

»Trotz all seines Kunst- und Ästhetik-Gehabes ist Pietà vor allem ein sexueller Sadist. Seine moralische Mission ist eine Täuschung. Er mordet aus niederen Beweggründen. Es geht ihm weder um Moral noch um Gerechtigkeit, auch wenn er sich Menschen als Opfer aussucht, die in seinen Augen Sünder sind. Das alles gibt seiner Mordlust lediglich den Rahmen und eine Pseudo-Legitimation. Er hat keine Botschaft.

Ich schätze, er ist zwischen Ende 30 und Mitte 50, überdurchschnittlich intelligent, sprachgewandt, ein manipulativer Planer. Und er ist sehr geduldig. Er kommt aus einem gut situierten Haushalt und hat eine höhere, mehrsprachige Schulbildung genossen. Aber er hält sich auch körperlich fit und verfügt über eine beeindruckende Kraft, und die braucht er als erfahrener Folterer und Mörder.«

Dr. Xeller schaute jeden Einzelnen von ihnen an wie eine Hochschuldozentin ihre wissbegierigen Studenten.

»Die Kunst des Mordens beginnt für ihn lange vor dem eigentlichen Mord. Er wählte seine Opfer gezielt, spioniert sie aus, kennt ihren Alltagsrhythmus, ihre Gewohnheiten, Vorlieben. Aber vor allem kennt er ihre Unsicherheiten und Ängste.«

Nach einem Moment des Schweigens fuhr sie fort.

»Er kannte sich in Rom und in Frankreich aus. Er kennt Berlin. Höchstwahrscheinlich hatte er schon während seiner Zeit in Rom einen Draht hierher, sei es geschäftlich oder durch Verwandte. Ein Elternteil könnte von hier stammen. Seitens der Familie könnten auch schon früher geschäftliche Beziehungen nach Deutschland bestanden haben.

Außerdem ist er ein Einzelgänger, der es gelernt hat, mit Menschen umzugehen. Er dürfte Single sein, was ihn im Privatleben unabhängig macht. Er kann kommen und gehen, wie es ihm beliebt. Niemand fordert von ihm Rechenschaft. Das gilt wahrscheinlich auch für sein künstlerisches Umfeld. Er hat sich so viele Freiräume wie möglich bewahrt. Niemand in seinem sozialen und gesellschaftlichen Umfeld weiß von seinem Doppelleben.«

Dr. Xeller hielt kurz inne, und Annetta nutzte die Gelegenheit, räusperte sich und hob die rechte Hand.

»Ja?« Die Psychologin nickte ihr zu.

»Aber warum ausgerechnet die Pietà als Vorbild für seine mörderischen Kreationen? Weshalb keine andere Skulptur?«

»Da waren Sie sehr aufmerksam. Wahrscheinlich gab es ein Kindheitsproblem mit der Mutter. Wie ich von Doktor Lewandowski erfahren habe, hat Pietà dem weiblichen Opfer dieses Mal sogar Mund und Augen zugenäht. Die Mutter muss große Macht über ihn, vielleicht sogar den Vater, ausgeübt haben. Sie war nie wirklich für ihn da, hat ihm nie wirklich zugehört, hat aber von Kindheit an über ihn bestimmt und ihn verspottet. Und dafür hat er sie als Kind gehasst.«

»Eine Art negativer Mutterkomplex?«

»Ich bin mir ziemlich sicher, dass er sich innerlich schon recht früh von ihrer Herrschaft befreit hat. Mag sein, dass ihm dabei der Besuch eines Internats oder ein Studium im Ausland geholfen hat. Er ist nicht der Typ Mensch, der aufgrund einer derartigen Kindheit krankhaft nach Anerkennung sucht. Er ist ein überzeugter Einzelgänger, sich seiner selbst sicher. Er sucht nicht nach sozialen Kontakten. Er sucht nach Menschen, die er beherrschen, brechen und verführen kann, denn er hat etwas sehr Befriedigendes für sich entdeckt: die Lust am Ausüben von Macht. Die Lust am Quälen und Morden. Er lebt seit Langem in seiner eigenen Realität. In seiner Welt ist er Herr über Leben und Tod, folgt seinen eigenen Moralvorstellungen, und die zwingt er seinen Opfern gewaltsam auf. Und all das kaschiert er dann mit seiner makabren Kunst.«

Dr. Xellers Blick ging durch die Runde. Es herrschte Friedhofsstille. Dann wandte sie sich an Böhm und ließ die Katze aus dem Sack.

»Ich bin mir sicher, dass er das Morden in all den Jahren nie aufgegeben hat.«

Böhm verzog das Gesicht, kramte in seiner Jackentasche herum und schluckte eine seiner Pillen. Dann erhob er sich, legte seinen Mantel über den Stuhl und schaute mit finsterer Miene aus dem Fenster. Annetta fragte sich, ob das gut oder schlecht war.

»Rom, Montpellier, Berlin ...« Seine Stimme war kaum mehr als ein raues Flüstern. »Ich frage mich, was er in all den Jahren mit den Toten gemacht hat. Hat er sie vergraben? Verbrannt? In Lauge aufgelöst?«

»Das müsste dann aber ein ziemlich großes Becken gewesen sein«, höhnte Vörg und grinste so dämlich, dass Annetta ihm am liebsten eine reingehauen hätte.

Dr. Xeller bedachte Vörg mit einem kurzen, genervten Blick, bevor sie Böhm erklärte: »Ich fürchte, Ihr Serienmörder ist auch ein leidenschaftlicher Sammler.«

Sammler?

Annetta beobachtete, wie Böhm den Stadtplan betrachtete. In einer Metropole wie Berlin gab es Tausende von Orten, in denen solch ein Monster sein Höllenreich einrichten konnte. Stillgelegte Fabriken, leer stehende Wohnhäuser, verfallende Villen, verrottete Keller, Gänge und Tunnel. Aber vielleicht besaß Pietà ja ein Haus mit Grundstück und einem gut ausgebauten Keller, in dem er seine schrecklichen Werke vor der Welt verbarg. Und keiner seiner betuchten Nachbarn hegte auch nur den geringsten Verdacht.

Annetta musterte zum x-ten Mal das Rätsel mit dem Grundriss an der Ermittlerwand. Wofür standen nur diese seltsamen Abkürzungen *AS*, *BM – AM – 48* am Ende des Satzes? Keiner der Kollegen und Experten hatte bisher eine plausible Erklärung dafür gefunden. Auch das Internet hatte außer Lebensberatungs- und Esoterik-Websites nichts Brauchbares ausgespuckt, und als sie die Abkürzungen noch einmal separat eingegeben hatte, war sie lediglich auf Standardmanschetten für Blutdruckmessgeräte oder Rohrbiegemaschinen mit diesen Kennungen gestoßen. Trotzdem vermutete Annetta, dass es sich um verschlüsselte Koordinaten handelte.

Plötzlich kam ihr ein gänzlich anderer Gedanke. Sie wandte sich an Böhm.

»Es ist vielleicht kein Zufall, dass er mit Ihnen in der Krypta gesprochen hat. Er könnte sich an Sie erinnert haben. Sie waren ihm in Rom ganz schön dicht auf den Fersen.«

Böhm stand noch immer hinter seinem Schreibtisch und wirkte, als bräuchte der Gedanke Lichtjahre, um zu ihm durchzudringen. Dann gab er sich einen Ruck. »Ich hatte nicht den Eindruck, dass er mich wiedererkennt. Worauf wollen Sie hinaus?«

»Wir könnten ihn aus seinem Versteck locken, indem Sie ihn direkt ansprechen. Oder indem wir sein Profil über die Nachrichtensender an die Öffentlichkeit bringen.«

»Davon rate ich ab«, schaltete sich Dr. Xeller dazwischen.

»Mit welcher Begründung?«, fragte Böhm.

»Er ist eitel. Wir sollten ihn nicht voreilig reizen. Durch noch mehr Aufmerksamkeit könnten wir Öl ins Feuer gießen.«

»*Vier* Tote innerhalb von zwei Tagen. Wie viel mehr Öl könnten wir denn noch ins Feuer gießen?«, entfuhr es Karow. Emrich brummte zustimmend.

»Sollten unsere Ermittlungen in den nächsten 24 Stunden auf der Stelle treten, werde ich Kommissarin Niedlichs Vorschlag mit Direktor Monsen besprechen«, erklärte Böhm. Dann verteilte er die Aufgaben. Karow und Emrich sollten sich mit Vörg die alten Akten noch einmal vornehmen. Niedlich und er würden die aktuellen Zeugenaussagen erneut durchgehen und die restlichen Galerien abklappern.

Ein klassischer Klingelton, der dröhnte wie die Trompeten von Jericho, ließ alle in dem kleinen Raum zusammenfahren.

»Sorry.« Böhm zog sein Handy aus dem Mantel und schaute auf das Display. Im ersten Moment schien er erleichtert über den Anrufer, im nächsten nervös. Er nahm das Gespräch an und hörte eine Weile lang zu, ehe er sich bedankte und auflegte.

»Das war Doktor Patricia Celan von der Gerichtsmedizin. Man hat im Anus des männlichen Opfers einen Plastikzylinder mit einem neuen Rätsel entdeckt. Lewandowski schickt uns gleich ein Foto.«

Als Annetta die E-Mails im Computer öffnete, wurde das Eintreffen der Fotografie des Beweismittels gerade mit Signalton angekündigt. Jeder versuchte, in der Enge einen Blick auf den Bildschirm zu werfen.

Was ist die Ursache deines Seins? Warum bist du da?
Was ist dein Ziel?
AS, BM – AM – 48

Der Text barg ein neues Rätsel, aber die Abkürzungen und der Grundriss schienen exakt die gleichen. Annetta druckte das

Foto aus, bat Böhm um das an der Wand hängende Gegenstück und legte die Bilder nebeneinander.

Tatsächlich, bis auf das Rätsel waren die Inhalte identisch!

»Klingelt es bei irgendjemandem?«, fragte Böhm und schaute reihum.

Emrich meinte: »Die Abkürzungen könnten etwas mit dem Grundriss zu tun haben. Aber die habt ihr sicher schon recherchiert.«

Böhm nickte. »Hat nichts gebracht. Wir hoffen, dass die Experten vom Bauamt uns bald weiterhelfen.«

Es klopfte, und alle drehten sich um. Polizeihauptkommissar Manfred Müller füllte den Türrahmen aus und fuhr sich mit einem Taschentuch über die Stirn. Dabei schnaufte er wie ein Walross. »Eure Treppe ist mörderisch.«

»Jetzt übertreib mal nicht«, gab Böhm zurück, obwohl er das Treppenhaus selbst schon verflucht hatte.

Müller warf Böhm einen Blick zu, lenkte dann aber ein. »Ich hab jemanden dabei, mit dem du sprechen solltest. Könnte mit deinem Fall in Verbindung stehen.« Er trat beiseite und eine mittelgroße Gestalt mit ungewaschenem Gesicht und zerzausten Haaren erschien auf der Bildfläche. Die Marken-Daunenjacke, die sie trug, wollte so ganz und gar nicht zu ihr passen.

»Hallo«, sagte die Frau. »Ich bin die Linden-Ella und wohl eher kein Paradebeispiel für eine Zeugin.«

*

Zeugin? Annetta traute ihren Ohren kaum. Auch alle anderen starrten die Linden-Ella an, als hätte sich ein Zirkusclown auf die Bühne einer Oper verirrt.

Böhm ging auf sie zu und reichte ihr die Hand. »Danke,

dass Sie hergekommen sind. Ich bin Kriminalhauptkommissar Magnus Böhm.«

»Weiß ich doch. Hab von dem Mord in der Kirche gehört und Sie bei einer Bekannten im TV gesehen. Der da …«, sie deutete auf Manfred Müller, »hat meine Aussage schon aufgenommen, mich aber trotzdem hierhergeschleppt. Aber ich nehm's dem Wonneproppen nicht übel, weil er mich nämlich auch wieder zurückfahren wird.«

Böhm überspielte die aufkommende Heiterkeit im Raum. »Kommen Sie, Ella, im Büro gegenüber können wir in Ruhe reden.« Annetta erhielt ein Zeichen, ihm zu folgen.

Karow und Emrich wirkten perplex. Ihr Büro? Sie waren alles andere als begeistert.

»Möchten Sie einen Tee oder einen Kaffee?«, bot Böhm an.

»Ein Tequila wäre mir lieber, aber den haben'se wohl nicht da.«

»Tut mir leid.«

»Ein Schnaps tut's auch.«

»Wie wär's mit einer Cola?«

»Und Chips?«

»Klar doch.«

»Gebongt.«

Böhm signalisierte Vörg, sich ohne Umwege zur Kantine zu begeben, doch der setzte nur einen *Bin ich hier etwa der Kellner*-Blick auf. Böhm sagte kein Wort, aber der Ausdruck in seinen Augen, ließ Vörg seine Position noch einmal überdenken und er machte sich hurtig auf den Weg.

Linden-Ella rümpfte die Nase und nahm auf einem Stuhl vor Karows Schreibtisch Platz. »Hier stinkt's.«

Die Aktenordner aus dem Stinkeschrank dünsteten noch immer vor sich hin. Böhm schickte sich an, das Fenster aufzumachen, um gründlich durchzulüften, doch Ella fuhr ihm in die Parade.

»Nee, nee, lassen'se mal. Es sind schon viele erfroren, aber es ist noch keiner in seinem eigenen Mief umgekommen.«

Annetta dachte: *Wenn das mal stimmt.*

Böhm setzte sich Linden-Ella gegenüber, während Müller sich schwergewichtig auf den zweiten Stuhl setzte. Annetta blieb neben dem Aktenschrank stehen.

»Na dann erzählen Sie mal, Ella«, forderte Böhm die Stadtstreicherin freundlich auf. »Was genau haben Sie gesehen?«

Die Frau fing an, an ihren fingerfreien Handschuhen und ihrer Jacke herumzuzupfen, als entfernte sie unsichtbare Flusen.

»Na, das war so. Ich war gerade vom U-Bahnhof Museumsinsel Richtung Kanal unterwegs, um ein paar Kumpels zu treffen, da spricht mich doch so ein feiner Pinkel an und will meine Winterjacke haben.«

»Können Sie den Mann beschreiben?«

»Na ja, ging alles ziemlich schnell. Der hielt mir zum Tausch doch glatt 'nen Hunni und seinen eigenen Parka unter die Nase. Da hab ich nicht lange gefackelt.« Sie deutete auf die Jacke, die der Marke nach gut und gerne 300 oder mehr Euro gekostet haben musste.

»Und wo genau war das?«

»Na, am anderen Ende vom Schinkelplatz. Wo denn sonst?«

Vörg öffnete die Tür und stellte genervt ein Glas Cola und eine Tüte Chips aus dem Automaten vor Ella hin. »Lassen Sie es sich gut gehen«, meinte er gönnerhaft.

»Danke. Werd ich.« Sie trank das Glas in einem Zug leer und wischte sich wie in der Kneipe über den Mund. »Das hat gutgetan. Könnte ich noch eine haben?« Vörg glotzte sie säuerlich an, ohne sich von der Stelle zu rühren. »Biiiiitte!«, fügte die Linden-Ella hinzu.

»Kein Problem.« Böhm winkte Vörg erneut aus dem Raum. »Also, Ella, Sie gaben ihm also Ihre Jacke im Tausch. Können Sie die und den Mann beschreiben?«

»Das Gesicht hab ich kaum gesehen, das war irgendwie komisch, so wie verschoben. Aber *die Stimme* … Mensch, die hat geklungen wie aus'm Radio oder vom Theater, kann ich Ihnen sagen.«

Das klang in der Tat nach Pietà.

»Was ist mit Ihrer Jacke?«, erinnerte Annetta. »Die, die Sie mit ihm getauscht haben.«

»Ach, das alte Ding. Das hab ich vor zwei Monaten aus einer Kleiderspende gekriegt.«

»Und wie sieht sie aus? Farbe, Marke, Art …«

»So 'ne dunkelblaue Daunenjacke vom Discounter. Nix Besonderes. Hat hier schon 'nen Riss.« Sie deutete auf ihre linke Seite, bevor sie einmal mehr in die Chipstüte griff und munter drauflos kaute.

In Böhms Augen stand, was Annetta fühlte. Ein Mix aus Dankbarkeit und Enttäuschung.

»Danke fur Ihre Mühe, Ella. Das könnte uns weiterhelfen«, sagte er.

»Das hoffe ich«, nuschelte die Frau mit vollem Mund. »Aber das is' ja noch nich' alles, Herr Kommissar. Der Kerl kam mir nämlich seltsam vor. Ich meine, wer verschenkt schon 'nen Hunni und so 'ne teure Jacke! Also bin ich dem Typen in einiger Entfernung hinterher …«

Was? Böhm starrte die Linden-Ella an, und Annetta fühlte sich, als hätte sie soeben im Lotto gewonnen. Was für eine taffe Frau!

Erneut griff die Linden-Ella in die Knistertüte und zupfte in aller Ruhe ein paar Chips heraus.

»… und der hat sich nach zwei-, dreihundert Metern dann in meiner alten Jacke in einer Einfahrt herumgedrückt, als würde er auf jemanden warten. Tja, und was soll ich sagen … dieser jemand ist dann auch aufgekreuzt.«

Vörg kam von der Kantine zurück und stellte die zweite Cola demonstrativ vor sie hin.

»Danke, Jungchen. Das werd ich dir nie vergessen.« Sie nahm einen ordentlichen Schluck und kaute auf ihren Chips herum, als wären die eine Delikatesse.

Böhm beherrschte sich. »Und dann?«

»Na ja, der Typ ging auf ’nen kleinen, dünnen Kerl in Bundeswehrklamotten mit Rucksack zu, quatschte den an und … na ja, ich weiß nicht genau, aber der Kleine klappte plötzlich zusammen, und der Kerl in meiner Discounterjacke zog ihn in die Einfahrt und fuhr eine Minute später in ’ner dunklen Karre aus derselben raus. Ich bin dann noch zur Einfahrt hin. Hätte ja sein können, dass der Kleine dort rumliegt und Hilfe braucht. Aber da war keiner.«

Annetta konnte nicht mehr an sich halten. »Was ist mit dem Wagen? Können Sie den beschreiben?«

»Nee, Kindchen. Damit kenn ich mich nich’ aus. War schwarz oder dunkelblau, hatte vier Türen und hat sauber geglänzt.«

Müller schaltete sich grunzend ein. »Wir checken die Verkehrskameras in der Gegend. Wäre doch gelacht, wenn wir die Kiste nicht fänden.«

Böhm erklärte Linden-Ella behutsam: »Tut mir leid, aber Ihre Jacke und der Hunderter müssen vorerst hierbleiben, die sind Beweismittel.«

Ihre Augen weiteten sich vor Empörung. »Was? Haben’se mal ausm Fenster geschaut? Und was den Hunni angeht, den hab ich nich’ mehr, den hab ich gleich beim Discounter gewechselt.«

Böhm schloss die Augen und schaute drein, als suchte er seinen inneren Guru. »Für die Jacke erhalten Sie natürlich Ersatz. Ach was, Sie können meine haben.«

Sie eilten zum Kabuff zurück. Müller japste, als hätten sie eine steil aufragende Bergkette überquert. Karow, Emrich, Vörg und selbst Dr. Xeller schienen vor Erwartung fast zu platzen. Doch Böhm griff nur jovial nach seinem Mantel auf der Sessellehne und reichte ihn der Stadtstreicherin.

»Was? Das dünne, schäbige Ding? Ja bin ich denn bekloppt?« Linden-Ella deutete auf den roten Parka am Kleiderständer. »Wenn schon, dann die da. Die probier ich gleich mal an.«

»Aber ... das ... ist ... meine ...«, stotterte Annetta. Doch Ella hatte Böhm die Markenjacke schon zugeworfen und ihren roten Parka übergestreift.

»Tja, Kindchen, wenn ich die Jacke von diesem seltsamen Kerl schon hierlassen muss, dann nur gegen einen guten Ersatz. Das ist nur fair, finden 'se nicht? – Na, wer sagt's denn, sitzt wie angegossen!« Das stimmte zwar nicht, doch die Frau versank bei Weitem nicht so in dem Kapuzending wie Annetta. Linden-Ella drehte sich zu Manfred Müller um. »Dann hätten wir's wohl. Ich hab alles gesagt, was zu sagen war. Können wir?« Sie wies zum Treppenhaus.

Müller rollte mit den Augen. »Immer mit der Ruhe, Ella.« Zu Böhm sagte er: »Ich melde mich.« Dann trampelte er schnaufend hinter Ella her, die bereits am Treppenabsatz wartete.

Annetta, die gerade noch ein paar Utensilien, wie ihr Handy und die Wohnungsschlüssel, aus den Jackentaschen hatte retten können, sah, wie der rote Parka ihres Bruders Stufe für Stufe die Treppe hinunter verschwand.

»Das sieht übel aus«, meinte sie.

»Na ja, so schlecht steht ihr die Jacke nun auch wieder nicht«, sagte Böhm. »Ich kaufe Ihnen eine neue.«

»Danke, aber das meine ich nicht.«

»Nein?«

Annetta seufzte. »Er hat noch jemanden entführt, und wir wissen noch immer nicht, wo sein verfluchtes Versteck ist.«

52

Zu viele Schatten, zu wenig Licht. Die Strahlen von Emmas Helmlampe reichten zwar ein paar Meter weit, verliehen den wenigen Objekten, die sie erreichten, jedoch keine Tiefe, keine Plastizität. Tiefe erreichten einzig die vor ihr auf den Boden geworfenen Umrisse der Gitterstäbe. Vor seinem Verschwinden hatte Pietà ihren Rollstuhl noch einmal um 90 Grad gedreht, jetzt fühlte sie sich wie in Platons Höhlengleichnis. Schatten waren alles, was sie zu Gesicht bekam. Sie konnte sich weder eine Vorstellung von der Größe des Raums machen noch ihre Umgebung erkennen. Aber vielleicht war das auch gut so, denn böse Schatten würden böse Wahrheiten offenbaren, unter anderem die Wahrheit, dass sie alles andere als eine clevere Rächerin war. Sie war nichts weiter als ein naives, dummes Opfer.

Wieso hat er mich überhaupt erkannt?

Hatte er ihr Gesicht in der Menge vor der Kirche gesehen? Sie hatte geglaubt, ein kalkulierbares Risiko einzugehen, doch in Wahrheit hatte sie ihn unterschätzt und war einfach nur blöd gewesen.

Wie sehr sie sich für diese Blödheit verachtete. Und wie sehr sie diesen selbstherrlichen Scheißkerl hasste!

»Easy, Easy … Was soll ich nur mit dir machen?«

Er hatte vor ihrem Käfig auf einem Hocker gesessen und in einem dicken Katalog geblättert, als suchte er nach Inspiration.

»Du bist mein ganz persönliches Psychodrama, meine kleine unschuldige, beständige, zeitlose, ewige Protagonistin.« Er schaute von dem Katalog auf und lächelte ihr zu. »Doch im Raum des Lebens ist nur für einen von uns Platz.«

Eine der weiteren quälenden Wahrheiten war, dass er sie beim Spiel mit dem Revolver nicht erlöst hatte.

Er neigte den Kopf und musterte sie wie ein Fotograf sein Model. »Flammend rotes Haar würde dir stehen. Was denkst du?«

Wenn mein Mund nicht so taub wäre, bekämst du eine angemessene Antwort, du Wichser!

»Okay, dann also flammend rot. Ist notiert.« Er überschlug einige Kapitel und blätterte weiter, summte irgendeine Melodie. »Was hältst du von Olivgrün für deinen zarten Körper? Nein? Türkis?«

Ein dumpfes Summen erfüllte den Raum. Der Timer einer Uhr. Er hob einen Arm und schaute nach.

»Oh. Doch schon so spät …«

Seufzend legte er den Katalog auf den Schminktisch, wo noch immer der Revolver mit den Patronen lag. Er öffnete die Schublade und legte die Waffe hinein.

»Es wird spät werden. Termine sind in meiner Branche immer so eine Sache. Ruhe dich inzwischen aus. Sammle Kraft.« Er dimmte ihre Kopflampe, verschloss den Käfig und schaltete die indirekte Beleuchtung aus. »Du musst wissen, Licht wird überschätzt. Es ist nichts ohne die Dunkelheit. Das wahre Leben spielt sich in den Schatten ab …«

Das war gut ein oder zwei Stunden her. Emma starrte in die Dunkelheit, auf die wenigen Umrisse, die sie ausmachen konnte. Aus der Entfernung glaubte sie, etwas zu hören. Sie hätte nicht sagen können, ob er tatsächlich verschwunden war. Vielleicht war das Teil eines neuen Spiels. Vielleicht beobachtete er sie, lauschte dem ängstlichen Takt ihres Herzens.

Zwischen zwei Schlägen die Ewigkeit. Doch in dieser Ewigkeit begann Emma wieder, ihre Finger zu spüren.

53

Kurz nach Mitternacht schloss Böhm die Eingangstür zu seinem Wohnhaus auf. Der muffige, feuchte Geruch im Treppenhaus würde noch Wochen, wahrscheinlich sogar Monate in der Luft hängen. Er witterte allerdings auch eine blumige Note, die ihm verriet, dass die alte Knoob Duftspender in die Fensterbänke gestellt haben musste. Das erste Duftding baumelte jedoch schon im Erdgeschoss am Handlauf. Böhms Finger verhedderten sich darin. Die Nummer zwei duftete auf Ilse Knoobs Stockwerk vor sich hin und die Nummer drei auf Böhms Etage.

Eigentlich hatte er im Präsidium bleiben wollen, doch Niedlich hatte ihn gegen Mitternacht beiseite genommen und ihm verklickert, wie besorgniserregend elend er aussah, und dass es nicht nötig sei, sich die ganze Nacht um die Ohren zu schlagen. Sie selbst würde jetzt jedenfalls nach Hause fahren, um sich frisch zu machen und ein paar Stunden Schlaf nachzuholen. Und er sollte gefälligst das Gleiche tun. Noch bevor er die Energie hatte aufbringen können, zu widersprechen, hatte sie ihn auch schon in den Leihwagen verfrachtet und zu seiner Wohnung kutschiert. Am nächsten Morgen gegen acht würde sie ihn wieder abholen.

Er bemerkte, dass die Umzugskisten auf dem Treppenabsatz fortgeräumt waren. Jetzt standen zwei Kinderschlitten auf einem Frotteetuch neben Femis Tür. Böhm erinnerte sich, dass ein Kollege und Familienvater mal davon gesprochen hatte, dass es auf dem Drachenberg im Grunewald und an einigen anderen Orten in der Stadt tolle Hangabfahrten gab.

Er duschte mit letzter Kraft und fiel danach wie ein Toter ins Bett, um gefühlt schon kurz darauf vom Schrillen seines alten Doppelglockenweckers aus dem Schlaf gerissen zu werden. Die anschließende Trockenrasur und ein schwarzer Kaffee weckten zwar kaum seine Lebensgeister, vertrieben aber ein wenig die Blässe in seinem Gesicht und den schalen Geschmack in seinem Mund.

Niedlich meldete sich um Viertel nach acht über die Sprechanlage.

»Alles okay? Oder soll ich Ihnen runterhelfen?«

»Das fehlt noch! Bin gleich da!«

Beim Treppenabstieg und beim Einsteigen in den Wagen fühlten sich seine Knochen und Muskeln 15, 20 Jahre älter an. Doch als Niedlich ihm überraschend eine Tüte mit belegten Brötchen und einen Becher Kaffee von der Bäckerei um die Ecke hinhielt, erfüllte das seinen kraftlosen Kadaver doch glatt wieder mit Leben.

»Sie sehen geringfügig besser aus. Und das ist nicht komplett gelogen.«

»Ah ja?«

»Lassen Sie es sich schmecken.«

»Danke.«

Er öffnete die Tüte. Keine Mayo. Keine Remoulade. Einfach nur Butter, Käse, Schinken und Salami. So, wie er es mochte. Das sah richtig lecker aus.

Niedlich wirkte trotz der Anstrengungen der letzten Tage beinahe ausgeruht. Die Energie der Jugend. Halbwegs zivilisiert manövrierte sie den Wagen durch die eisigen Straßen und bemerkte, wie wunderbar friedlich die Stadt doch unter der Schneedecke aussah. Böhm stimmte ihr nickend zu und futterte, als hätte er seit Langem nichts mehr so Gutes gegessen. Als Niedlich den Wagen auf den Parkplatz des Präsidiums fuhr, hatte er sein Frühstück bis auf den letzten Krümel weggeputzt.

Am Empfang grüßte bereits die nächste uniformierte Schicht. Im zweiten Stock waren Karow und Emrich mit fahler Haut und Schatten unter den Augen bereits zugange. Und Vörg stand als Gigolo mit Bartstoppeln im Kabuff vor der Ermittlerwand und tat zumindest so, als machte er sich über die beiden Rätsel Gedanken.

Emrich kam mit hochgekrempelten Ärmeln rüber: »Müller hat uns ein Drohnenvideo zugemailt. Es könnte die entführte Person aus Ellas Beschreibung sein.«

Niedlich ließ alles stehen und liegen, eilte zu ihrem Computer und rief die E-Mails ab. »Da ist es.«

Sie klickte das Video an und ein Luftbild der Kathedrale mit jeder Menge Menschen davor erschien auf dem Bildschirm. Die Aufnahme zoomte die Köpfe der Leute näher heran. Müller hatte den Film bereits bearbeiten lassen und die Person, auf die es ihm ankam, mit einem Pfeil markiert. Die markierte Gestalt entfernte sich aus der Masse der Schaulustigen und verschwand Richtung Osten aus dem Sichtfeld. Statur und Kleidung passten zu dem *Kleinen*, den Linden-Ella beschrieben hatte. Bundeswehrparka. Bundeswehrrucksack.

Ein drittes Video zeigte im Vorbeiflug die Gesichter der Zuschauer. Der *Kleine* stand in der zweiten Reihe vor der Polizeiabsperrung, die Kapuze nach vorne gezogen, sodass es schwer war, die Gesichtszüge zu erkennen.

»An irgendjemanden erinnert er mich«, meinte Niedlich nachdenklich. »Das Kinn. Die Augen. Vor allem die Augen.«

»Was ist mit den Augen?«, brummte Böhm.

»Na, die sind im Gegensatz zu den anderen Gaffern voller Angst. Und viel zu wachsam.«

Sie scrollte hin und her. Dann schlug sie plötzlich mit der flachen Hand auf den Tisch, sodass das Studentenfutter, das Vörg sich gerade in die Hand geschüttet hatte, durchs Zimmer flog.

»Emma! Das ist Emma Zabek!«

»Emma Zabek? Jetzt mal halblang.« Böhm schaute genauer hin, was ihm ohne Brille mal wieder schwerfiel. »Emma ist erst vorletzte Nacht bei Eis und Schnee vor Pietà aus der Klinik geflohen. Warum sollte sie sich dermaßen in Gefahr bringen?«

Niedlich zuckte mit den Achseln und schaufelte sich mehr von ihrem Studentenfutter in den Mund. Darauf hatte sie keine Antwort, trotzdem blieb sie dabei, dass es sich bei dieser Person um Emma handeln konnte.

Böhm griff zum Telefon. »Ja, hallo Manni. Ich bin's, Magnus. Sag mal, hat die Linden-Ella das Video schon gesehen?«

»Noch nicht. Wir reden seit heute Morgen mit ihren Kumpels und klappern all ihre Lieblingsplätze in der Stadt ab. Sie hatte ja das Geld und hat sich's die Nacht wohl gut gehen lassen.«

»Was ist mit dem dunklen Wagen?«

»Na, bisher ist die Karre nirgends aufgetaucht. Wahrscheinlich hat der Kerl Umwege über Seitenstraßen genommen.«

Das hatte Böhm befürchtet. »Danke schon mal.«

Er wandte sich wieder Niedlichs Bildschirm zu, als vom Flur her das Quietschen eines Rollwägelchens erklang. Der Georg? Jetzt? Um diese Zeit? Und schon erschien der Georg in seiner blauen Hausmeisterkleidung in der Tür.

»Sorry, ich bin's schon wieder. Bringe noch die Abfallkörbe, einen Aktenvernichter und ein Verlängerungskabel. Ach ja, und das hier wurde am Empfang für einen Magnus Böhm abgegeben.«

Ein Versandbeutel flog einem Football gleich quer durch die Luft. Böhm fing ihn und hielt die Lieferung Niedlich hin.

»Was … für mich? Was ist das?«

»Dreimal dürfen Sie raten, Frau Ermittlerin.«

Niedlich öffnete die Tüte und zog eine dicke, rote Daunenjacke heraus.

»Ich hoffe, die passt. Ich konnte Ihre Größe nur schätzen. Na ja, Dr. Xeller hat meine Schätzung etwas nach unten korrigiert.«

Niedlich drehte die Jacke hin und her, schlüpfte hinein und schien sich wohl darin zu fühlen. »Die passt aber ganz sicher nicht meinem Bruder.«

Böhm schnaubte. »Ich habe gesagt, dass ich *Ihnen* eine neue Jacke besorge. Von Ihrem Bruder war keine Rede.«

Der Georg schaffte sich mit den Papierkörben ins Zimmer vor und machte einen Daumen hoch. »Steht Ihnen gut!« Einen der Körbe stellte er vor Niedlich ab, den anderen reichte er Böhm, der ihn unter seinen Schreibtisch schob.

»Übrigens ein tolles Bücherregal vor der Kaffeeküche. Gute Auswahl.« Alle Anwesenden schauten Böhm an, als hätte er gerade etwas vom Pferd erzählt, doch der Georg verstand sofort.

»Ach das …«, meinte er angenehm berührt. »Wäre doch eine Schande, wenn all die guten Bücher einfach nur ins Altpapier wanderten. So finden sie vielleicht ein neues Zuhause.« Er schlängelte sich zu seinem Rollwagen zurück und holte den Aktenvernichter. »Soll ich den Reißwolf gleich anschließen oder wollen Sie das lieber selbst machen?«

Böhm winkte ab. »Nee, nee, machen Sie mal. Dann wissen wir, dass das Ding auch funktioniert. Ich muss eh mal für kleine Jungs.«

Als er fünf Minuten später vom Waschraum zurückkam, durchlief der Schredder gerade seinen zweiten Probelauf. Von zwei Bögen Altpapier blieben nur noch winzige Partikel übrig.

Mit den Worten »Das war's schon. Jetzt sollte Ihr Büro rundherum einsatzbereit sein« zwängte sich der Georg an Vörg vorbei, der zur Ermittlerwand auswich und dabei einige der von Niedlichs fein säuberlich angesteckten Pinnnadeln abriss. Blätter segelten wie Papierflieger zu Boden, darunter das letzte Rätsel, das verkehrt herum zu Georgs Füßen liegen blieb.

»Tschuldigung. Das wollte ich nicht.« Er hob das Rätsel auf, starrte darauf und stutzte, bevor er es kopfschüttelnd Vörg übergab und seinen Weg zum Flur fortsetzte.

Böhm zögerte, doch als er hörte, wie sich das Rollwägelchen in Bewegung setzte, eilte er dem Quietschen hinterher.

»Warten Sie einen Moment …«

Der Georg drehte sich um.

»Was ging Ihnen eben durch den Kopf?«

Der Hausmeister runzelte die Stirn.

»Ich meine, als Sie auf das Papier geschaut haben.«

»Ach das … Na ja, für einen Augenblick dachte ich, das wäre aus einem der Flucht- und Rettungspläne des Gloria-Theaters.«

»Gloria-Theater?«

Der Hausmeister zuckte mit den Schultern. »Ich habe da früher mal in Moabit gearbeitet, bevor es stillgelegt wurde. Soll ja bald für ein Wohngebiet abgerissen werden.«

Niedlich, die hinter Böhm stand, hörte schlagartig auf, ihre Nüsse und Rosinen zu kauen. Und Böhm stand da, wie zur Salzsäule erstarrt.

54

Vorm Fenster des Kabuffs fing es wieder zu schneien an. Weiche, dicke Flocken schwebten wie ein Meer aus stängellosen Pusteblumen zur Erde. Böhm hatte es nicht so mit der Theaterwelt, doch vom Gloria-Theater hatte seine Mutter schon einmal erzählt. Rebecca Böhm war in den Achtzigern ein großer Harald-Juhnke-Fan gewesen. Das war lange her, und so hatte er keinen Schimmer, ob das Theater überhaupt noch existierte, geschweige denn, falls doch, wo es lag.

Niedlich saß noch nicht einmal richtig an ihrem Schreibtisch, da rasten ihre Finger schon über die Tastatur. Böhm spürte eine Veränderung in ihr. Es ging Niedlich nicht mehr nur um den Killer, um die Mörderjagd, sie machte sich aufrichtige Sorgen um Emma.

Ein virtuelles Luftbild der Erde erschien als Globus auf dem Bildschirm und Niedlich hämmerte die Suchkriterien ein – den Namen der Stadt und den des Theaters. Die Kamera zoomte wie bei einem rasanten Fallschirmsprung auf Europa, Deutschland und Berlin zu, und schließlich markierte eine Pinnnadel mit dem Theaternamen die genaue Position. Nicht nur Böhm dämmerte mit einem Mal, was die Kürzel BM-AM-48 bedeuteten.

BM stand für Berlin Moabit. AM für Alt-Moabit. Und 48 war schlicht und ergreifend die Hausnummer!

Niedlich öffnete ein zweites Fenster und googelte nach zusätzlichen Informationen. Vor fünf Jahren war der Betrieb des Volkstheaters eingestellt worden, da Umbau und Renovierung sich nicht mehr gelohnt hatten. Ein Schwarz-Weiß-Bild zeigte ein breites, vierstöckiges Reihenhaus mit Giebeldach und Eingangsüberdachung in den Dreißigern, vor dem mehrreihige Menschenschlangen anstanden, um ihre Stars zu sehen. Im Lauf der Jahre erlebte das Gloria so einigen Wandel, vom Kino mit 1.000 Sitzplätzen bis hin zur erneuten Rückverwandlung in eine Theaterspielstätte mit aufwendigen Renovierungen. Schließlich entzog der Berliner Senat dem Theater die finanzielle Unterstützung, und so war es mangels Rentabilität inzwischen endgültig dichtgemacht worden. Böhm fragte sich, wieso das Gebäude nun abgerissen werden sollte. War ein Bauwerk aus dem Jahr 1888, das dermaßen viel Geschichte miterlebt hatte, darunter zwei Weltkriege und den Fall der Berliner Mauer, nicht denkmalgeschützt?

Ein aktuelles Straßenbild zeigte die Front des Gloria flankiert von einem Schnellrestaurant und einem Trödelladen. Hinter dem Haus befand sich ein großer Parkplatz, auf dem etliche Pkws und mehrere Müllcontainer standen.

»Wir haben sein Versteck!«, entfuhr es Niedlich.

»Was ist damit?« Böhm deutete auf einen Artikel weiter unten auf der Site. Wie sie darin erfuhren, war die *Galinat Immobilien GmbH* mit dem Verkauf betraut worden. Patrick Galinat! Das zweite Opfer vom Brandenburger Tor! Der Kreis schloss sich!

Böhm telefonierte mit dem Bauamt und forderte die Grundrisspläne an. Eine halbe Stunde später klingelte es in Niedlichs digitalem Posteingang. Der Beamte hatte die alten Lichtpausen des Gloria im Archiv ausfindig gemacht, abfotografiert und per Mail zugeschickt. Mit leicht zittriger Hand, als wären Pietàs Rätselskizzen alte, kostbare Pergamente, legte Böhm eines davon vor den Bildschirm und sie gingen die Lichtpausen Abschnitt für Abschnitt durch. Im Keller entdeckten sie eine Übereinstimmung!

Böhm griff zum Telefon und wählte Direktor Monsens Nummer.

»Hallo Chef, ich bin's. Wir brauchen ein Einsatzteam …«

55

Böhm beobachtete, wie eineinhalb Dutzend bewaffnete Polizeibeamte in schusssicheren Westen das stillgelegte Theater durch den Hintereingang betraten, während weitere Teams in Zivil den Parkplatz und den vorderen Bereich des Gebäudes im Auge behielten. Die Nachbarhäuser mit dem Schnellrestaurant und dem Billigladen waren behutsam geräumt worden. Trotz Kälte und Schnee roch es am Hintereingang nach Verwahrlosung, nach Müll und Urin.

Böhm folgte einer Treppe an den Waschräumen vorbei und erreichte die Eingangshalle mit dem Empfang und der Garderobe. Im Zwielicht einer nur teilweise funktionierenden Beleuchtung wirkte das Foyer so intakt, als würden am Abend Gäste eintreffen und eine Vorführung stattfinden. Einige der Polizisten schlichen die Stufen hinauf in den großen Theatersaal mit den Sitzreihen, den Logen und der Bühne. Böhm und Niedlich folgten jedoch einem Trupp, der sich zum Keller mit den Schauspielergarderoben und Requisitenräumen vortastete, denn Emma hatte von Kellerräumen gesprochen. Die wenigen Neonröhren, die die Schließung überdauert hatten, summten und flackerten wie kleine farblose Nordlichter entlang der Decke, doch als sie weiter in den Keller vordrangen, fielen die Lampen gänzlich aus, und Böhm schaute in ein tiefes schwarzes Loch mit unsichtbaren Verzweigungen.

Einer der Polizeibeamten erinnerte ihn an die Stirnlampen, die vor dem Einsatz an ihn und Niedlich ausgehändigt worden waren, und Böhm setzte das elastische Band auf.

»Vorsicht. Wir wollen uns nicht gegenseitig blenden oder den Feind warnen.« Der Mann erklärte kurz die Prozedur, berührte dann die Lampen und regulierte die Lichtstärke. »Dort geht's weiter.«

Böhm und Niedlich folgten den Männern durch eine von kalten, nackten Wänden begrenzte Dunkelheit, bei der es sich um den Hauptweg des Kellers zu handeln schien. Rechts und links klafften die Öffnungen von schmalen, finsteren Gassen. Der Polizeitrupp teilte sich nach und nach auf, um den Keller zu erkunden und zu sichern. Als sie nur noch zu dritt unterwegs waren, hielt Böhm plötzlich inne und deutete auf eine Stelle mit abgeblättertem Verputz, die aussah wie ein Abbild der Umrisse Australiens.

»Das da habe ich vorhin schon mal gesehen, in der Nähe des Ausgangs. Wir haben uns im Kreis bewegt.«

Auf den Rohren über ihren Köpfen huschte irgendetwas an ihnen vorbei. Wahrscheinlich eine Maus oder eine Ratte. Niedlich zuckte zusammen, behielt aber die Nerven.

»Mal schauen, was der Grundriss sagt«, meinte sie leise und scrollte auf ihrem Handy-Display herum. »Dann wären wir jetzt wieder hier, obwohl wir eigentlich auf der gegenüberliegenden Seite sein sollten. Weit weg vom Untergeschoss der Bühne.«

»Sind wir aber nicht.«

Niedlich runzelte die Stirn. »Vielleicht haben wir eine Abzweigung verpasst.«

Der Polizeibeamte schüttelte den Kopf. »Es gab keine weitere Abzweigung.«

Niedlich schaute noch einmal auf den Plan, scrollte vor und überlegte. »Hier hätte es eigentlich weitergehen sollen, aber wir sind in einem sanften Bogen nach links gegangen …« Böhm und der Beamte sahen sie erwartungsvoll an.

»Mein Bruder«, begann sie, »hat Schauspiel studiert. Film und Theater. Durch ihn habe ich mitbekommen, dass die meisten Bühnenkulissen in den theatereigenen Werkstätten hergestellt werden. Die großen Bühnenbilder werden in Einzelteilen gezimmert und später zusammengesetzt. Gebäudefassaden, mit Metall verstärkte Brücken, die die Schauspieler tragen können, bemalte Vorhänge und zusammengeklebte Wände ...«

Böhm dämmerte, worauf sie hinauswollte. »Sie denken, hier unten gibt es falsche Wände.«

Sie nickte. »Wir müssen zu dieser Abzweigung zurück.«

»Okay«, sagte ihre Polizeibegleitung. »Ich fordere noch einen Mann an.«

Wenig später schlichen sie zu viert den dunklen, feuchten Gang zurück bis zu der Stelle, wo es laut Plan geradeaus weitergehen sollte. Die LED-Lampen leuchteten die Wand ab, die selbst auf den zweiten Blick nicht von einer echten Steinwand zu unterscheiden war. Auch als Böhm die Wand berührte, fühlte sie sich nach hartem, robustem Stein an, doch sie war nicht annähernd so feucht und kalt, und als er leise dagegenklopfte, klang es hölzern und hohl. Böhm und einer der Einsatzmänner tasteten nach den Enden der Kulisse, packten zu und schoben sie beiseite, während Niedlich und die Verstärkung die Lage dahinter mit ihren Pistolen sicherten. Jenseits der Wandattrappe setzte sich der Tunnel fort, doch so weit die Lichtstrahlen reichten, war nichts und niemand zu sehen.

»Da brat mir doch mal einer 'nen Storch«, brummte Böhm.

Ein lauer modriger Luftschwall kam ihm entgegen, aber da lag noch etwas anderes in der Luft, ein Hauch von Holz, Gips, Kleber und Farbe.

Sie ließen das bekannte Areal hinter sich und die LED-Lampen schwenkten hin und her, beleuchteten den schwitzenden Boden, bröckelnden Putz und zerbröselnde Fugen. Nicht verschlossene Türen, die beim Aufschieben knirschten wie Böhms arthritische Knie, führten zu Rumpelkammern mit blinden Spiegeln, Kleidern und diversen Requisiten wie

Küchenutensilien oder künstliche Pflanzen bis hin zu Sesseln und Sofas und einer Kirchenbank. Eine Reihe von Perückenköpfen wie frisch vom Schafott ließ Böhm zusammenschrecken. Und immer wieder wischte er sich Spinnweben aus dem Gesicht, die sich über Augen, Nase und Mund legten.

Und dann – hinter Türen, die nicht knirschten – entdeckten sie den Bereich, in dem Pietà seine Opfer gefangen hielt. Noch nie hatte Böhm so sehr das unbedingte, ja erstickende Verlangen gespürt, einen Ort verlassen zu wollen.

Zwei der unbewohnten Gefängnisunterkünfte enthielten je eine Campingpritsche mit alten knotigen Kissen und dünnen Fleecedecken sowie einen Eimer für die Notdurft und einen Kanister für Trinkwasser. Im nächsten Raum stand in der Mitte ein festgeschraubter Stuhl mit Ledermanschetten für Arme, Beine und Rumpf. Die Kammer war dermaßen schallschluckend, dass nahezu jedes darin erzeugte Geräusch absorbiert wurde. Im Nachbarraum befand sich in der Mitte ebenfalls ein befestigter Stuhl, aber diese Kammer tat das genaue Gegenteil, sie verstärkte jeden Laut, sodass es Böhm bei einem Test hinter verschlossener Tür im Kopf dröhnte. Ein paar Schritte schräg gegenüber lag eine Kammer so finster, dass sie sämtliche LED-Strahlen zu verschlucken schien.

Böhm fühlte sich an die grausamen Verhör- und Foltermethoden an Kriegsgefangenen erinnert, von denen er gehört hatte, an Methoden wie Sensorische Deprivation, Geräuschfolter oder Wahrheitsdrogen, wenn es galt, einen Menschen durch eine sogenannte Weiße Folter zu brechen. Die Seele wurde gebrochen, aber der Körper blieb unversehrt. Aber sah Patrick Galinats Leichnam nach einer Weißen Folter aus? Ganz im Gegenteil. Auch Pietàs frühere männliche Opfer waren körperlich extrem geschunden worden.

Dann kam ihm ein neuer Gedanke, und die Erkenntnis setzte sich in seinem Gehirn wie eine wuchtige, Übelkeit erregende Schockwelle frei. Die Weiße Folter war allein für die Frauen bestimmt!

So unauffällig, wie es die LED auf seiner Stirn zuließ, schaute er zu Niedlich rüber. Sie wirkte ruhig und gefasst, ließ sich nicht anmerken, was ihr bei den ganzen Eindrücken durch den Kopf ging, doch ihm war aufgefallen, dass sie, seit sie dieses Areal betreten hatten, nicht mehr von seiner Seite wich.

Du Idiot. Wahrscheinlich denkt sie gerade dasselbe von dir.

Schräg über den Gang befand sich hinter einer breiteren, schweren Holztür der nächste Raum, und als Böhm die Tür öffnete, während Niedlich und die Männer in alle Richtungen sicherten, vernahm er, wie seine junge Assistentin beim Nähertreten nach Luft schnappte.

Von der Decke hing eine dicke Kette, an die ein starkes, fleckiges Seil geknotet war. Daneben lehnten an der Wand mehrere Holzpaletten, ebenfalls über und über besudelt. Vermutlich mit Blut und Schweiß. Auf einem Tisch stand eine braune, zerschlissene Ledertasche mit Hämmern und Nägeln mit jeder Menge Gebrauchsspuren. Von diesem Raum ging eine kleine Kammer ab, auf deren Regalen Taschen, Rucksäcke, Koffer und Klamotten lagen, alles ordentlich aufgereiht wie die Requisiten, die sie vorhin entdeckt und die einst zum täglichen Leben des Theaters gehört hatten. Böhm streifte ein frisches Paar Latex-Handschuhe über. Wie er feststellte, lagerte in einer Ecke ein Teil von Patrick Galinats Outdoor-Ausrüstung, ein Notfallrucksack mit Utensilien wie Kochgeschirr, Schlafsack, Isoliermatte und Verbandszeug. Daneben lag ein dunkelgrauer Cityrucksack, in dem sich ein Tagebuch und eine Mitgliedskarte der Staatsbibliothek zu Berlin befanden. Die Karte war auf den Namen Emma Zabek ausgestellt.

»Seine Trophäensammlung«, flüsterte Niedlich, und ihre Stimme vibrierte leicht.

Einer der Einsatzmänner, der die nächsten Meter erkundet hatte, kam aus dem Gang zurück. »Weiter vorne mündet der Weg in einen breiteren mit Fuß- und Reifenspuren. Wahrscheinlich ein Rollstuhl, der geschoben wurde. Die Spuren könnten von gestern Nachmittag stammen.«

Böhm und Niedlich tauschten einen Blick. Ein Rollstuhl! So also transportierte Pietà seine Opfer durch den Keller.

»Und noch etwas«, fügte der Mann hinzu. »Dort gibt es keinen Handyempfang.«

Sie folgten den Reifenspuren bis zu einem großen, hohen Raum, an dessen Zugang sie erschrocken innehielten, da eine Armee von Schattengestalten sie dort empfing. Weiße Skulpturen, zwischen denen schmale Pfade verliefen. Die Rollstuhlspur folgte dem mittleren Weg.

»Was ist das?«, flüsterte der Mann, der Böhm und Niedlich von Anfang an begleitet hatte.

Böhm ließ das LED-Licht über die vorderen Skulpturen schweifen und berührte sie vorsichtig mit den Fingern. Die Oberfläche fühlte sich wie Marmor an, war aber sicher nur moderner Theatergips. »Das sind Gipsplastiken für die Bühne.«

Sie teilten sich in zwei Gruppen auf, dimmten die LEDs und nahmen je einen der Seitenpfade, um den Raum besser zu überblicken. Niedlich blieb bei Böhm. Vorsichtig tasteten sie sich durch die verborgene Pinakothek, durch ein Getümmel kleinerer, mittlerer und großer Gipsabgüsse von Körperteilen und vollständigen Leibern. Als Böhm das Areal schon beinahe hinter sich wähnte, dröhnte der Aufprall einer auf dem Boden zerschellenden Skulptur durch den Raum, deren Sturz eine Kettenreaktion wie beim Domino auslöste, gefolgt vom entsetzten Aufschrei eines der Einsatzmänner.

Eine der lebensgroßen Figuren stürzte direkt vor Böhms Füße, Gips flog explosionsartig in alle Richtungen und legte den Körper eines mumifizierten Menschen frei. Gleichzeitig ertönte aus einem unsichtbaren Lautsprecher das Stöhnen und Jammern schmerzgeplagter Menschen auf einem Schlachtfeld, als lägen hier im Gips keine Toten, sondern die überlebenden Halbtoten eines brutalen, wahnwitzigen Gefechts.

Böhm nahm wahr, wie sich ihm beim Anblick der Ermordeten und der widerhallenden Geräuschkulisse sein Magen umdrehte und ihn ein Schwindel wie im Loop einer Achterbahn überkam. Niedlich starrte mit aufgerissenen Augen auf den Leichnam, als schaute sie geradewegs in eine Hölle, die ihr unausweichliches Schicksal war. Auch die beiden Einsatzmänner schauten völlig perplex auf die Leichentrümmer, deren Bahn sich quer durch den Raum zog. Egal, was die Zukunft jedem Einzelnen hier bringen sollte, dieser Tag würde sich allen tief ins Gedächtnis graben.

Soweit Böhm einschätzen konnte, befanden sich die Toten in unterschiedlichen Stadien der Konservierung. Die Leiche, die vor seinen Schuhen gelandet war, erschien ihm relativ frisch, jene, die der Einsatzmann als Erste umgestoßen hatte, erinnerte mehr an Ötzi, die berühmteste Mumie Europas.

Dr. Xeller hatte mit ihrer Analyse Recht behalten. Pietà hatte mit dem Entführen, Foltern und Morden seit Rom nie aufgehört. Und das da war das furchtbare Resultat seiner kranken Sammelleidenschaft.

»Es tut mir leid«, erklärte die Einsatzverstärkung. »Ich habe es nicht gesehen. Er hat einen Draht über den Seitenweg gespannt.«

Einen Draht? Böhm drängte die unsäglichen Schmerzenslaute aus dem Lautsprecher aus seinem Bewusstsein zurück, folgte dem Weg, den er und Niedlich noch zurückzulegen gehabt hätten, und stellte fest, dass ihn gerade mal noch zwei Schritte von dem Draht auf seiner Seite getrennt hatten.

»Mein Gott«, flüsterte Niedlich an seiner Seite, während der Verwesungsgeruch der freigelegten Leichen Übelkeit erregend in der Atmosphäre schwebte.

Böhm spürte, wie ihm zunehmend die Luft wegblieb, doch als er nach seinen Nitro-Kapseln kramte, schallte aus dem nächsten Raum ein solch gotterbärmlicher Schrei, dass er unmöglich von einem Menschen stammen konnte.

56

Nach Luft ringend stolperte Böhm in den unbekannten Raum, und er stolperte in eine Finsternis wie in einem U-Bahn-Tunnel nach der Apokalypse. Irgendwo quietschten die Scharniere einer wie in Zeitlupe hin und her schwingenden Tür. Er trat näher und seine LED erfasste zur Linken eine Gittertür, und die Gitter verwandelten sich mit jedem Schritt in einen mannshohen Käfig, in dem sich in der hintersten Ecke zusammengekrümmt ein Mann wie unter Schmerzen wand, angekettet, gefangen gehalten wie ein Tier.

Teile des Raums wurden mit einem Mal heller, gewannen an Kontur. Die Einsatzmänner hatten ihre LEDs aufgedreht und leuchteten einzelne Bereiche aus. Im Vergleich zu den bisherigen Arealen war dieser Raum riesig, und es wurde allen klar, dies hier war Pietàs Werkstatt, der Ort, an dem er seine Opfer präparierte und für ihre öffentliche Zurschaustellung vorbereitete.

Von der Decke hingen Schlingen, mit deren Hilfe Körper in der Waagerechten oder Senkrechten gehalten werden konnten. Dahinter stand ein Arbeitstisch, der mehr an eine Liege erinnerte. Alle möglichen Werkzeuge hingen ordentlich aufgereiht an der Wand. Doch da war eine Lücke. Eines fehlte. Aufgrund der Anordnung tippte Böhm auf einen Schraubenzieher. Regale mit Farbspraydosen reihten sich wie in einer Bibliothek aneinander. Kostüme hingen an mobilen, nach und nach in der Dunkelheit verschwindenden Garderobenständern. Eine Wanne, in der eine bräunliche Flüssigkeit schwamm, stand an der Wand, und dann beleuchtete eine der LEDs einen Schminktisch, an dem ein Bundeswehrrucksack lehnte. Das musste der Rucksack aus Manni Müllers Drohnenvideo sein.

Schließlich fiel Böhms Lichtkegel auf einen zweiten, kleineren Käfig, hinter dessen Gittern die Speichen großer Räder aufblitzten.

»Emma!«, entfuhr es Niedlich, und zwei Zöpfe huschten an ihm vorbei. Niedlichs Herz ging mit ihr durch, sie wollte helfen, beschützen und ließ dabei alle Vorsicht fahren. Mit der Waffe in der Hand preschte sie vor, riss die Käfigtür auf und entfernte einen Knebel aus Emmas Mund. Das Mädchen zitterte am ganzen Körper wie Espenlaub.

»Er ist noch hier«, lallte Emma mit schwerer Zunge. »Ich kann es fühlen … Er ist noch hier!«

Böhm blieb vor dem Käfig stehen und gab Niedlich Deckung, während sie die Riemen löste, mit denen das Mädchen an den Stuhl gefesselt war, doch Emma war zu schwach zum Gehen und sank in den Rollstuhl zurück. Niedlich quetschte sich an ihr vorbei hinter den Rollstuhl, um diesen nach draußen zu schieben.

Böhm überkam plötzlich ein ungutes Gefühl. Irgendetwas stimmte mit der Dunkelheit nicht. Dann fiel ihm auf, dass die LEDs eines Einsatzmannes nur noch starr in eine Richtung strahlten. Als er sich halb umwandte, beobachtete er, wie der zweite Polizist sich seinem auf dem Boden liegenden Kollegen näherte und abrupt selbst in der Dunkelheit verschwand. Einen Moment darauf erlosch seine LED.

»Er hat Spritzen. Er hat sie mit Spritzen in den Hals gelähmt …«, lallte Emma mit trunkener Schwerfälligkeit. Böhm sah Verzweiflung, ja, Panik in ihren Augen.

Niedlich drückte Emma beruhigend auf die Schulter und schob den Rollstuhl aus dem Käfig. Mit matter Hand deutete das Mädchen auf den Schminktisch.

»Der Revolver …«

Revolver? Böhm hatte keine Waffe auf dem Tisch gesehen.

Ein Keuchen kam aus der Dunkelheit hinter den Garderobenständern, dorther, wo der Einsatzmann verschwunden war, gefolgt von einem schmatzenden Geräusch.

»Stirnlampen aus«, wisperte Böhm. »Wir verraten ihm unsere Position!«

Zwei Sekunden später standen sie in einer Dunkelheit, die durch die einzelne LED des bewusstlosen Einsatzmannes noch schwärzer wirkte. Böhm fühlte sich wie in einer Gruft. Er lauschte. Stille. Tiefe Stille. Pietà rührte sich nicht, schien nicht einmal zu atmen. Auch Niedlich und Emma gaben keinen Mucks von sich. Böhm schaute in alle Richtungen, doch die Dunkelheit jenseits des Lichtkegels blieb undurchdringlich. Dann drang das leise Wimmern des Mannes in dem anderen Käfig an sein Ohr. Und ein Kriechgeräusch. Vielleicht kroch der Gefangene in seiner Angst vom Käfigrand fort, wo er durch die Gitterstäbe verletzt werden konnte.

»Nicht rühren«, wisperte er Niedlich ins Ohr, doch die sackte plötzlich stöhnend in sich zusammen, und Emma schaffte es gerade noch irgendwie, sich aus dem Rollstuhl auf den Boden in Sicherheit fallen zu lassen. Böhm schaltete die LED ein, doch Pietà war bereits wie ein böser Geist wieder mit den Schatten verschmolzen.

Niedlich presste die Hand auf den Bauch, aus dem der rote Kunststoffgriff eines Schraubenziehers ragte. »Scheiße«, fluchte sie.

»Nicht rausziehen, sonst verbluten Sie«, zischte Böhm leise, riss sich den Schal vom Hals, faltete ihn und drückte ihn auf Niedlichs Wunde. »Draufpressen!«

Eine Bauchverletzung war tückisch. Selbst wenn nach außen hin nicht viel Blut floss und sie harmlos erschien, konnte man doch innerlich verbluten. Niedlich übernahm den Schal und presste ihn ächzend weiter auf die Wunde, während er zum Handy griff, um Hilfe anzufordern. Doch er wurde nur daran erinnert, dass er in diesem Bereich des Theaterkellers kein Signal empfing. Er musste zurück zum Areal mit der Folterkammer. Er musste die Totengalerie durchqueren. Von dort konnte er medizinische Hilfe und Polizeiverstärkung anfordern, auch wenn er es kaum wagte, Niedlich und Emma allein zu lassen.

Stolpernd und mit dem Gefühl, sein Brustkorb würde mit einem Schraubstock zusammengepresst, setzte er seine schmerzenden Knochen in Bewegung. Er rang nach Luft, doch der Sauerstoff wollte weder seine Lunge noch die Muskeln erreichen. Trotzdem musste er einen klaren Kopf bewahren.

Die Nitro-Pillen!

Zittrig kramte er nach der Pillendose in der Manteltasche, doch als er sie endlich mit tauben Fingern hervorgeholt und aufbekommen hatte, tauchte wie aus dem Nichts ein Schatten auf und schlug ihm den Behälter samt Inhalt aus der Hand. Klappernd kullerte die Dose zu den Garderobenständern und verschwand in der Finsternis. Im gleichen Moment spürte Böhm einen Druck am Hals und hörte, wie etwas am Kragen seines alten Mantels abglitt und zerbrach und zu Boden geschleudert wurde. Eine Spritze! Fluchend ließ der Schatten von ihm ab und Böhm bemerkte aus dem Augenwinkel eine huschende Bewegung Richtung Ausgang.

Die Vorstellung, dass der Dreckskerl wie damals in Rom entkommen könnte, setzte Adrenalin in Böhms Körper frei und wie durch ein Wunder waren seine Sinne mit einem Mal für Sekunden geschärft und die Kraft kehrte in ihn zurück. Er schaltete seine Stirnlampe wieder ein und nahm mit gesenktem Kopf und gebeugtem Rumpf die Verfolgung auf, eilte, so gut ihn seine Beine trugen, durch die breite Öffnung auf die Gips- und Leichentrümmer zu, während er etliche Meter voraus das Licht einer Stirnlampe über das zerklüftete Totenfeld hüpfen sah.

Dann blieb ihm mit einem Mal die Luft weg, seine Beine gaben nach und er brach inmitten der Skulpturentrümmer zusammen, stürzte auf die Knie und dann zur Seite, krachte auf einen der Toten. Ein stechender Schmerz fuhr ihm durch den Rücken, und ein hüpfendes Licht an der Decke verriet ihm, dass Pietà seinen Zusammenbruch bemerkt hatte und zurückkehrte.

Der Killer blieb vor ihm stehen und schaute hochmütig auf ihn herab. Dann runzelte er die Stirn.

»Kennen wir uns?«

Böhm hielt die Hand an die Brust gedrückt und rang nach Atem, zu keiner Antwort fähig. Die Stirnlampe des Killers blendete ihn, doch er spürte, wie er ihn mit kaltem Vergnügen ansah.

»Hm«, meinte Pietà. »Ich bin mir fast sicher, wir sind uns schon einmal begegnet. Ich vergesse nie ein Gesicht.«

»Rom …«, krächzte Böhm.

»Rom …«, überlegte Pietà und ließ den Namen der Ewigen Stadt auf seiner Zunge zergehen. »Roma …«

Dann hob er einen Zeigefinger, als ginge ihm ein Licht auf. »Ich habe Sie vor 14 Jahren am Rande des Brunnens auf der Piazza Navona gesehen, mit diesem Commissario Rossi. Ein cleverer Mann, dieser Rossi, aber leider nicht clever genug.«

Es folgte Schweigen, und er musterte Böhm von oben bis unten. »Sie haben seither ganz schön abgebaut, mein Bester. Was ist passiert? Hat Ihre Frau Sie verlassen? Oder hat Freund Alkohol Sie im Griff?« Dann schüttelte er bedauernd den Kopf. »Sie hätten beten sollen, dass wir uns nie wieder begegnen.«

Pietà neigte sich zur Seite, hob ein großes, massiges Trümmerstück auf, ein Rumpf mit zwei Armen, und stemmte den Brocken wie ein Gewicht beim Fitnesstraining über den Kopf.

»Nichts für ungut, Herr Kommissar …«

*

Emma kroch auf den Schminktisch zu und fühlte sich dabei, als bewegte sie sich durch eine zähe, stinkende Senkgrube. Da sie die Waffe der Polizistin im Umkreis des Rollstuhls nicht hatte finden können, lag die einzige Hoffnung in dem Revolver, mit dem Pietà Russisches Roulette gespielt hatte.

Pietà war irgendwann in den Morgenstunden in den Keller zurückgekehrt, ohne ihr etwas zu trinken oder zu essen anzubieten. Sie fühlte sich schwach und krank, spürte aber auch, dass die Droge in ihrem Körper allmählich an Wirkung verlor. Gehen konnte sie zwar nicht, aber sie konnte sich weiter kriechend fortbewegen. Und jetzt stützte sie sich an dem verdammten Schminktisch ab und schaffte es auf die Knie, zog die Schublade auf und fühlte den Revolver darin liegen.

»Ich glaube, wir bekommen Besuch«, hatte Pietà fast schon heiter erklärt, als ein schier unglaubliches Getöse aus dem großen Skulpturenraum gedonnert war, gefolgt von einer durch die Luft wirbelnden Staubwolke, die durch die breite Tür in den Raum geschwebt war. Pietà hatte den Revolver in der Schublade verborgen, und soweit Emma es mitbekommen hatte, befand sich nach wie vor nur eine einzige Patrone darin.

Sie nahm die Waffe an sich, steckte sie in die obere Parka-Tasche und hoffte, die Kraft zu haben, abzudrücken.

Von Wut und Hass angetrieben, kroch sie weiter zu dem unheimlichen Skulpturenwald, durch den Pietà sie in dem Rollstuhl geschoben hatte. Von dort kam ein Geräusch, als spränge jemand durch eine festgefrorene Schneedecke.

Dann hörte sie die Stimme. *Seine Stimme.*

»Kennen wir uns?«

Falls es eine Antwort gab, war Emma außerstande, diese zu hören. Sie schaltete ihre LED aus, damit *die Stimme* sie nicht sah.

»Ich bin mir fast sicher, wir sind uns schon einmal begegnet. Ich vergesse nie ein Gesicht.«

Böhm krachzte irgendetwas.

»Rom …«, überlegte Pietà, und ließ das *R* durch seine Kehle rollen. »Roma … Ich habe Sie … auf der Piazza Navona gesehen, mit diesem Commissario Rossi …«

Emma hielt inne, machte eine kurze Pause, sammelte Kraft. Auf ihren Füßen wäre die Strecke zum Ausgang im Nu bewältigt gewesen, aber so, wie die Dinge jetzt standen, fühlte sie sich langsamer als eine Schnecke. Sie riss sich zusammen und rutschte weiter über den kalten Steinboden.

»Sie haben seither ganz schön abgebaut, mein Bester. Was ist passiert? Hat Ihre Frau Sie verlassen? Oder hat Freund Alkohol Sie im Griff?«

Wieder Stille. Emma arbeitete sich Zentimeter für Zentimeter voran.

»Sie hätten beten sollen, dass wir uns nie wieder begegnen.«

Es knirschte und ächzte im Nebenraum. Trotz aller Bemühung kam Emma nur langsam voran. Viel zu langsam.

»Nichts für ungut, Herr Kommissar ...«

Etwas Massives krachte zu Boden. Ein Stöhnen.

»Und? Wie fühlen Sie sich? Sollen wir es noch einmal versuchen?«

Als Emma den Durchgang erreichte und sich wie eine altersschwache Frau an der Wand hochschaffte, sah sie im Licht einer einzelnen LED, wie ein großer Steinbrocken zu Boden geschleudert wurde. Auf der Erde, zwischen den Trümmern, lag der Kommissar, der vergebens versuchte, den Brocken mit dem Arm abzuwehren.

Emmas Wut fegte den letzten Rest Angst in ihrer Seele hinweg. Sie sah nur noch Rot, zog den Revolver heraus, krümmte beide Zeigefinger um den Abzug, zielte und drückte ab.

Ein lautes Klicken zog die Aufmerksamkeit Pietàs auf sich.

Der Scheißkerl ließ von Böhm ab und kam gemächlich auf sie zu. Emma zielte erneut, zielte auf das Licht vor seinem Kopf und drückte ab.

Und wieder nur ein Klicken.

»Sieh mal einer an. Meine kleine Horrorprinzessin hat ihr Zimmer verlassen. Weißt du denn nicht, dass das unartig ist ...«

Er war nur noch wenige Schritte von ihr entfernt, und er genoss jeden Meter, den er ihr näher kam.

»Wir sollten unser kleines Roulette-Spiel fortsetzen, findest du nicht?«

Emma ignorierte seine Worte, ignorierte die schauderhaften Geräusche, die aus der Galerie in ihre Ohren drangen, und sie ignorierte die unsägliche Pein, den brennenden, stechenden Schmerz in ihren viel zu kraftlosen Händen. Und dann legte sie all ihre Wut und all ihren Hass in den nächsten Schuss hinein und zwang ihre Finger, ein letztes Mal abzudrücken.

Und die Kugel flog, flog durch den Lauf, durch die Luft und auf die Stirnlampe Pietàs zu, der bereits seine Hand nach der Waffe ausstreckte und Emma fast erreicht hatte. Dann folgte ein dumpfes, schmatzendes Geräusch, so als schlüge die Revolverkugel in einen dicken, fetten Halloween-Kürbis mit dicker Schale ein.

Der Treffer riss Pietàs Kopf und Körper zurück, schleuderte ihn wie eine Puppe, deren Fäden durchtrennt worden waren, zu Boden. Doch er war nicht sofort tot, atmete, röchelte und zuckte. Aber nach und nach erstarben seine Bewegungen.

Emma sank neben ihm zu Boden, schaltete ihre LED ein und beobachtete, wie das Leben aus ihm herausrann. Sie wollte ganz sichergehen, dass er wirklich starb, dass er tot war. Erst dann ließ sie die Waffe los und schleppte sich zu Böhm, befreite ihn vom Schutt und den Leichenteilen, die ihn zudeckten.

Und Böhm lebte! Sie konnte ihn atmen hören.

Dann kroch sie mit Niedlichs Handy in der Tasche weiter durch das schreckliche Trümmerfeld, das Stöhnen und Jammern aus dem Lautsprecher ignorierend, folgte der Spur des Rollstuhls, ohne nach rechts oder links durch die offen stehenden Türen der Kammern zu schauen, so wie die Polizistin es ihr gesagt hatte.

Und endlich – endlich empfing sie ein Signal.

57

Die Temperatur war in den letzten beiden Tagen angestiegen, und so hatte sich der Schnee in eine schmutzig graue Pampe und die Stadt in ein nasses, glitschiges Wirrwarr aus Plätzen und Straßen, Gassen und Hinterhöfen verwandelt. Böhm klopfte seine neuen knöchelhohen Lederschuhe auf dem Gehweg ab, bevor er das Klinikgebäude betrat. Noch im Schuhladen – Patricia hatte mit ihm eingekauft – hatte er die Schuhe imprägnieren lassen, damit das Wetter ihnen nichts anhaben konnte.

Niedlich war mit Blaulicht in die Charité eingeliefert und sofort operiert worden. Wie sich herausstellte, hatte sie Glück im Unglück gehabt. Der Stich hatte eine Arterie knapp verfehlt und keine lebenswichtigen Organe verletzt. Dennoch war die Wunde tief und es würde etlicher Wochen Schonung bedürfen, ehe sie ihren Dienst wieder würde antreten können.

Wie Dr. Jablonski Böhm telefonisch erklärt hatte, war Niedlich am Morgen noch vor dem Frühstück aufgewacht und hatte angefangen, das Klinikpersonal zu nerven. Böhm, der gerade von Direktor Monsen zurückgekommen war und nach dem Schuh- und Mantelkauf noch im Präsidium für Ordnung gesorgt hatte, hatte sich auf den Weg zu ihr gemacht.

»Mir ist zu Ohren gekommen, dass Sie die Leute hier ganz schön auf Trab halten«, brummte er, zog sich einen Stuhl heran und nahm neben Niedlich Platz. Den neuen Mantel behielt er an, knöpfte ihn lediglich auf.

Niedlich schob den Tropf beiseite, als verhinderte die dünne Metallstange, dass sie seinen neuen Style in seiner ganzen Pracht wahrnahm. Ihr widerspenstiges Haar stand in alle Richtungen von ihrem kleinen Kopf ab, fast wie ein zerzauster Heiligenschein.

Sie musterte ihn, und er hatte das Gefühl, dabei nicht besonders gut abzuschneiden. »Der Mantel steht Ihnen. Aber Ihr Gesicht sieht aus, als hätten Sie sich mit einem Boxer angelegt.«

»Nun ja, jemand hat mit seinen Kunstwerken nach mir geworfen. Hat höllisch wehgetan.«

Niedlich lachte, das hieß, sie versuchte es, denn ihr Bauch schmerzte zu sehr. »Emma hat mir davon erzählt. Sie liegt zwei Zimmer weiter.«

»Wie geht es ihr?«

»Sie schwebt irgendwo zwischen Schock und Erleichterung. Pietà hat sie ein zweites Mal in seinen Folterkeller gesperrt. Aber jetzt ist er tot.«

Böhm nickte.

Niedlich veränderte vorsichtig ihre Position und verzog erneut vor Schmerz das Gesicht. Er wusste aus eigener Erfahrung, dass es nicht nur die Operationswunde war, die ihr zu schaffen machte. Niedlich trug eine unangenehme Drainage an ihrem Bauch, die die Wundflüssigkeit nach der Operation nach außen leitete, damit es zu keiner Infektion kam. So ein Ding konnte ganz schön unangenehm sein.

»Brauchen Sie irgendetwas?«, fragte er.

Hoffentlich kam sie jetzt nicht mit irgendwelchen exotischen Toilettenartikeln. Er konnte ihr aber ein paar Zeitschriften vom Kiosk holen.

Niedlich schüttelte den Kopf, wobei ihre Haare leicht wippten.

»Wie sieht es draußen aus?«, fragte sie.

Böhm zuckte mit den Achseln. »Es ist kalt und nass, und nass und kalt. Winter eben.«

»Und so jemand ist Ermittler«, seufzte sie. »Ich meine den Fall, nicht das Wetter. Haben Sie die Fernsehnachrichten gesehen?«

Errötete er? Hoffentlich nicht. »Gestern Abend.«

Er hatte die Nachrichten in keiner guten Erinnerung. Streifen- und Krankenwagen hatten den Steindamm, die Straße vor dem Gloria und den Hinterhof abgeriegelt. Dann waren nacheinander drei Tragbaren von Sanitätern zu Rettungswagen aus dem Theater getragen worden – Niedlich, Emma und Böhm –, um sie mit Blaulicht zur Charité zu bringen. Auf der vierten und letzten Trage hatte man schließlich Pietàs Körper in einem schwarzen Leichensack zur Gerichtsmedizin transportiert.

Ein Reporter hatte in endlos sich wiederholenden Sätzen zu erraten versucht, was sich in dem ach so berühmten und doch stillgelegten Volkstheater zugetragen hatte, und die Bilder waren pausenlos zwischen dem Haupteingang mit dem Namensschild und den Schaukästen, den Polizei- und Rettungsdienstwagen und den Schaulustigen hin und her gewechselt. Dann hatte er von irgendwoher den Tipp erhalten, dass es womöglich eine Verbindung zu den Vorfällen am Brandenburger Tor und in der St.-Hedwigs-Kathedrale gab.

»Und?«, hakte Niedlich nach. »Was haben Sie inzwischen herausgefunden, was die Reporter und ich nicht wissen?«

Böhm fühlte Nervosität in sich aufsteigen. »Sie sind gerade erst aufgewacht und stecken voller Schmerzmittel …« Doch Niedlichs Blick sagte klar und deutlich *Ist das Ihr Ernst?* Also gab er nach.

»Das mit der *Galinat Immobilien GmbH* haben Sie noch mitgekriegt?«

»Ja, Patrick Galinat hatte vom Eigentümer den Auftrag, das Theater zu verkaufen, damit dort ein Wohnhaus entstehen kann. Vermutlich ist er Pietà bei der Besichtigung über den Weg gelaufen. Haben Sie inzwischen Pietàs Identität?«

Böhm zögerte. »Er ist eine ziemliche Nummer in der Kunstbranche. Sein bürgerlicher Name lautet Arvid Sartorius.«

Niedlich starrte ihn an und wurde mit einem Mal weiß wie die Wand hinter ihrem Bett. Einen Moment lang spielte Böhm mit dem Gedanken, eine Krankenschwester zu rufen.

»Kann ich bitte Wasser haben? Mein Mund ist so trocken.«

Er nahm ihre Tasse, schenkte ihr Wasser aus einer Flasche ein und sie nahm einen einzigen Schluck.

»Ich kann es nicht glauben.« Sie stellte die Tasse auf den Beistellwagen zurück. »Die *Nullstunde*. Ich habe mit diesem Kerl gesprochen, und ich habe nicht das Geringste gemerkt.«

Böhm hatte Niedlichs *Erledigt*-Vermerk auf der Galerieliste gesehen, und er wusste nur zu gut, dass es ihm und Commissario Rossi damals in Rom ganz ähnlich ergangen war. Und Böhm selbst vor wenigen Tagen in der St.-Hedwigs-Kathedrale. Sie alle hatten ein Phantom gejagt, nichtsahnend, dass sie bereits mit ihm gesprochen und es durch die alten, engen Gassen Trasteveres gejagt oder durch die Straßen Berlins verfolgt hatten.

Böhm seufzte innerlich. Hinterher war man immer klüger. Das war eine der bitteren Lektionen bei der Polizeiarbeit. Es war eine der bitteren Lektionen des Lebens. Und das sagte er ihr. Sie würde eine Weile brauchen, um das zu verinnerlichen und Frieden mit sich zu schließen.

Dann berichtete er Niedlich von dem mobilen Röntgengerät eines Archäologenteams, mit dessen Hilfe man weitere Skulpturen untersucht hatte. Auch in der Kunstgalerie waren dadurch Tote entdeckt worden.

»Die *Trauernde Witwe* …«, flüsterte Niedlich beinahe ehrfürchtig und brach ab. Stille dehnte sich im Zimmer aus. »Ich war so fasziniert von dieser Skulptur … und ich hatte nicht den geringsten Verdacht.«

»Vor unserer Entdeckung im Theaterkeller hatte das keiner von uns.«

Erneut entstand Stille zwischen ihnen.

Niedlich holte vorsichtig Luft. »Es wird eine unglaubliche Herausforderung sein, all diese Toten zu identifizieren.«

Böhm stimmte zu. Ja, das würde es. Und es betraf ja nicht nur die Leichenfunde im Theater und in der *Nullstunde*. Laut Aussage von Pietàs Mitarbeiterin Carla Olczak wurden die Kunstwerke der Galerie schon immer in die ganze Welt verkauft. Auch an anonyme Kunden.

Um Niedlich auf andere Gedanken zu bringen, zog er ein Taschenbuch aus seiner Manteltasche, Jane Austens *Stolz und Vorurteil*. Da er sich in Niedlichs Beisein geschämt hatte, den Roman aus Georgs Bücherregal zu ziehen, hatte er ihn stattdessen nach hinten geschoben, um ihn später mitzunehmen, doch am nächsten Tag war das Buch verschwunden gewesen. Als er dann heute Morgen im Kabuff aufgeräumt hatte, hatte er das Taschenbuch in der Schublade seines Schreibtischs entdeckt. Niedlich mochte zwar kein Bücherwurm sein, aber sie hatte sein Manöver bemerkt.

»Danke.« Er deutete auf das Buch und steckte es wieder ein.

»Dafür nicht«, meinte Niedlich, und er war sich sicher, dass sie ein freches Grinsen unterdrückte.

Dann wollte sie von ihm wissen, ob er im Dienst bleiben würde. Schließlich wuchsen gute Ermittler nicht auf den Bäumen.

Er schüttelte den Kopf. »Heute Morgen habe ich Monsen meine Dienstwaffe und die Marke zurückgegeben. Aber Ihre Visitenkarte behalte ich zur Erinnerung.«

Niedlich schien gerührt. Ein wenig redeten sie noch über dies und das, bis er spürte, dass sie müde wurde und anfing einzuschlafen. »Ich werde dann mal bei Emma vorbeischauen.«

»Tun Sie das«, murmelte sie im Halbschlaf. »Ohne sie wären wir beide nicht mehr hier.«

Er nickte, erhob sich und trottete hinaus auf den Flur.

58

Die Psychologin war endlich gegangen. Emma schloss die Augen und versuchte, das Gespräch zu verarbeiten. Eigentlich hatte sie sich nach Pietàs Tod einfach nur befreit gefühlt, doch nun hatte diese Frau ihr trotz besagter Notwehr fast so etwas wie ein schlechtes Gewissen eingeredet, von Schuldgefühlen gesprochen, die auftauchen mochten, von Panikattacken, Albträumen, Trauma-Verarbeitung und Therapiemöglichkeiten. Da es keinen Ausweg gegeben hatte, hatte Emma ihr geduldig zugehört, hin und wieder genickt und mit keiner Silbe erwähnt, dass sie in der vergangenen Nacht so friedlich geschlafen hatte wie schon lange nicht mehr.

Andererseits konnte sie die Psychotante auch verstehen, denn diese hatte weder als Gefangene in Pietàs Folterkeller gesessen noch die zertrümmerte Leichengalerie in dem Theater erlebt. Das alles war jenseits von Gut und Böse, sodass es für Außenstehende gar nicht nachvollziehbar war. Ob Emmas Handlung nun ein Akt der Notwehr gewesen war oder ob in der Notwehr doch ein gehöriger Rachestachel gesteckt hatte, spielte für sie selbst keine Rolle. Pietà war tot, sein Tod für alle eine Erlösung. Niemals mehr würde er einen Menschen entführen und bis aufs Blut quälen.

Es klopfte an die Tür.

Sie schrak zusammen wie eine Teenagerin, die auf der Schultoilette beim heimlichen Kiffen erwischt worden war. Und als Böhm dann eintrat, erkannte sie ihn im ersten Moment nicht einmal. Der neue Ledermantel, die Winterstiefel, aber vor allem das geschwollene Gesicht mit den Klammerpflastern auf den Platzwunden ließ ihn aussehen, als hätte Dr. Frankenstein zu früh die Binden vom Kopf seines Monsters entfernt. Na ja, vielleicht wirkte es doch nicht ganz so schlimm.

»Hallo, ich wollte noch mal vorbeischauen«, brummte er und blieb vor ihrem Bett stehen.

»Mir geht es ganz okay.« Sie zuckte mit den Achseln. Dann deutete sie auf sein Gesicht. »Der neue Look steht Ihnen.«

»Man tut, was man kann.«

»Wo sind meine Blumen?«, fragte sie schließlich und schaute sich in dem sterilen Krankenhauszimmer um.

»Blumen?«

Sie nickte bekräftigend. »Blumen und Pralinen … Sind das nicht typische Besuchergeschenke?«

Er grinste dümmlich. »Das mag ja sein, aber ich schätze mal, das ist nichts für Sie.«

Emma seufzte, als hätte sie von ihm nichts anderes erwartet. Da zog er eine Tüte aus der Innentasche seines Mantels. Das Logo zeigte eine Eule mit Lesebrille auf einem Bücherstapel. Die Tüte war aus einem Buchladen!

»Die sind für einen mildtätigen Zweck.«

Sie spürte, wie sich ein Lächeln auf ihr Gesicht stahl. »Der mildtätige Zweck bedankt sich. Lassen Sie sie ruhig dort liegen.« Sie deutete auf den Beistelltisch, konnte sich dann aber doch nicht beherrschen und ließ sich die Bücher zeigen. In

Buch eins ging es um den gesunden Menschenverstand in irren Zeiten und in Buch zwei um die kurze Geschichte der Menschheit. »Danke.«

»Da wäre noch etwas«, fuhr Böhm fort und deutete auf die Tüte mit dem Logo und der Adresse der Buchhandlung. »Eine Bekannte von mir ist mit einer Buchhändlerin befreundet und deren Laden bildet Lehrlinge aus. Falls das etwas für Sie ist, melden Sie sich dort.«

Emma schaute ihn verblüfft an. Sie mit all den feinen und gebildeten Leuten in einem Buchladen?

Böhm sprach weiter: »Die suchen auch eine Schülerin oder eine studentische Aushilfskraft für den Postausgang. Zwei Stunden am Nachmittag. Montags, mittwochs und freitags. So könnten Sie neben der Schule schon mal reinschnuppern.«

Zwei Gefühle breiteten sich gleichzeitig in Emma aus und rangen miteinander. Freude darüber, dass ein Mensch sich für sie einsetzte und sich Gedanken über ihre Zukunft machte. Und Unbehagen über die Möglichkeit, dass sie dem Job vielleicht nicht gewachsen war.

Böhm schien zu spüren, was in ihr vorging. »Versuch macht klug.«

Die Freude gewann die Oberhand. »Danke. Das werde ich.« Was hatte sie schon zu verlieren?

Böhm schob die Bücher in die Tüte zurück und legte sie auf den Tisch. Es folgte Stille, die jedoch nicht unangenehm war.

»Wie geht's eigentlich dem Mann in dem anderen Käfig?« Seit sie hier war, hatte sie mehrmals an ihn denken müssen.

»Wir versuchen, seine Angehörigen zu finden, aber er erinnert sich an nichts. Nicht einmal daran, dass er ein Mensch ist.«

Gegen ihren Willen erschien der gequälte Mann in dem Käfig erneut in ihrem Geist. Sie hatte ihn erst wahrgenommen, als sie mit dem Revolver in der Hand über den kalten, feuchten Kellerboden gekrochen war. Aber auch da hätte sie nicht sagen können, ob es sich um einen Menschen oder um ein Tier handelte. Am Ende wäre auch er in der Schreckensgalerie gelandet.

Als sie in Böhms Augen schaute, spürte sie, dass auch er wieder in dem schrecklichen Keller war. Der Keller würde sie beide noch lange verfolgen. Und vielleicht war der Keller für ihn schrecklicher als das Monster selbst.

59

Im Vergleich zum Wetter der letzten Tage erschien Böhm der Abend beinahe mild. Die Straßen waren feucht und ruhig. Kein Gedränge. Keine Hektik. Die konnte er im Moment ohnehin nicht gebrauchen.

Als er die Tür seines Wohnhauses aufschloss, brummten ihm die Luftentfeuchter im Treppenhaus munter entgegen, ein gleichförmiges, aber alles andere als einschläferndes Geräusch. Die alte Knoob würde die Geräte über Nacht ausschalten. Gleiches gedachte Böhm, mit den Trocknern in seiner Küche und im Wohnzimmer zu tun. Als er die Wohnung der Rentnerin passierte, nahm er den Duft von Stampfkartoffeln, Kassler und Sauerkraut wahr. Eines seiner Leibgerichte. Im Vorübergehen lief ihm das Wasser im Mund zusammen. Seufz.

In seiner Wohnung angekommen zog er sich einen bequemen Hausanzug an, einen von zweien, die Patricia neben zwei Schlafanzügen im Schnellverfahren für ihn im Kaufhaus ausgewählt hatte. Jetzt würde er erst einmal abschalten und den Feierabend genießen. Doch als er sich gerade überlegte, es sich im Schlafzimmer, das zu einem halben Wohnzimmer geworden war, im Fernsehsessel gemütlich zu machen und einen Film anzuschauen, klingelte es zweimal kurz und energisch an der Tür.

Um diese Zeit? Wer konnte das sein? Patricia? Sie hatte ihm nach dem Klamottenkauf zu seiner Freude ein Date in Aussicht gestellt, doch dann erinnerte er sich, dass sie sich an diesem Abend mit ihren Freundinnen in irgendeinem Restaurant traf. Er trottete durch den Flur, schaute durch das Guckloch und zuckte zurück.

Die alte Knoob stand direkt vor der Tür.

»Jetzt machen Sie schon auf, Herr Wachtmeister. Oder soll ich mir hier den Tod holen?«

Er drehte den Schlüssel um und öffnete. Neben der alten Knoob stand Sophia, viel zu klein, als dass er sie durch den Türspion hätte sehen können.

Sophia winkte ihm fröhlich zu. »Hallo Böhm. Hast du Hunger? Es gibt gleich was zu essen. Mit Nachtisch!«

Böhm stand da wie bestellt und nicht abgeholt. Er hatte keinen Schimmer, was er sagen sollte. Klar hatte er Hunger, aber ein Abendessen mit der alten Knoob?

»Vanillepudding mit Erdbeersoße«, schob Sophia hinterher, als ob es genau das wäre, was ihn überzeugen konnte.

Die alte Knoob trat vor und legte ihm eine Hand auf den Arm. »Wir haben die Nachrichten verfolgt. Sie haben den bösen Buben geschnappt, und jetzt sollten Sie etwas abschalten. Essen Sie mit uns und dann hauen Sie sich aufs Ohr.«

Nun denn. Er schloss seine Wohnung ab und folgte den beiden hinunter in den ersten Stock.

Der Tisch der Eckbank in Knoobs Wohnküche war ausgezogen und feierlich gedeckt. Femi brachte die Schüssel mit dem Kraut hinein und teilte die Servietten aus, während Sophia und ihr kleiner Bruder – Victor, wenn Böhm sich recht erinnerte – unter dem Tisch hindurch nach hinten auf die Eckbank krabbelten und ihm von ihrem Ausflug mit den Rodelschlitten erzählten. Mit Lichtgeschwindigkeit seien sie den Berg hinuntergerast und hätten selbst die großen Kinder hinter sich gelassen. Femi nickte wissend und zwinkerte der alten Knoob und Böhm mit einem Auge zu.

»Nein, Mama. Ich will keinen Kohl«, protestierte Victor, als das Essen ausgeteilt wurde, und schob das Kraut mit einer Grimasse beiseite. »Ich will Pudding! Puuuuuuuddddddinnnnngggg!«

Femi schüttelte nur mit dem Kopf und ließ sich nicht irritieren, schnitt den Kindern den Kassler klein und ließ sie mit ihren Kinderbestecken auf hohen Kissen sitzend so viel essen, wie sie schafften. Am Ende hatte Victor auch von seinem Kraut gegessen, weil er beobachtet hatte, wie herzhaft Böhm es verspeiste. Vielleicht war das Zeug ja doch besser, als er vermutet hatte, und ihm entging da etwas.

Schon bald warteten die Kinder auf den Pudding, nahmen dem Abendessen jedoch nicht die Gemütlichkeit, neckten sich, hörten aber meistens den Erwachsenen zu, wobei Victor seine ältere Schwester imitierte. Schließlich wurden eine große Glasschüssel mit Vanillepudding und eine Schale mit Erdbeersoße hereingebracht, und die Augen der Kinder wurden so groß wie die Teller, die eben noch vor ihnen gestanden hatten. Femi lachte laut und gab den Kleinen einen Schmatz auf den Kopf. Und selbst die alte Knoob schien zutiefst angerührt.

Gegen alle Erwartung fühlte Böhm sich in der Gemeinschaft der beiden Frauen und der Kinder wohl, ja er genoss den Abend. Er war nie ein großer Lebensphilosoph gewesen, hatte nie mehr als unbedingt nötig über den Sinn des Daseins nachgedacht, aber in diesem Moment glaubte er zu begreifen, dass das Beisammensein mit guten Freunden womöglich die größte Quelle wahren Glücks war. Für sich selbst hatte er diesen Sinn immer darin gesehen, die Schurken und Monster dieser Welt aus dem Verkehr zu ziehen, doch nun spürte er, wie Müdigkeit und Stress aus seiner Seele wichen. Und er beobachtete, wie sogar die alte, mürrische Knoob in Gegenwart der Kinder und ihrer Mutter noch mehr auftaute. Vereint saßen sie alle fröhlich um den alten Tisch, löffelten Pudding, plauschten und lachten. Und da dämmerte ihm, dass die Antwort auf den Sinn des Lebens vielleicht vor allem eine war: lieben und geliebt werden.

Zwei Stunden später kehrte er überaus satt und ausgelassen in seine Wohnung zurück. In der Küche fiel sein Blick auf den Astro-Jahreskalender, den ihm die alte Knoob vor einer gefühlten Ewigkeit zum Geburtstag geschenkt hatte. Er nahm den Kalender mit zu seinem Lese- und Fernsehsessel und blätterte darin herum, las von den Merkmalen seines Sternzeichens und entdeckte, dass es neben den Tageshoroskopen auch Zusammenfassungen für die Wochen und Monate gab.

Was würde die nächste Zeit wohl bringen? Seine Reise nach Fuerteventura stand noch aus. Okay, seine letzte Buchung konnte er vergessen, aber da Monsen dafür gesorgt hatte, dass er nicht auf den Kosten sitzen blieb, konnte er ja nun erneut buchen. Am besten gleich für die nächste Woche.

Was dieses komische Horoskop wohl dazu meinte?

Er schlug die betreffende Woche auf und las.

Eine Reise steht Ihnen bevor, aber Vorsicht: Erstens kommt es anders und zweitens als gedacht. Ein Freund – oder Kol-

lege? – braucht Ihre Hilfe, und ein junger Mensch, der sie kürzlich beeindruckt hat, wird Sie bei der Lösung des Problems tatkräftig unterstützen. Ebenso werden vier Musiker eine Rolle spielen.

Vier Musiker?

Böhm schüttelte lachend den Kopf und legte den Kalender auf den Beistelltisch.

Was für ein Quatsch!

ANMERKUNGEN

Die Geschichte dieses Romans ist frei erfunden. Die Namen, Charaktere und Ereignisse sind entweder Fantasieprodukte unsererseits oder wurden als Resultat der Recherche fiktional verwendet und erweitert. So ist das im Roman beschriebene Gloria-Theater dem 1888 erbauten, aber inzwischen stillgelegten und 2020 abgerissenen Hansa-Volkstheater in Berlin-Moabit nachempfunden, auf dessen Bühne einst Stars wie Marlene Dietrich oder Harald Juhnke standen.

Die Szenen in der St.-Hedwigs-Kathedrale am Bebelplatz (mit seinem Denkmal zur Erinnerung an die Bücherverbrennung 1933) spielen vor dem Umbau des Innenraums in der Ober- und Unterkirche. Seit 1977 stand in der Krypta die einzige Original-Kopie der vatikanischen Pietà.

Das Präsidium, in dem Böhm und Niedlichs Notbüro eingerichtet wird, lehnt sich an das alte, an Scotland Yard erinnernde Backsteingebäude der Berliner Polizeidirektion 5 an.

Das Eastgate Einkaufszentrum in Berlin Marzahn hat mit der zunehmenden Gewalt von Jugendbanden zu kämpfen. Mehr Polizeipräsenz, unterstützt durch die Arbeit von Streetworkern, soll das Problem in den Griff bekommen.

Die Ereignisse in Pietà spielen im Berliner Winter, weil es an der Zeit war, dass unter den Schuhen unserer Held*innen einmal Schnee knirscht.

DANKSAGUNG

Um aus einem Manuskript ein fertiges Buch zu machen, sind viele Schritte nötig. Bücher verdanken ihre Existenz engagiertem Teamwork. Wir bedanken uns ganz herzlich bei unserer Literaturagentin Lianne Kolf und ihren Mitarbeiterinnen Simone Hasselmann und Tatjana Seel für ihre stets ermutigenden Worte und den Einsatz bei der Vermittlung des Manuskripts. Besonderer Dank geht an unsere Lektorinnen Katja Ernst und Teresa Storkenmaier und an all die anderen engagierten Buchmenschen beim Gmeiner-Verlag für ihre Mühe und Sorgfalt bei der Vorbereitung und Überarbeitung des Manuskripts.

Das, was eine Leser*in zu einem Titel greifen lässt, ist das Buchcover. Lutz Eberle hat einen echten Hingucker abgeliefert. Vielen Dank dafür!

Herzlich bedanken möchten wir uns auch bei unseren treuen und tollen Leser*innen für das wertvolle Feedback. Eure Leserbriefe erfüllen uns immer wieder mit Freude.

Informationen über uns und unsere Bücher halten wir auf unserer Homepage http://alex-thomas.info fest. Ebenso sind wir auf Facebook und Instagram aktiv.

Alex und Thomas